칸트의 형이상학과 표상적 사유 

서강학술총서
009

칸트의 형이상학과 표상적 사유

강영안 지음

서강대학교출판부

서강학술총서 009
칸트의 형이상학과 표상적 사유

초판발행 | 2009년 9월 7일
지 은 이 | 강영안
발 행 인 | 이종욱
편 집 인 | 우찬제
발 행 처 | 서강대학교 출판부
등록번호 | 1978년 9월 28일 제313-2002-170호

주 소 | 서울특별시 마포구 신수동 1번지
전 화 | (02) 705-8212
팩 스 | (02) 705-8612

ISBN 978-89-7273-152-8 94110
ISBN 978-89-7273-139-9(세트)

값 20,000원

* '서강학술총서'는 SK SUPEX 기금의 후원으로 제작됩니다.

서문

보이는 것과 보이지 않는 것, 드러난 것과 드러나지 않은 것, 들리는 것과 들리지 않는 것이 함께 자리 잡아 빚어내는 것이 우리의 삶의 현실일 것이다. 지금 보인다고 해서 영원히 보이는 것이 아니고 지금 들리는 것이 영원히 들리는 것은 아니다. 보이는 것이나 들리는 것은 사라지고 보지 못한 것이 드러나고 듣지 못한 것이 새롭게 들려온다. 남들이 보는 것을 같이 보되, 그 가운데 보이지 않는 것을 보고, 남들이 듣는 것을 듣되, 그 가운데서 들리지 않는 소리를 듣고, 보이는 것과 보이지 않는 것, 들리는 것과 들리지 않는 것이 서로 어울려 빚어내는 삶의 무늬를 보고, 읽고, 해석하고, 삶에 옮기는 일이 인문학자의 일이요, 철학자의 일일 것이다.

우리의 지성, 우리의 이성은 보이는 것과 들리는 것에 반응하고 응답한다. 고통을 감내하고 기다리는 이는, 보이는 것, 들리는 것 속에서 보이지 않는 모습, 들리지 않는 소리를 감지할 것이고, 지식을 따라, 일을 효율적으로 이루고자 하는 이는 지금 보고 들리는 것을 손에 붙잡아 넣고서는 근사한 물건을 만들어보려고 애쓸 것이다. 고통을 감내하는 이를 지혜로운 이라고 할 것이며, 일을 효율적으로 이루어내는 이를 지식이 있는 이요, 능력이 있는 이라고 할 것이다. 과학과 기술, 정치와 경제를 찾아가는 사람들은 대체로 지식과 능력을 키워가고 철학과 문학, 종교와 역사를 찾아가는 사람들은 대체로 지혜를 키워왔다. 삶의 현실을 만들고 바꾸어보려는 이들은 활동하고 생산하는 삶(vita activa, bios praktikos)을 삶의 이상으로 삼는다. 눈에 보이지 않는 삶의 궁극적 현실과 소리를 보고 듣고, 이해하고, 순종하고자 하는 이들은 관조하는 삶(vita contemplativa, bios theoretikos)을 삶의 이상으로 삼는다. 이것이냐 저것이냐, 둘 가운데 하나를 선택해야 할 것이 아니다. 이 가운데 저것이, 저 가운데 이것이 빠져버리면 삶의 현실은 다채로움과 풍요로움을 모두 누리지 못하지 않을까 생각한다.

칸트는 어느 쪽에 속할까? 칸트철학은 어느 쪽을 지향하고 있을까? 보이는 것인가? 보이지 않는 것인가? 지식인가? 지혜인가? 칸트는 사유, 곧 생각을 중요하게 보았다. 인간은 무엇보다도 생각하는 존재이다. 생각은 보는 것뿐만 아니라 보이지 않는 것, 들리는 것뿐만 아니라 들리지 않는 것, 현재뿐만 아니라 과거와 미래를 그 속에 담는다. 생각할 수 있기에 인간은 개념을 만들고(지성 작용), 마음을 먹고(의지 작용), 좋다, 싫다는 판단을 내린다(감정 작용). 칸트의 세 비판서는 우리 마음의 이 세 가지 작용과 관련된 작업이다. 경험과 독립해서 경험 내용을 구성하는 행위의 근본 조건과 구조를 각 분야와 관련해서 드러내는 일을 칸트는 수행한다. 그렇게 한 결과, 칸트철학은 눈에 보이는 것, 우리가 확실하게 말할 수 있는 것, 개념 속에 포착되고 담기는 것만을 다루고 있는 것처럼 보인다. 이렇게 보이는 것이 전혀 무리가 아닌 것은 칸트의 논의가 대부분 우리의 경험적 표상(이것이 바깥 자연과 관련된 것이든, 우리의 의지 결정과 관련된 것이든, 또는 미적 체험과 관련된 것이든)과 관련되어 있기 때문이다. 낭만주의적이고 신비주의적 경향을 띤 철학자들에 대해서 "철학은 노동"이라고 말년에 변호한 것도 칸트의 이런 면모를 보여준다. 그러나 그럼에도 칸트를 '보이는 것의 철학자,' '개념의 철학자'라고만 할 수 있을까?

다시 잠시 생각과 관련해서 하던 얘기로 돌아가보자. 사람은 생각할 수 있기에 개념을 만들고, 결정을 하고, 좋다, 싫다는 판단을 내린다고 앞에서 말하였다. 그런데 개념을 만들고 결정하고 감정을 표현할 때, 필연적으로 가르기, 나누기, 밀어내기 등의 행위가 개입된다. 개념 속에 포착되는 것과 포착되지 못하는 것, 의지의 결정을 통해 선택되는 것과 포기된 것, 좋은 것과 싫은 것 사이를 구별해야 하고, 구별한 다음에 어느 것은 들여보내고 어느 것은 내보내야 한다. 여기에는 필연적으로 포함과 배제의 법칙이 작동한다. 칸트가 한 작업은 포함과 배제의 법칙을 분명하게 명시한 것이다. 이론 철학에 한정지어 얘기하자면 우리에게 가능한 경험 대상과 경험 대상일 수 없는 대상을 나누는 규칙을 칸트는 명시한다. 그런데 여기서 경험 대상이 될 수 없는 대상을 그렇다고 해서 완전히 타자화하지 않는다. 그 가운데는 우리가 눈으로 보고 개념을 통해 포착할 수 없으나 생각은 할 수 있는 대상들이 있다. 이들은 우리에게 지식을 줄 수는 없으나 삶과 경험의 의미를 찾는 일에 매우 중요하다는 것을 칸트는 밝혀준다. 말하자면 표상적 사유의 내부 구조를 소상히 드러내면서 표상 속에 담길 수 없는 현실을 향해 열어둘 수 있는 틈을 칸트는 만들고 있다. 칸트는 이 점에서 보이지 않는 것을 보고, 개념으로 포착할 수 없는 현실을 마치 자신은 들어가지 못하면서도 저 멀리 가나안을 바라본 모세처럼 바라본 철학자였다. 이 책은 칸트철학의 이런 면을 드러낼 목적으로 준비되었다.

이 책은 저자가 1985년 암스테르담 자유대학교에 제출했고 같은 해 자유대학교 출판부에서 영어로 출판된 책을 토대로 해서 다시 쓴 것이다. 단순 번역을 넘어 새로운 책이 되도록 대폭 수정 보완 작업을 시도했으나 뜻을 완전히는 이루지 못했다. 하지만 그때는 좁은 주제에 매여야 했기 때문에 밝히지 못했던, 좀 더 큰 문제의 틀, 곧 근대 형이상학의 표상적 사유와 근대 주체의 모습을 좀 더 부각시켜보려고 애썼다. 이 점에서 이 책은 내가 쓴 여러 책들 가운데, 예컨대, 유럽 근현대철학에서의 주체 문제를 다룬 『주체는 죽었는가: 현대철학의 포스트모던 경향』(문예출판사,

1996), 스피노자와 칸트, 그리고 셸링의 철학을 다룬 『자연과 자유 사이』(문예출판사, 1998), 근대 객관주의적 지식론을 벗어나 인격적 지식 이념을 추구한 『인간의 얼굴을 가진 지식: 인문학의 철학을 위하여』(소나무, 2002), 레비나스의 주체와 타자의 사유를 다룬 『타인의 얼굴: 레비나스의 철학』(문학과지성사, 2005)과 내적으로 긴밀하게 연관되어 있다. 한편으로 주관주의나 심리주의 · 주체중심주의에 빠지지 않고 다른 한편으로는 객관주의나 물리주의 · 타자중심주의에 빠지지 않는 사유의 길을 모색해보고자 하는 나의 관심이 미약하게나마 이 모든 작업 속에 들어 있다. 『우리에게 철학은 무엇인가: 근대, 이성, 주체를 중심으로 살펴본 현대 한국 철학사』(궁리, 2002) 3장 3절 「인격적 합리주의와 타자의 사유」와 최근에 낸 대담집 『철학이란 무엇입니까』(효형, 2008)에서 현대 철학을 논의하는 자리에 내 자신이 가길 바라는 철학의 방향을, 물론 상당 부분 간접적인 방식이기는 하지만, 조금은 드러내었다.

이 책을 내면서 하나님께서 많은 스승들을 통해 나를 깨우쳐주시고 키워주신 것을 다시 한 번 깊이 깨닫는다. 신학대학 시절에 철학을 강의하신 김성린 교수님, 나의 공부에 관심을 많이 보여주셨던 홍반식 · 이근삼 · 오병세 교수님, 한국외국어대학에서 철학을 가르쳐주신 손봉호 교수님과 강성위 교수님, 화란어를 가르쳐주셨던 차영배 교수님, 벨기에 루뱅대학의 반드빌르, 스테일, 에이슬링, 드데인, 룰란트, 베르넷 교수님, 나의 박사학위논문 지도교수였던 암스테르담 자유대학교의 반퍼슨 교수님, 그리고 자주 토론에 응해주셨던 반드르후븐, 드용, 헹크 헤이르쯔마 교수님, 이분들의 가르침에 크게 빚을 졌다. 이분들 모두에게 진심으로 감사의 말씀을 올린다. 특별히 손봉호 교수님과 이미 고인이 되신 반퍼슨 교수님은 내가 칸트에 관심을 갖고, 그 가운데서도 특별히 이 책에서 다룬 주제와 문제에 관심을 갖고 공부하도록 이끌어주셨다. 두 분 선생님으로부터는 학문뿐만 아니라 삶과 신앙을 함께 배울 수 있었던 것을 나는 무척 감사하게 생각한다. 서강대 우찬제 · 서동욱 교수가 없었다면 이 책을 만들 생각을 하지 못했을 것이다. 우찬제 교수는 '서강학술총서' 가운데 한 권으로 이 책이 출판되도록 애써주었고 서동욱 교수는 이 책의 바탕이 된 원고를 우리말로 옮기는 일에 도움을 주었다. 파리에서 라이프니츠를 전공하고 돌아와 서강대 철학연구소 책임연구원으로 있는 박재철 박사, 루뱅에서 칸트철학으로 박사논문을 준비하고 있는 홍우람 군, 파리에서 칸트 논문을 쓰고 있는 이형철 군, 데카르트 논문을 쓰고 있는 백주진 군은 내가 미처 발견하지 못한 오류들을 많이 지적해서 보내주었다. 가톨릭대학교의 이상헌 교수와 서강대 철학연구소 김동규 군은 색인을 만드는 작업을 해주었다. 서강대 대학원의 윤동민 군, 철학과의 김광철 군과 박현우 군은 학술원판으로부터 칸트를 인용하는 작업을 도와주었다. 이 책을 만드느라 수고하신 조경희 선생님 내외분께 감사드린다. 이들 모두의 노고에 감사를 드린다. 아무쪼록 칸트철학에 관심을 둔 분들, 그리고 특히 상징적 사유, 도상적 사유에 관심을 가진 분들에게 이 책이 조금이라도 도움이 되기를 소망한다.

남해금산을 바라보는 사천 삼천포 대방 바닷가에서

2009년 5월 강영안

차례

일러두기

1. 문헌

1) 칸트 저작은 아래 약어표를 따른다.

2) 『순수이성비판』(*Kritik der reinen Vernunft*) 인용은 편의와 관례를 따라 1판(1781)과 2판(1787)의 면수만을 괄호 안에 표기한다. 1판과 2판은 각각 A와 B로 표기한다. 각주의 경우에는 아래 약호를 따른다. 『순수이성비판』의 경우 아카넷에서 나온 백종현 교수의 번역을 대체로 따랐다. 칸트의 다른 저작들은 베를린 학술원판(Akademie-Ausgabe)(AA)의 권수와 면수를 표기하며, 때로는 절(§) 번호와 권수, 면수를 같이 표기한다.

2. 본문에 인용된 칸트 저작 약어

『교수취임논문』(*De mundi sensibilis atque intelligibilis forma et principiis*, 1770)(AA, 2).

『논리학』(*Immanuel Kant Logik: ein Handbuch zu Vorlesungen*)(A: 1800)(AA, 16).

『도덕 형이상학 기초』(*Grundlegung zur Metaphysik der Sitten*)(A: 1785; B: 1786)(AA, 4).

『숙고』(*Reflexionen*)(AA, 18).

『발견』(*Über eine Entdeckung nach der alle neue Kritik der reinen Vernunft durch eine ältere entbehrlich gemacht werden soll*)(A: 1790; B: 1791)(AA, 8).

『비판』(*Kritik der reinen Vernunft*)(A: 1781; B: 1787).

『사유 안에서 방향 찾기』(*Was heisst sich im Denken orientieren?*)(A: 1786)(AA, 8).

『속설』(*Über den Gemeinspruch: Es mag in der Theorie richtig sei, taugt aber nicht für die Praxis*)(A:1793)(AA, 8).

『실천이성비판』(*Kritik der praktische Vernunft*)(A: 1788)(AA, 5).

『유작』(*Opus Postumum*)(AA, 20-21).

『인간학』(*Anthropologie in pragmatischer Hinsicht*)(A: 1798; B: 1800)(AA, 7).

『자연과학의 원리』(*Metaphysische Anfangsgründe der Naturwissenschaft*)(A: 1786) (AA, 4).

『제1서론』(*Erste Einleitung in die Kritik der Urteilskraft*)(AA, 20).

『종교론』(*Die Religion innerhalb der Grenzen der blossen Vernunft*)(A: 1793; B:

1794)(AA, 6).

『판단력비판』(*Kritik der Urteilskraft*)(A: 1790; B: 1793)(AA, 5).

『판명성』(*Untersuchung über die Deutlichkeit der Grundsätze der natürlichen Theologie und der Moral*)(A: 1764) (AA, 2).

『형이상학서론』(*Prolegomena zu einer jeden künftigen Metaphysik die als Wissenschaft wird auftreten können*)(A: 1783)(AA, 4).

『학부간의 갈등』(*Der Streit der Fakultäten*)(A: 1798)(AA, 7).

『형이상학의 진보』(*Über die von der Konigl. Akademie der Wissenschaften zu Berlin für das Jahr 1791 ausgesetzte Presifrage: Welches sind die wirklichen Fortschritte, die die Metaphysik seit Leibnizens und Wolf's Zeiten in Deutschland gemacht hat?*)(A: 1804)(AA, 20).

3. 그 밖의 칸트 저작의 인용

Von einem neurdings erhobenen vornehmen Ton in der Philosophie(A: 1796)(AA, 8).

Verkündigung des nahen Abschlusses eines Traktats zum ewigen Frieden in der Philosophie(A: 1796)(AA, 8).

Träume eines Geistersehers, erläutert durch Träume der Metaphysik(A: 1766)(AA, 2).

Briefe(AA, 11).

제1장

서론: 칸트와 표상적 사유

표상(die Vorstellung, Representation)을 20세기 철학에서 '문제'로 제기한 철학자는 아마도 하이데거일 것이다. 하이데거는 근대 형이상학을 '표상적 사유'에 근거한 것으로 보고 이러한 사유로 시선을 돌려 그 본질을 사유하는 방식으로서의 '존재 사유'를 철학 고유의 사유로 제안한다. 좀 더 정확하게 말하자면 하이데거는 '철학'을 '사유'(das Denken)와 대립시키되, 사유 가운데서도 표상적 사고와 구별되는 사유, 표상으로 환원될 수 없는 사유를 실행하는 일을, 플라톤 이후 철학이 지향해온 목표가 완수된 이 지점에서 새롭게 시작해야 할 과제로 설정한다. 하이데거를 따르면 지금까지 철학은 결국 형이상학 또는 존재론이었다. 그리고 형이상학은 '존재신학적으로' 사유되어왔다.[1] 사유를 철학에 대립시킨 까닭은 존재신학적 · 형이상학적 사유와 구별되는 다른 사유를 찾아보자는 목적이었다.

---

1 Martin Heidegger, "Das Ende der Philosophie und die Aufgabe des Denkens," in: *Zur Sache des Denkens*, Tübingen: Niemeyer, 1969, 76면.

하이데거가 존재신학적 · 형이상학적 사유라고 부른 사유는 인식과 존재를, 그것을 가능케 한 원인과 근거와 가능 조건을 통해 탐구하는 사유 방식을 두고 말한다. 이런 의미에서 존재신학적 · 형이상학적 사유는 '설명하고 근거 짓는 사유'요, '표상적 사유'(ein vorstellendes Denken)로 하이데거는 규정한다. 형이상학적 사유는 무엇보다도 사유하는 주체를 표상하는 주체로, 그리고 현전하는 대상을 표상된 대상으로 미리 앞서 설정한다. 따라서 근원적으로 드러나야 할 '문제 자체', '주제 자체' 또는 '일 자체'(die Sache selbst)는 여기서 무시된다.[2] 둘째, 형이상학적 사유는 모든 것을 체계 연관 속에서, 존재자 전체를 주체의 소유 대상으로 만들고자 애쓴다. 낯선 것, 타자성은 낯섦과 다름의 성격을 상실하고 주체의 동일성 구조 속에 흡수된다. 셋째, 형이상학적 사유는, 하이데거를 따르면 결국 '계산적 사유'이다. "계산은 계획하고 탐구하는 사유의 특징"이라는 말에서 보듯이 계산은 수학이나 경제학에만 국한되지 않는다.[3] 모든 탐구와 설명의 본질을 일컫는 말이다. 이제 철학이 분화되어 현실을 관리하고 조종하는 기술의 학이 되었으므로 전통적 형이상학이 겨냥한 목적이 이루어졌고, 따라서 전통 철학 개념은 이제 무의미하게 되었다는 것이 하이데거의 생각이다.

하이데거의 사유는 계산하고 표상하는 기술적 사유로는 포착할 수 없는, 그 자신을 감추고 있는 어떤 낯선 것을 드러내는 일에 집중된다. '반성적 사유', '회상적 사유', 또는 '기념하는 사유'(das andenkende Denken)라고 부르는 '다른 사유'가 형이상학적 · 기술적 사유에 대립된 것으로

2 하이데거의 데카르트 해석과 관련된 문제는 필자의 다음 논문을 참고해주기 바란다. 강영안, 「데카르트의 코기토와 현대성」, 『철학연구』 제27집(1991년 가을호), 서울: 천지, 3-29면.

3 Martin Heidegger, *Gelassenheit*(Pfulling, 1960^2), 14면: "Dieses Rechnen kennzeichnet alles planende und forschende Denken."

제안된다.[4] 머물고, 참고 견디고, 기다리고, 물러나고, 침잠하는 사유, 은인자중(隱忍自重)하는 사유가 형이상학적 표상적 사유에 대한 대안으로 드러난다. 이렇게 '다른 사유'가 가능할 수 있는 공간을 마련하기 위해서는 지배적 사유의 한계를 넘어서야 한다. 한계를 넘어서기 위해서는 먼저 한계, 곧 끝을 설정하고 거기서부터 이 한계에 대해 질문을 던져야 한다. 한계는 어떤 것이 완전히 끝나는 곳이 아니라, 다른 것이 새롭게 시작하는 곳이다. 그러므로 한계를 설정하고, 그것을 넘어서서 그 한계의 정체를 규정하는 것은 형이상학의 정체를 드러내고 하이데거가 문제삼고 생각하기 시작한 철학의 종말을 논의할 수 있는 출발점이다. 이를 일컬어 하이데거는 '사유의 문제, 사유의 과제'(die Sache des Denkens)라고 부른다.[5] 철학의 종말, 형이상학이 완성된 지점에서 사유가 시작될 수 있는 가능성이 비로소 열린다는 생각이다.

서양의 형이상학 전통을 이렇게 보는 것이 과연 옳은가 하는 물음을 제기할 수 있다. 그리고 하이데거가 대안으로 생각한 '다른 사유'가 가능한가 하는 물음도 들고 나올 수 있다. 하지만 이것들이 이 책에서 해명해보고자 하는 주제는 아니다. 이 책은 서양 형이상학, 그 가운데서도 근대 형이상학을 표상적 사유로 본 하이데거의 관점을 그대로 수용하면서, 막상 하이데거조차도 드러내 보이지 않은 근대 표상적 사유의 모습을 칸트의 이론철학을 통하여 드러내보고자 하는 것이다. 칸트야말로 표상적 사유의 고유한 모습과 그 한계를 누구보다도 정확하게 드러낸 철학자라고 나는 생각한다.

칸트는 현실에 대한 우리의 지식, 곧 객관적 지식에는 두 가지 조건이

4 Martin Heidegger, "Das Ding," in: *Vorträge und Aufsätze*. Neske,1978[4]. 174면.

5 Martin Heidegger, "Das Ende der Philosophie und die Aufgabe des Denkens," 70–80면 참조.

반드시 충족되어야 한다고 생각한 철학자다. 두 조건이란 형식과 내용을 두고 말한 것이다. 지식에서 형식이란 개념을 말하고 내용이란 경험을 통해 주어진 것, 곧 직관을 말한다. "내용 없는 사유는 공허하고, 개념 없는 직관은 맹목적이다"(『순수이성비판』 A51/B75).[6] 칸트의 유명한 이 표현은 객관적 지식에 관한 그의 생각을 단적으로 보여준다. 감각적 경험은 지성의 체계적 원리에 종속해야 하고, 개념적 사유는 현실과 관계할 수 있어야 한다는 것이 칸트의 확신이다. 예로부터 문제가 되어온 사유와 존재의 일치 문제가 이런 방식으로 표현된 것이다. 고대 그리스 철학이 형성된 뒤로부터 서양 철학은 거의 예외 없이 언제나 사유와 존재의 일치와 차이 문제와 씨름해왔다. 단순화시켜서 말하자면 서양 철학이 시도했던 해결은 어느 한쪽의 독립성을 부인함으로써 제안되었다. 우리가 경험하는 현실은 이상 세계의 모상(模像)에 지나지 않다고 보거나(플라톤 전통) 우리의 개념적 관념은 감각 경험의 추상(抽象)이라고 가정함으로써 이 문제를 풀어보고자 하였다(아리스토텔레스 전통).

객관성은 사유의 논리적 일관성을 넘어 현실에 그 발판을 두고 있다. 하지만 현실 자체로는 객관적 인식을 제공하지 못한다. 현실이 가능한 경험의 대상이 되기 위해서는 인간의 인식 활동에 의해 규정되어야 한다. 따라서 인간의 지식 능력의 종합적 성격을 통해서 지식의 객관성이 확보된다. "우리의 개념을 감성화하는 일, 곧 직관 중에 개념의 대상을 부여하는 일이 필연적인 것과 마찬가지로 우리의 직관을 지성화하는 일, 곧 직관을 개념 아래 포섭하는 일도 필연적이다"(A51/B75)라는 칸트의 말은 이것을 두고 한 발언이다. 로크와 라이프니츠의 작업이 다 같이 일면적인

6 『순수이성비판』 인용은 앞으로 책 이름을 따로 밝히지 않고 1판(A)과 2판(B) 면수를 밝히는 방식으로 한다.

것에 그치고 말았던 것은 이것을 배경으로 삼아 볼 때 분명히 드러난다. 로크는 '모든 지성개념을 감성화'했고 라이프니츠는 '현상을 지성화'했다(A271/B327). 칸트의 전략은 일면적인 환원을 피하면서 감성과 지성을 통해 어떻게 객관적 지식이 형성되는가를 보여주는 것이다. 객관적 지식이란 언제나 지성과 감성의 '결합'으로 가능하다. 그런데 경험으로부터 독립해서 이것이 어떻게 가능한가, 하는 것이 문제다. 이 문제를 칸트는 "선험적 종합판단이 어떻게 가능한가?" 하는 질문으로 공식화한다.

이 물음과, 이 물음에 대한 답을 제대로 이해하는 것이 칸트가 이해한 근대 사유의 특징적인 형태로서의 '표상적 사유'의 본질을 이해하는 것이다. 표상은 하이데거를 따르면 현실을 관리 가능한 하나의 체계로 만드는 활동이다.[7] 그러면 어떻게 현실이 체계로서 등장하는가? 물론 여기에는 법칙을 수립하는 인간 지성의 활동이 있다. 그러나 인간 지성은 상상력을 통해서만이 구체적인 현실과 관계를 맺는다. 상상력은 그림을 만들어내는 능력, 곧 일종의 '도상적 사고' 능력이다. 도상적 사고 능력이 없다면 지성은 감각 대상에 대해 무력하다. 그러므로 칸트는 도상을 만들어내는 활동이 무엇인가를 그의 비판철학이 진행되는 과정에서, 그것도 매우 핵심적인 부분에서 제시한다. 이것이 유명한 이른바 칸트의 '도식 활동(Schematismus)에 대한 이론'이다. 이것을 나는 좀 짧게 줄여서 '도식론'이라고 부르고자 한다.[8]

도식론은 선험적 종합판단은 어떻게 가능한가, 라는 물음과 그것에 답

---

7 Martin Heidegger, "Die Zeit des Weltbildes," in: Heidegger, *Holzwege*, Frankfurt a. M.: Klostermann, 1972[5] 참조.

8 도식을 차라리 도상이라고 부르고 싶지만, 국내에서 통용되는 학술용어를 따르자면 '도상'은 아이컨(icon)의 번역어로, '도식'은 스킴(scheme) 또는 쉐마(Schema)의 번역어로 사용된다. 번역어 자체에 그렇게 만족하지는 않지만 혼란을 피할 목적으로 일반적인 관행을 따르기로 한다.

하는 과정에서 고안되었다. 그러므로 도식론은 우리의 개념 체계(범주)가 현실과 관계할 수 있는 방식을 보여줄 뿐 아니라 현상으로서의 현실이 가능한 경험 대상으로서 체계화되고 규정될 수 있는 방식을 동시에 보여준다. 칸트의 방식이 성공적인가 하는 물음을 떠나서, 단지 그의 의도를 따라 보자면, 도식론은 종합판단의 가능 조건을 제시하기 위해 제안되었다고 볼 수 있다. 하지만 도식론을 다루는 부분을 자세히 검토해보면 칸트의 언어는 분명하지 않고 진의가 무엇인지 파악하기가 쉽지 않다. "결코 일관되게 사유하지 않는다는 것은 진정 위대한 철학자들의 특징이다. [……] 위대한 사상가의 저작을 읽어보라. [……] 가장 중요한 생각이 문제되는 바로 그곳에서, 그들의 논변은 난해해지고 세밀한 구별이 제시되고 때로는 불확실한 요소까지 보이고 있음을 그대는 발견하게 될 것이다."[9] 반 퍼슨의 이 말은 칸트의 도식론에 어김없이 적용된다.

도식론을 다루고 있는 부분(A137/B176–A147/B187)은 『순수이성비판』 가운데서도 어렵기로 악명이 높다. 워낙 어렵고, 내용이 분명치 않기 때문에 그것에 대해 후세 사람들이 보인 반응도 여러 가지다. 경탄을 금치 못하는 사람이 있는가 하면 무참하게 난도질을 해버린 사람도 있다. 야코비는 칸트의 도식론을 "통찰 불능의 신비와 놀라움 가운데서도 가장 놀랍고 가장 신비한 것"이라고 평했는가 하면, 칸트의 예찬자며 동시에 비판자였던 쇼펜하우어는 "누구도 그 진의를 파악할 수 없기에, 그 깊은 심연으로 유명한" 관심거리로 본다.[10] 분석철학 진영에 속하는 워녹과 베넷은

---

9 C. A. van Peursen, *Body, Soul, Sprit. A Survey of the Body–Mind Problem*. H. H. Hoskins, tr., London: Oxford University Press, 1966, 서문.

10 F. H. Jacobi, *Werke*, G. Fleischer, ed., Leipzig, 1812–1825, 3권, 96면. E. Schaper, "Kant's Schematism Reconsidered," in: *Review of Mataphysics* 18(1964), 270면 각주 4에서 재인용; A. Schopenhauer, "Kritik der Kantischen Philosophie," in: *Die Welt als Wille und als Vorstellung, Werke in zehn Bänden*, 1부 1권, 552면.

개념의 도식 문제는 '개념 적용'과 '개념 소유'를 마치 다른 문제인 것처럼 파악했기 때문에 야기된 '사이비 문제'라고 주장한다.[11] 아디케스와 켐프 스미스는 도식론을 다루는 부분이 「연역」과 「원칙론」 사이에 자리잡은 것은 순전히 체계를 짜기 위한 칸트의 건축술적 관심 때문이라고 주장한다. 켐프 스미스는 특히 대상을 개념 아래로 포섭하는 일은 완전히 잘못 설정된 문제라고 비판한다.[12]

하지만 헤겔과 같은 사람은, 도식 활동 이론을 다루는 부분이야말로 "칸트철학 가운데서 가장 아름다운 부분 중의 하나"라고 평가했는가 하면, 하이데거는 칸트의 전 저작의 '핵심 부분'(das Kernstück)이라고 할 정도로 이 부분을 중요하게 생각한다.[13] 칸트 자신도 도식론을 그의 체계 가운데서 가장 중요한 부분 가운데 하나라고 이야기한다.[14] 또한 '도식'과 '도식 활동'에 관한 언급은 그의 『유작』 가운데서도 적지 않게 보인다(『유작』 20:3, 68, 90, 162, 169, 174, 291, 363, 367, 369; 『유작』 21:20, 25, 263, 331, 494–5, 505 등).[15]

이 연구는 우회 과정을 거쳐 표상적 사고의 정수를 보여주는 도식론으

11 G. J. Warnock, "Concepts and Schematism," in: *Analysis* IX(1948/9), 80면; J. Bennett, *Kant's Analytic*. Cambridge: Cambridge University Press, 1966, 141면 참조.

12 N. Kemp–Smith, *A Commentary to Kant's Critique of Pure Reason*. London: Macmillan, 1923(개정 재판), 334–342면 참조; 월프(R. P. Wolff)는 켐프 스미스의 의견을 따라 도식 활동 문제의 중요성을 부분적으로 인정한다. R. P. Wolff, *Kant's Theory of Mental Activity. A Commentary on the Transcendental Analytic of the Critique of Pure Reason*. Cambridge, Massachussets: Harvard University Press, 1963, 206면 이하 참조.

13 F. W. Hegel, *Vorlesungen über Geschichte der Philosophie III. Werke in zwanzig Bänden*. Frankfurt a. M.: Suhrkamp, 1971, 20권, 347–8면. M. Heidegger, *Kant und das Problem der Metaphysik*. Frankfrut a. M.: Klostermann, 1973[4], 108면.

14 『숙고』 18: 685–7; 『형이상학서론』 34절, 4: 316–7 참조.

15 다발(Roger Daval)의 도식론 연구는 칸트의 『유작』을 중심으로 하고 있다. R. Daval, *La métaphysique de Kant. Perspectives sur la métaphysique de Kant d'après la théorie de schématisme*. Paris: PUF, 1951을 볼 것.

로 들어가서 그것의 확장인 상징론에 이를 것이다. 우회 과정이란, 철학, 그 가운데서도 형이상학의 방법에 대한 칸트의 관심을 먼저 살펴보는 것을 두고 말한다. 칸트철학을 이른바 '코페르니쿠스적 전환'으로 규정짓는 이유가 무엇인지, 주체가 어떤 존재로 등장하는지, 이런 것들이 여기서 분명하게 드러날 것이다.

형이상학은 칸트를 따르면 사유의 형식적 조건만을 다루는 논리학과는 판이하게 다르다. 볼프학파에서는 존재론을 '사물의 술어에 관한 학'으로 정의하였다.[16] 칸트는 볼프학파의 존재론적 물음을 그 뿌리에서부터 다시 묻고자 하였고, 그 결과 인간 인식의 논리적 근거뿐만 아니라 '실질적'(real) 근거를 모색하고자 하였다. '실질적' 근거는 인간 지성 홀로 만들 수 있는 것이 아니라, 언제나 지성 바깥의 감각 세계로부터 주어져야 한다. 이런 맥락에서 칸트는 호프만과 크루지우스와 더불어서 기하학적 방법을 형이상학에 사용하기를 거부한다.[17]

철학은, 칸트를 따르면 개념을 구성함으로써 인식하는 수학과 달리 오직 개념을 통해서 인식하는 개념적(또는 추론적) 학문이다. 하지만 인식의 실질적 내용은 개념으로부터 추론할 수 있는 것이 아니다. '인과성', '실체성' 등과 같은 철학적 개념은 수학적 개념처럼 직관을 통해 구성되지 않는다. 그렇다면 철학적 개념은 세계와 어떻게 관계하는가? 개념과 달리, 감각 세계는 본질적으로 구조적 요소를 가지고 있지 않다. 구조적 요소는 인간 지성의 인식적 틀에 의해 주어진다. 지성의 순수 개념, 곧 범주가 만일 순수직관 가운데서 구성될 수 없다면, 범주에 실질적 내용을 부여하는 일이 어떻게 가능한가? 만일 감각 세계에는 그 자체로 구조적 요

16 A. G. Baumgarten, *Metaphysica*(1739). Hildesheim: Olms, 1963, 4절.

17 M. Wundt, *Die deutsche Schulphilosophie in Zeitalter der Aufkärung*. Hildescheim: Olms, 1945, 230–264면.

소가 결여되어 있다면, 감각 세계에 대한 인식은 어떻게 가능한가? 칸트는 이 문제를 도식론을 통해 해결한다는 것이 나의 주장이다. 도식은 여기서 세계 표상의 실질적 도구로 작동한다. 칸트의 형이상학과 초월철학의 관계에 대한 논의와 수학적 방법의 본질에 대한 칸트의 이해를 먼저 살펴본 다음, 개념과 감각 세계의 상호작용에 대한 논의를 본격적으로 하게 될 것이다.

현실은, 우리가 앞으로 살펴보게 되겠지만, 감각의 범위 안에서는 범주('철자화의 규칙')를 통해 우리가 '읽을 수 있는 텍스트'로 전환된다. 하지만 현실은 칸트가 '현상'이라고 부른 것에 제한되지 않고 그것을 초월한다. 현실에 대한 우리의 '철자화'는 현실을 단지 현상으로 읽는 결과를 낳을 뿐이다. 그러므로 철자화되지 않는 현실, 감각적 표상 속에 완전히 포착되지 않는 현실이, 여전히 인간에게 주어져 있다는 점을 언제나 기억 속에 우리는 담아두어야 한다. 이 현실은 비록 감각을 통해 표상할 수 없지만 표상 너머, 표상으로 환원될 수 없는 정합적인 구조를 가지고 있다. 라이프니츠와 마찬가지로 칸트는 부분과 부분이 한 치의 간격이 없이(자연 안에서 연속의 법칙) 무한히 작은 부분으로 분화(특수화의 법칙)하면서도 하나의 잘 짜진 전체 체계(동종성의 법칙)를, 감성 너머의 현실이 지니고 있다고 믿는다. 다시 말해 현실의 통일성 · 다양성, 그리고 상호 연관성을 칸트는 기본적으로 믿고 있다. 현실의 이 세 가지 '법칙'은 단지 논리적인 것에 그칠 뿐 아니라 초월적 원리로 칸트는 수용한다. 현실이 이런 방식으로 구조화되어 있다는 것이다. 그러므로 칸트의 현실 개념 또는 실재 개념은 감각할 수 있는 현상을 훨씬 뛰어넘는 개념이며, 과학으로는 포괄할 수 없는 훨씬 더 넓고, 깊고, 다층적인 구조를 가지고 있다.

그럼에도 현실의 체계성은 오직 인간의 이념을 통해서만이 접근될 수 있다는 것이 칸트의 고유한 생각이다. 현실의 통일성 · 다양성 · 상호 연관성은 우리 인간들에게는 하나의 이념에 지나지 않는다. 칸트는 이 세 가지 이념 외에도 형이상학적 이념이 우리의 가능한 경험 영역인 자연 세계를 연구하는 데 도움을 준다고 보았다. 형이상학적 이념이란 다름이 아니라 볼프학파로부터 전수된 신과 세계와 영혼의 이념을 말한다.[18] 이것이 이른바 '초월적 이념들'이다. 하지만 이러한 이념에 대응하는 대상은 '사물 자체'로서 경험적 실재의 근거를 이룬다. 그러나 이들 '사물 자체'는 지각의 대상이 아니며, 따라서 이들에 대한 객관적 인식은 불가능하다. 만약 그렇다면 어떻게 이들에 대한 우리의 이념은 합법적으로 사용될 수 있는가? 이러한 이념들의 의미는 무엇인가? 이러한 물음이 당연히 등장한다.

칸트가 이념들에 대해 규제적 기능을 부여했다는 것은 널리 알려져 있다. 신 · 영혼 · 세계, 이 세 가지의 초월적 이념은 학적 탐구를 할 때 규제적 원리로서 합법적으로 사용된다. 하지만 초월적 이념을 좀 더 구체화하기 위해서, 앞서 말했던 '초월적 도식 활동'과 유사한 방법이 『순수이성비판』 안에 제시된 것은 널리 알려져 있지 않다. 칸트는 영혼 · 세계 · 신 같은 이념들의 감성화 과정을 '상징화'(Symbolisierung)라고 불렀다. 이것은 도식의 '유사물'(Analogon) 또는 '상징'(Symbol)을 통하여 이성이 경험을 초월한 대상을 표상하는 방식이다. 이 작업을 일컬어 칸트는 '유비의 도식 활동'이라고 부른다. 상징은 우리의 감각 경험을 초월해 있는 대상들에 대한 사유를 가능케 해준다. 이념의 상징적 현전화는 이 이념들에 대해 의미를 부여한다. 그러면서 동시에 상징은 경험 세계 저 너머를 가리킨다. 상징은 본질적으로 저 너머의 세계를 가리킨다. 인간 인식 능력

18 Chr. Wolff, *Philosophia rationalis sive Logica*(1728). Hildescheim: Olms, 1983, 55–56절 참조.

은 상징을 통해 새로운 지평을 열 수 있고 이 지평을 통해 우리는 경험을 초월한 대상에 대해 방향을 정할 수 있다.

칸트의 도식론과 상징론은 표상을 산출하는 인간 정신의 구성적 측면을 보여준다는 점에서 매우 흥미롭다. 인간 정신을 구성적이라고 보는 관점은 르네상스 이후 근대 문화의 가장 특징적인 측면 가운데 하나라고 할 수 있다. 인간은 자연에 대해 수동적 태도를 취하기보다는 이제 자연의 중재자로, 또는 자연의 주인으로 등장한다. 인간은 자기규정(자유)을 통해서 자신의 삶을 조정할 뿐만 아니라 자연을 문화적으로 변형함으로써 자신을 해석하고 자신의 본성을 규정한다. 이 점을 가장 분명하게, 앞으로 충분히 발전될 수 있는 사상의 씨앗으로, 제대로 포착하여 말로 옮긴 사상가는 이탈리아 르네상스 사상가 가운데 한 사람인 피코 델라 미란돌라(1463~1494)였다. 그에게서 우리는 창조주 신을 닮은 제작 활동가, 노동자로서의 인간의 모습을 볼 수 있다. 피코는 『인간의 존엄성에 관한 연설』(1486년 저작, 사후 발간)에서 창조주 하나님이 아담을 지은 다음, 세계의 중앙에 두시고는 이렇게 말했다고 한다.[19]

> 아담아, 우리는 너에게 어떤 고정된 위치나 고유한 외모나 어떤 특별한 재질을 주지 않았다. 너는 네 자신의 위치와 외모와 재질을 네 자신의 소원과 판단에 따라 스스로 선택해야 한다. 다른 존재자들은 우리가 만든 법칙을 따라 고정된 본성을 가지고 있다. 너는 어떤 제한을 받지 않을뿐더러 너의 본성은 네 자신의 의지에 맡겨두었다. 네 자신이 그것을 규정해야 한다. 나는 너를 세계의 중앙에 두

19 피코의 철학에 대한 논의는 E. Cassirer, "Giovanni Pico della Mirandola. A Study in the History of Renaissance Ideas," in: *Journal of the History of Renaissance*. Frankfurt a. M.: Suhrkamp, 1972; P. O. Kristeller, *Renaissance Thought. The Classic, Scholastic and Humanistic Strains*. New York: Harper & Raw, 1961 참조.

노니 네 주변을 둘러볼 때 세계에 무엇이 있는가를 더 쉽게 관찰할 수 있을 것이다. 우리는 너를 천상적 존재나 지상적 존재로 짓지 않았고 죽을 존재나 불멸한 존재로 만들지 않았다. 그 때문에 네 스스로 선택한 모습을 따라 네 자신을 만들어가는 조형자요 창조자가 되는 자유와 영예를 누릴 것이다. 너는 네 자신을 비천하게 만들어 짐승이 될 수 있고 네가 원한다면 보다 고귀하고 신적인 존재로도 다시 태어날 수도 있다.[20]

찰스 테일러의 말을 빌려 표현하자면 스스로 '자신을 규정하는 주체'(self-defining subject)로서의 인간에 대한 이해가 여기에 등장한다.[21] 기독교적 수사법만 제거한다면 피코의 말은 20세기 철학자 사르트르나, "인간 본성(자연)이 곧 문화"라고 말한 메를로-퐁티, "인간에게는 본성이란 없고 오직 역사가 있을 뿐"이라고 말한 오르테가 이 가세트를 방불케 할 정도로 현대적이다. 아니, 더 정확하게 말한다면 이들 20세기의 사상가들은 틀림없는 피코의 후예들이다.

여기서 우리는 피코의 중심 사상으로 두 가지를 집어낼 수 있다. 첫째, 인간의 존재와 미래에 대한 선택의 자유가 인간에게 있다는 사실을 강조한 것이다. 세계 안에서의 인간의 위치는 주어진 것이 아니라 스스로 만들고, 개척해나갈 과제로서 부여받았다고 보는 것이다. 이 자유로운 선택, 자기 존재의 선택의 자유 가운데 인간의 존엄성이 놓여 있다고 피코

20 G. Pico della Mirandola, "Oration on the Dignity of Man," in: *The Renaissance Philosophy of Man*. E. Cassirer et al, eds., Chicago: The University of Chicago Press, 1948, 224-225면.

21 Charles Taylor, *Hegel*. Cambridge: Cambridge University Press, 1975, 6면: "The essential difference [근대 이전과 근대의 자아개념의 차이] can perhaps be put in this way: the modern subject is self-defining, where on the previous views the subject is defined in relation to a cosmic order." 이와 관련된 글로는 Heidegger, "Die Zeit des Weltbildes," 69-104면 참조.

는 보았고, 이 점은 칸트에게로 고스란히 전승된다. 둘째, 인간의 존엄성은 또한 최선의 것을 선택할 수 있다는 데 존재한다는 것을 피코는 보여준다. 인간은 이 점에서 창조주와 가장 비슷한 존재가 될 수 있다. 인간은 "스스로 선택한 모습에 따라 자신을 만들어가는 조형자요 창조자"라고 보는 것이다. 여기서 인간은 자신과 마주 서 있는, 때로는 자신을 위협하기도 하는 자연과 사회와의 불화와 타협의 관계에서 규정된다. 자연과 사회는 과거에 지녔던 '근원적' 의미—곧 인간이 그 속에서 비로소 자유할 수 있는 근원으로서의 자연과 사회—는 상실하고 인간이 규정하고, 이용하며, 관리하고, 통제해야 할, 말하자면, 스스로 자신을 빚어가고 만들 수 있는 인간의 자유와 '맞서 있는' 대상으로, 그럼에도 그 자체 독립성을 지녔다기보다는 하나의 표상으로, 등장한다.[22] 인간에 대한 이러한 관점이 자크 라캉의 정신분석학과 미셀 푸코의 탈구조주의적인 '주체의 탈중심화' 기획으로부터 집중적인 공격을 받았다는 것은 이제 상식이 되었다.

철학적 비판에도 불구하고 인간의 현실은 인간에 의해 만들어질 수 있다는 생각은 학자들뿐 아니라 정책 입안자들, 기업가들 그리고 개발 프로그램에 관여하고 있는 사람들이 여전히 신봉하고 있는 관점이다. 사람이 현실을 만들 수 있고, 현실을 자신의 의도를 따라 빚어갈 수 있다는 생각, 곧 '현실의 제작 가능성'의 이념은 하이데거나 피터 버거가 강조하듯이 근대 합리성의 특징이 되고 있다.[23] 나는 이러한 관점의 바탕이 되고 있

22 피코에 대한 간략한 논의는 강영안, 『자연과 자유 사이』(서울: 문예출판사, 1998), 서론 부분 참조.

23 M. Heidegger, "Wissenschaft und Besinnung," in: *Vorträge und Aufsätze*. Neske, 1978, 52면 이하; P. L. Berger, *Pyramids of Sacrifice: Political Ethics and Social Change*. New York: Anchor, 1976, 40면 이하, 190-191면 참조.

는 인간 정신의 구성적 성격을 세련되고 체계적인 방식으로 정립한 사상가 가운데 한 사람이 바로 칸트라고 생각한다.

선험적 종합에 관한 칸트의 생각과 '체계'에 대한 그의 이해는 인간 정신의 구성적 성격과 기본적으로 연결된다. 칸트의 구성주의는 인식론적 차원에서 볼 때 현실에 대한 인간 인식은 사유 형식과 직관 형식에 의해 언제나 매개된다는 것을 함축한다. 구성적 정신의 구체적인 매개는 엄밀한 형식주의를 상대화할 뿐 아니라 기술로서 표현될 때 자연을 지배하는 수단으로 쓰이게 된다. 칸트의 구성주의에는 또한 인간 인식은 직관적 요소를 가져야 한다는 사실이 담겨 있다. 예컨대 개별적 사례와 같은 것은 현실을 이해하는 일에 있어서 부수적인 것이 아니라 본질적인 요소이다. 칸트의 '도식'은 인식의 형식적 · 개념적 요소와 구체적 · 직관적 요소가 서로 수렴되는, 말하자면 하나의 '모형'(模型)과 같다. 앞으로 보겠지만 '이념의 도식' 또는 '상징'은 또한 가장 완벽한 모습으로 현실을 체계화한다. 영혼 · 세계 · 신에 관한 사유 가능성은 가능한 한도 안에서 현실의 체계적 통일성을 확보하게 해준다. 이 모든 것이 우리가 앞으로 다룰 내용이다.

칸트는 『순수이성비판』에서뿐만 아니라 『실천이성비판』, 『판단력비판』에서도 표상 가능성의 도구로서의 도식의 이념을 다루고 있다. 『실천이성비판』에서는 도덕법칙의 '전형'(Typus)으로서 자연법칙을 논의한다. 자연법칙은 도덕법칙을 표상할 수 있는 수단을 제공해준다. 『판단력비판』에서는 도덕성의 상징(Symbol)으로서 미(美)에 관해 이야기한다. 예컨대 반성적 판단력을 통해 아름다운 것이 만족감을 주듯이 도덕적으로 선한 것은 도덕법칙에 대한 존경심을 불러일으킨다. 이때 아름다운 것은 도덕적인 선의 상징이 된다.[24] 『이성의 한계 안에서의 종교』에서는 "지상의 교회 공동체는 비가시적인 신국(神國)의 가시적 표상, 곧 도식"이라고 말한다

(『종교론』 6:131–2). 교회는 윤리적 공동체로서 신국을 이 땅에 볼 수 있도록 제시해준다(『종교론』 6:101). 이런 의미에서 교회는 하나의 '도식'이다. 교회 공동체의 윤리적 삶을 통하여 눈으로 볼 수 없는 하나님의 나라를 이 땅에서 눈으로 볼 수 있다는 말이다. 이처럼 도식론은 칸트의 도덕철학 · 예술철학 · 종교철학 등을 모두 거론해야, 칸트의 철학 체계 안에서의 역할을 제대로 이해할 수 있을 정도로 칸트의 사유 가운데 깊숙이 자리 잡고 있다.

여기서 우리는 칸트의 이론 철학의 한계 안에서, 표상 가능성의 수단으로서의 도식과 상징의 위치를 드러낼 것이다. 먼저 형이상학의 틀 안에서 표상적 사유가 가진 의미를 먼저 조금 거시적인 관점에서 살펴보고, 그 다음에는 관심의 폭을 매우 좁혀 수학적 구성과 관련된 문제를 다루어본다. 이를 통해 표상적 사고의 수단으로서의 도식이 수학과 관련해서 이해된 방식을 찾아낼 수 있을 것이다. 이어서, 도상적 사고의 전형을 범주의 도식 문제를 다루는 도식론에 관한 장에서 집중적으로 찾아보는 작업을 할 것이다. 여기서는 현실과 주체의 상호관계, 상상력, 의미 문제 등이 거론될 것이다. 이 작업이 어느 정도 이루어지고 나면, 그 뒤를 이어서 이념의 표상 가능성에 대한 문제를 집중적으로 다룰 것이다. 이 부분에서는 이념의 표상 가능성과 관련해서 칸트의 유비이론과 상징 이론이 가진 의미를 들추어내는 일을 시도해볼 것이다. 모든 논의는 칸트의 텍스트를 꼼꼼히 읽어가면서 표상적 사고가 어떤 방식으로 드러나는지 살펴보는 방식으로 진행될 것이다. 하지만 칸트의 이론적 사유를 표상과 비표상의 경계선상에서 규정할 수 있지만 칸트는 '표상' 자체를 주제삼아, 자세히 다루지 않고 있다는 것을 미리 언급

24 자세한 논의는 공병혜, 『칸트, 판단력비판』, 울산: 울산대출판부, 1999, 115–16면 참조.

해두어야 할 것이다.[25] 표상은 칸트에서 경험을 구성하는 활동을 서술하는 일차 개념으로 쓰일 뿐, 그 자체가 분석 대상으로 등장하지 않는다. 그러면 형이상학이 칸트에서 어떻게 문제되는지, 다음 장에서 먼저 생각해보자.

25 A. B. Dickerson, *Kant on Representation and Objectivity*. Cambridge: Cambridge University Press, 2004, 4면 이하 참조.

제2장

형이상학과 초월철학

칸트는 형이상학자인가, 아니면 반형이상학자인가? 최근까지만 해도 칸트를 반형이상학자로 보는 견해가 예컨대 영미철학계 안에서는 상당한 지지를 받고 있었다. 이러한 입장을 따르면 칸트는 형이상학을 부정하고 그 대신 인식론을 확립한 철학자였다. 19세기 말의 신칸트주의자들뿐만 아니라 칸트 당시에도 칸트를 반형이상학자로 보는 견해가 없지 않았다. 모제스 멘델스존은 칸트를 "모든 것을 무너뜨리는 자"(der Allzermalmer)라고 불렀고 헤겔은 칸트를 야코비와 마찬가지로 형이상학을 깨뜨린 사람으로 취급하였다.[1] 헤겔은 심지어 독일 민족이 형이상학에 대한 관심을 잃게 된 것은 바로 칸트 때문이었다고 비난하기까지 한다.[2] 칸트철학에 대한 이러한 반응은 칸트 자신의 철학적 관심이 처음부터 형이상학에 있었고 형이상학을 학문으로 세울 수 있는 방법에 집중되었던 사실을 고려

1 Moses Mendelssohn, "Morgenstuden oder Vorlesungen über das Daseyn Gottes,"(1785) in: *Werke*, 3권 2부, Leo Strauss, ed., Stuttgart-Bad Cannstatt: Frommann, 1974, 3면.

2 G. W. F. Hegel, *Wissenschaft der Logik I. Werke in zwänzig Bänden*. Frankfurt a. Mein: Suhrkamp, 1969, 13-4면 참조.

할 때 매우 역설적이다.[3]

형이상학과 칸트의 관계에 대한 이해는 칸트 탄생 200주년이 되던 해인 1924년에 전혀 새로운 변화의 국면을 맞이한다. 하인츠 하임죄트의 「칸트적 관념론 형성과정에서의 형이상학적 동기」와 「칸트철학에서 인격성 의식과 사물자체」, 니콜라이 하르트만의 「관념론과 실재론의 이 편」이 독일의 칸트철학 전문 연구지인 『칸트연구』를 통해 발표된다. 같은 해에 막스 분트의 대작인 『형이상학자로서의 칸트』가 출판된다.[4] 하이데거는 마아부르크대학에서 1927년 겨울학기에 칸트의 『순수이성비판』에 대한 현상학적 해석을 시도하고[5] 2년 뒤인 1929년 출판된 『칸트와 형이상학의 문제』를 통해 칸트철학을 인식론이나 도덕철학으로 해석하기보다 오히려 형이상학을 근거지우는 하나의 '기초 존재론'으로 본다.[6] 이른바 '존재론적' 칸트 해석과 '형이상학적' 칸트 해석은 해석자들 사이에 차이가 있음에도 칸트철학의 근본 의도가 형이상학에 있음을 분명하게 보여준다.[7]

이들의 연구는 칸트철학과 칸트 이전의 전통 사이에 존재하는 철학적

---

3 H. J. de Vleeschauwer, *La déduction transcendentale dans l'oeuvre de Kant*. Antwerpen/Paris/Den Haag, 1934, 1권, 79면 이하 참조.

4 H. Heimsoeth, "Metaphysische Motive in der Ausbildung des kritischen Idealismus," in: *Kant-Studien* 29(1924); 같은 저자, "Persönlichkeitsbewusstsein und Ding an sich in der Kantischen Philosophie,"(1924) in: *Studien zur Philosophie Immanuel Kants*, I, 1956; N. Hartmann, "Diesseits von Idealismus und Realismus," in: *Kant-Studien* 29(1924); M. Wundt, *Kant als Metaphysiker*. Stuttgart: Enke, 1924 참조.

5 M. Heidegger, *Phänomenologische Interpretation von Kants Kritik der reinen Vernunft*. Frankfrut a. M.: Klostermann, 1977.

6 M. Heidegger, *Kant und das Problem der Metaphysik*(1929). 이 책은 Vittorio Klostermann을 통해서 4판 확대 개정판이 1973년 출판되었다.

7 칸트철학 해석의 여러 경향과 갈래에 대해서는 강영안, 「칸트철학 해석의 세 갈래」, 『獨逸學紙』(계명대학교 독일학연구소) 제7집(1988/89) 19–40면 참조.

연속성과 아울러 칸트가 이룩한 혁신을 좀 더 분명하게 볼 수 있도록 해준다.[8] 게하르트 크뤼거와 고트프리트 마르틴의 작업도 칸트철학 체계의 의미를 그것이 서 있는 역사적 맥락을 배경으로 다시 읽어내는 일이다.[9] 반형이상학적인 경향이 지배적인 영미철학계에서도, 예컨대 페이튼과 같은 이는 칸트를 형이상학자로 보고 그런 관점에서 칸트철학을 해석하기 시작한다.[10]

형이상학에 대한 칸트의 관심은 이른바 '비판 이전'의 시기에만 한정되지 않는다. 형이상학, 특히 학문으로서의 형이상학은 비판철학의 가장 중요한 문제가 되고 있다. 『순수이성비판』은 '어떻게 학문으로서의 형이상학이 가능한가' 하는 물음에 답을 제시하기 위해 쓴 것이다. 하이데거가 적절하게 지적하듯이 『순수이성비판』은 볼프 학파에서 통용되던 '일반 형이상학', 곧 '존재론'과 '특수 형이상학', 곧 '이성적 심리학', '이성적 자연학', '자연 신학'의 구분법을 따라 구조가 짜여 있다.[11] 「초월적 분석론」은 존재론에 해당하고(A247/B303; 『형이상학의 진보』 20:260 참고) 「초월적 변증론」은 특수 형이상학의 세 주제와 일치한다. 『순수이성비판』에 대한

---

8 G. Funke, "Die Diskussion um die metaphysiche Kantinterpretation," in: *Kant-Studien* 67(1976), 409–14면; 같은 저자, "Der Weg zur ontologischen Kantinterpretation," in: *Kant-Studien* 62(1972), 446–66면 참조. 칸트 해석의 이러한 전환에 대한 전체적인 그림을 그리고자 한다면 F. Kaulbach & V. Gerhardt, *Kant*. Darmstadt: Wissenschaftliche Buchgesellschaft, 1979, 3–13면을 참고하기 바란다.

9 G. Krüger, *Philosophie und Moral in der Kantischen Kritik*. Tübingen: Mohr, 1931; G. Martin, *Immanuel Kant. Ontologie und Wissenschaftstheorie*. Berlin: Walter de Gruyter, 1950, 1969.

10 H. J. Paton, *Kant's Metaphysic of Experience. A Commentary on the First Half of the Kritik der reinen Vernunft*. London: George Allen & Unwin, 1936, 2권. 물론 페이튼이 칸트의 형이상학을 '경험의 형이상학'이라고 특징지운 것은 문제가 있다. 그 이유가 무엇인지는 곧 언급할 것이다.

11 A. G. Baumgarten, *Metaphysica*(1739) Hildescheim: Olms, 1963, 2절; Chr. Wolff, *Philosophia Rationalis sive Logica*(1728), 79, 92, 99절 참조.

입문서로 칸트가 의도한, 우리가 통상 '프롤레고메나'라고 줄여 부르는, 『학문으로 등장할 수 있는 미래의 형이상학을 위한 서설』(1783)도 칸트의 관심이 형이상학에 있음을 보여준다.

이와 같은 사정을 고려할 때 표상적 사고와 그 수단으로서의 도상적 사고를 보여주는 도식론이 칸트철학에서 어떤 위치에 있는가를 알아보자면 두 가지 문제를 먼저 다루어보지 않을 수 없다. 첫째, 형이상학을 칸트가 어떻게 이해하는지, 이 가운데서도 형이상학이 학문이 되어야 한다고 주장할 때 그가 뜻한 바가 무엇인지, 둘째, 학문으로서의 형이상학을 성립시키기 위해 초월철학은 어떤 역할을 맡는지를 먼저 확인해보아야 한다. 이러한 작업을 한 뒤에야 비로소 초월철학의 중심 물음인 '선험적 종합 판단이 어떻게 가능한가'라는 물음과 도상적 사고의 의미가 분명하게 드러날 수 있을 것이다.

1. 이성비판과 형이상학

그런데 형이상학이란 무엇인가? 이 물음에 답하기에 앞서 우리는 인간이 무엇보다도 물음을 던지는 존재, 질문하는 존재임을 안다. 주변 세계에서 부딪히는 일에 대해서 우리는 생각 없이, 말없이 몸으로 부딪치지 않고 '그게 무엇인가', '왜 그런가' 하는 물음을 던진다. 질문 가운데는 우리가 손쉽게 답할 수 있는 질문이 있는가 하면 질문의 성격에 따라서는 도무지 답하기가 힘든 그러한 질문도 있다. '시간이란 무엇인가,' '공간이란 무엇인가,' '나는 누구인가,' '나를 나 되게 하는 어떤 알맹이가 나에게 있는가,' '세계는 유한한가 아니면 무한한가,' '인간에게 자유가 가능한가,' 아니면 '모든 것은 필연적으로 원인과 결과의 고리를 벗어날 수 없는가,' '신은 존재 하는가,' '만일 사후의 세계가 존재한다면 나는 이 세상에서 어떻게 살아야 하는가,' 이러한 종류의 질문들, 이른바 '형이상학적 물음'을 다루고자 하는 분야가 형이상학이고 어떤 의미에서는 철학의 역사는 곧 형이상학의 역사였다고 해도 무리가 아니라고 할 만큼 철학자들은 줄곧 이와 같은 물음과 씨름해왔다. 철학자로서 칸트는 당연히 이러한 물음들에 관심을 가졌고, 이러한 물음들을 적절하게 다룰 수 있는 방법을 생각하는 일에 상당한 관심과 시간을 쏟았다.

데카르트 이후, 볼프와 라이프니츠에 이르기까지 서양의 철학자들은 형이상학도 수학과 마찬가지로 확실하고 명증적인 학문으로 수립될 수 있지 않을까 하는 기대를 가졌다. 칸트도 바로 이러한 전통에서 철학을 배우고 공부하였다. 하지만 칸트는 형이상학을 명증적인 학문으로 세우려고 한 노력이 마침내 모두 실패하고 말았다는 인식에서 출발한다. 형이상학의 실패는 외적 상황 때문에 빚어진 일이 아닐뿐더러 어느 한 철학자의 무능력에 기인한 것이 아니라 인간 이성의 본성 때문에 어쩔 수 없는 일이었다는 것이 칸트의 진단이다. 그러므로 『순수이성비판』(1판 서문)은 이렇게 시작한다.

> 인간의 이성은 어떤 종류의 인식에서는 특수한 운명을 가지고 있다. 인간 이성은 이성의 자연 본성 자체로부터 부과된 것이기 때문에 물리칠 수도 없고 그의 전 능력을 벗어나는 것이어서 대답할 수도 없는 문제들로 인해 괴롭힘을 당하고 있는 것이다. (AVII)

인간 이성은 형이상학적 물음에 직면할 때 주어진 경험의 한계를 벗어나 그것을 초월하고자 하는 경향이 있다. 하지만 이성은 그 결과, 모순과 어둠에 빠지고 만다. 왜냐하면 "인간 이성이 사용하는 원리는 경험의 한계를 초월해 있기 때문에 어떠한 경험적 검증도 해볼 수 없기" 때문이다(AVIII). 그러므로 전통 형이상학은 끊임없는 투쟁이 가시지 않는 '전쟁터'와 같다고 칸트는 형이상학의 현실을 판단한다(AVIII; A422/B450 참조). 형이상학과 관련해서 평화를 수립하는 것이 이성 비판을 시도한 목적이다. 인간 이성 자체를 비판적으로 검토함으로써 형이상학이 인간에게 가능한가 또는 불가능한가, 인간이 사용하고 있는 '무기'가 과연 정당한 것인가 하는 것을 평가해보고 그로 인해 결국 형이상학에서 진행되는 투쟁과 갈등을 종식시키고 평화를 가능하게 만들 조건을 찾아보는 일이 다름 아니라 이성 비판이다.[12] 이 일, 곧 이성 비판을 칸트는 이성의 '법정'이라고 부른다.

> 이 시대는 또한 이성에 대해, 이성이 하는 업무들 중에서도 가장 어려운 것인 자기 인식의 일에 새로이 착수하고, 하나의 법정을 설치하여, 정당한 주장을 펴는 이성은 보호하고, 반면에 근거 없는 월권에 대해서는 강권적인 명령에 의해서가 아니라 이성의 영구한 법칙에 의거해 거절할 수 있을 것을 요구한다. 이 법정이 다름 아닌 **순수이성비판** 바로 그것이다. (AXI) [강조: 인용자]

이성을 법정으로 소환해서 과연 지금까지 교의주의자(敎義主義者)들이 이성의 이름으로 휘두른 권력이 정당한 것이었는가, 회의론자들의 이성에 대해 표현한 의문과 의심이 과연 정당한가, 하는 것을 심문하고 마침내는 인간 이성에게 '영원한 평화'를 줄 수 있는 길을 모색하는 것이 이성 비판이 궁극적으로 겨냥하는 것이다.[13]

---

12 이 문제에 대한 자세한 논의는 강영안, 「칸트철학을 통해서 본 갈등 문제」, 『칸트연구』(한국칸트학회) 17집(2006), 47-74면 참조.

13 F. Kaulbach & V. Gerhardt, 위의 책, 12면 참조; I. Kant, *Verkündigung des nahen*

우리가 단순히 '비판'이라고 번역해서 사용하는 말(독일어 Kritik, 영어 Critique)은 여러 가지 의미를 지니고 있다. 예컨대 의학 용어로는 예로부터 위급한 상황, 위기를 일컫는 말로 쓰이기도 한 말이다. 지금도 이런 방식의 표현이, 예컨대 영어의 크리티컬(critical)이라는 말 가운데 남아 있다. 이 점에서 '비판'이란 말과 우리가 '위기'라고 번역해 쓰는 말(독일어 Krisis, Krise, 영어 Crisis)은 같은 뿌리를 지니고 있다. 이뿐 아니라 '비판'이란 말은 어떤 문헌의 진위 여부, 어떤 그림의 수준을 가려내고 평가하는 의미로 사용된다. 우리말로는, '역사 비평'이나 '문헌 비평' 또는 '문학비평'이란 표현에서 보듯이, 이 경우에는 '비판'이라는 말보다는 '비평'이라는 말을 사용한다. 대부분의 유럽어에서, 우리가 '비판'이라고 번역해 쓰는 말의 어원이 된 그리스어(kritikos, krisis, kritēs)의 동사 크리네인(krinein)은 '가려내다', '구분하다', '평가하다', '재판하다', '고발하다' 등의 말뜻을 지니고 있다. 앞서 말한 두 가지 의미, 의학적 의미와 역사 문헌적 의미와 더불어서 법정에서 죄책 유무를 가려내는 일을 가리키는, 법정적 의미가 '비판'이란 말에 있다는 사실을, 우리의 논의의 맥락에서 주목해야 할 것이다.[14] 『순수이성비판』에서 칸트는 무엇보다도 법정적 의미로 '비판'을 쓰고 있다. 『순수이성비판』「변증론」 끝부분을 보자.

> 변증적 가상은 판단에 있어 기만적일뿐만 아니라 또한 사람들이 이 판단에서 취하는 관심에 있어 매혹적이고 항상 자연스럽고 모든 미래에도 여전히 그렇게 남아 있을 것이므로, 말하자면 이 소송 기록들을 상세하게 작성하고 장차의 비슷

Abschlusses eines Traktats zum ewigen Frieden in der Philosophie(1796), A 491–93 참조.

14 칸트 이전에 '비판'이란 말의 용법에 대한 자세한 문헌학적 연구로는 Giorgio Tonelli, "'Critique' and Related Terms Prior to Kant: A Historical Survey," in: *Kant-Studien* 69(1978), 119–48면 참조.

한 유의 착오들을 방지하기 위해 그것을 인간 이성의 문서고에 보관해두는 것은 권장할 만한 일이었다. (A704/B732)

초판 서문의 '법정'과 변증론 끝부분의 '소송 기록들'은 자기 인식을 위한 이성 비판이 하나의 재판 과정임을 보여주는 이미지들이다. 이성이 일종의 검사가 되어 이성을 기소하고, 이성 자신이 변호사가 되어 자신을 변호하며, 이성 자신이 재판관이 되어, 이성의 월권행위를 심사하는 법정, 이것이 '순수이성비판'이다.

그런데, 어떻게 이성이 피고이면서 동시에 기소자요, 변호자요, 재판관이 될 수 있는가? 자기 인식을 추구하는 철학자의 자발적이고 반성적이며 의도적인 자리바꿈을 상상하지 않고서는 이성에 의한, 이성을 위한, 이성에 대한 재판이 가능하지 않을 것이다. 철학자는 스스로 자신을 피고의 자리에 세우며, 그리고 가능한 논거를 동원하여 자신을 변호한다. 철학자는 판사의 자리에 앉을 때 검사로서의 이성이 기소한 내용과 변호사로서 이성이 변호한 내용을 놓고 권리 근거 자체를 판단한다. 이것이 과연 가능한가? 이성 비판 자체가 정말 가능한가? 칸트는 그렇다고 생각했다. 이성이 산출해낸 결과가 부당함을 인정하면서도, 그래서 부당한 결과가 나오지 않도록 방지책을 마련해야 한다고 생각하면서도, 칸트는 이성 자체에 대한 근본적인 신뢰를 결코 잃지 않았다. 만일 그렇지 않다면 이성이 최종 재판관의 자리에 앉을 수 없을 것이기 때문이다.

칸트의 이성 비판에는 인간 문화를 살려내고 보존하고자 한, 철학자의 열망이 근본 동기로 깔려 있다.[15] 자신이 살고 있는 시대를 칸트는 "우리

---

15 이 관점에서 칸트를 연구한 책으로는 Richard L. Velkley, *Freedom and the End of Reason*. Chicago & London: The University of Chicago Press, 1989 참조.

시대는 진정한 비판의 시대요, 모든 것은 비판에 부쳐져야 한다"고 말하면서 어떤 무엇도 성역이 될 수 없다는 당시의 시대정신을 옹호한다(AXI 각주).[16] 종교와 정치권력이 무엇보다도 비판의 주요 대상으로 등장한다. 이렇게 모든 것을 비판의 대상으로 삼게 된 이유는, 칸트를 따르면, 모든 권위와 주장은 '자유롭고 공명한 검토'를 거쳐, 정당성을 확보했을 때 존경을 요구할 권리를 부여받기 때문이다. 이 때문에 오해로 비롯된 망상을 제거할 의무가 철학에 있으며, 제거되는 망상이, 사람들이 칭송하고 애호하는 것이라고 할지라도 철학은 이 일을 수행해야 한다는 믿음을 칸트는 가지고 있었다(AXIII참조). 이 점에서 우리는 현대의 이념(이데올로기) 비판의 선구적 작업을 칸트에게서 발견할 수 있다. 정치 이념이나 경제 이념, 또는 종교 이념들도 중요하겠지만 칸트가 씨름한 것은 역시 모든 이념들의 뿌리에 놓여 있다고 본 형이상학적 이념이었다. 형이상학적 이념은 당시 상황을 두고 말하자면 인간 영혼과 관련해서 유물론과 유심론의 대결, 인간의 자유와 관련해서는 숙명론과 자유론의 대결, 신의 존재와 관련해서는 무신론과 유신론의 대결로 설정해볼 수 있을 것이다. 그런데 만일 유물론과 숙명론, 그리고 무신론이 옳다면 인간의 삶을 인간답게 하는 윤리의 가능 근거가 어떤 방식으로도 마련될 수 없다고 보았기 때문에 칸트는 이러한 이념들을 가볍게 보지 않았다. 어떤 의미에서 숙명론과 무신론, 그리고 유물론의 가능 근거를 제거하는 것이 칸트의 이성 비판에 깔려 있는 좀 더 깊은 동기였다고 보아야 할 것이다(BXXXIV; 『형이상학서론』 60절 4:362–5 참조).

한걸음 물러서서 이렇게 물어보자. 인간 이성을 법정에 소환해서 그 정

16 비판의 시대는 다른 말로는 '계몽의 시대'라는 말이다. 이 문제와 관련해서는 노베르트 힌스케, 『현대에 도전하는 칸트』(이엽 · 김수배 옮김), 서울: 이학사, 2004 참조.

당성을 물어야 할 정도로 형이상학이 문제라면 대체 형이상학적 물음은 어디서 온 것인가? 형이상학적 물음은 일없는 사람들의 소일거리가 아니다. 이러한 물음은 경험의 한계를 벗어나 그 경험을 이론적으로, 체계적으로 설명해보고자 하는 인간의 욕구(das Bedürfnis)(B22), 곧 인간 이성의 자연적 소질(die Naturanlage)에 뿌리를 두고 있기 때문에 자연스럽게 일어나는 물음이다(『형이상학서론』 60절 4:362-5). 하지만 아무런 훈련이나 통제 없이 이러한 욕구를 마음대로 충족시키고자 할 때 이성은 불가피하게 가상에 빠질 수밖에 없다(『형이상학서론』 60절 4:362-5). 그러나 형이상학적 욕구 자체는 인간에게 매우 현실적인 욕구이며 '이성의 관심'에 의해 우러나온 것임이 틀림없다. 다만 이러한 욕구에는, 만일 고삐를 잡아매지 않는다면 아무런 제약이 없이 초감성적 영역으로 넘어가고자 하는 경향이 있다는 것이 문제가 된다. 이성의 욕구가 지닌 이러한 무제한성은 그렇다고 해서 반드시 부정적인 것만은 아니다. 왜냐하면 이 욕구 자체로는 형이상학을 하나의 엄밀한 학문으로 세울 수가 없지만 이러한 욕구 없이는 학문으로서의 형이상학의 실현도 가능하지 않기 때문이다. 인간의 '자연적 소질로서의 형이상학'(metaphysica naturalis)은 학문으로서의 형이상학이 가능한 근거를 찾는 데는 없어서는 안 될 좋은 재료를 제공해준다. 이론이성의 영역을 벗어날 때 우리에게 절실히 필요한 것은 그 가운데서도 방향을 잃지 않고 올바르게 위치를 설정할 수 있도록 도움을 줄 수 있는 '지도'와 '나침판'과 같은 것이다(『사유 안에서 방향 찾기』 8:142).[17]

칸트는 형이상학이 학문(學問, die Wissenschaft, scientia)이 되어야 한다고 요구한다. 형이상학은 학문이되어야 한다는 생각은 물론 칸트에게서 비롯된 것은 아니다. 아리스토텔레스부터 시작하여 데카르트, 그리고 칸

17 자세한 논의는 8장 참조.

트에 앞서, 볼프와 바움가르텐이 가졌던 생각이다. 볼프와 바움가르텐은 형이상학을 '인간 인식의 제1원리에 관한 학문'으로 정의하면서 학문으로서의 확고한 위치를 점유할 수 있는 형이상학을 구축해보고자 한다.[18] 이들은 학문을 '기하학적 방식으로'(more geometrico) 증명할 수 있는 지식으로 이해하고 형이상학도 기하학의 방식으로 전개해보고자 한다. 그런데 칸트는 기하학을 모범으로 삼는 볼프 학파의 학문의 정의를 따르지 않는다. 그렇게 하기보다는 수학과는 구별되는 이성 사용을 통해서 학문적 형이상학의 가능성을 칸트는 모색한다. 그 결과, 칸트는 낡은 형이상학에 새로운 근거를 제공해주기보다는 오히려 새로운 형이상학의 길을 열고 말았다.[19]

칸트는 학문을 하나의 체계(das System)로 이해한다(B89, B860; 『자연과학의 형이상학적 원리』 4:554-5; 『논리학』 16:48-9).[20] 지식이 있다고 하더라도 그것이 체계를 갖지 못한다면 학문이란 이름을 얻을 수 없다. 그러므로 만일 형이상학이 학문이 되어야 한다면, 이 말은 곧 형이상학이 지식들의 체계여야 한다는 뜻이 된다. 그러면 형이상학은 어떻게 체계일 수 있는가? 칸트가 의도한 체계는 인간에게 본질적인 인식적 관심, 윤리적 관심, 미적 관심을 전체로 하나의 이성 이념 안에서 통일하는 것이다(『논리학』 16:23-4, 48-9). 그러므로 형이상학은 이성의 논리적 사용에 입각한 사변적 체계로 끝나는 것이 아니라 실천적 · 미적 관심을 포함해서 이 모두를 하나의 체계 가운데 담아, 표현해낼 수 있는 지식 체계여야 한다. 『형이상

18 A. G. Baumgarten, *Metaphysica*, 1절: "Metaphysica est scientia primorum in humana cognitione principiorum."

19 M. Wundt, 위의 책, 376면; T. Ando, *Metaphysics*. The Hague: Nijhoff, 1974, 45면 참조.

20 B. H. Son, *Science and Person. A Study on the Idea of Philosophy as Rigorous Science in Kant and Husserl*. Assen: Van Gorcum, 1972, 19면 참조.

학의 진보』라는 칸트의 강의를 담은 글에서 칸트는 이렇게 말한다.

형이상학은 그 본질과 궁극 목적에 있어서 하나의 완전한 체계이다. 그것은 모두거나 아니면 아무것도 아니다. 궁극 목적을 위해서 요구되는 것은 단편적으로 취급될 수 없다." (『형이상학의 진보』 20:259)

지식을 '체계'로 보는 입장은 플라톤과 아리스토텔레스 이후 서양철학 전통에 깊숙이 깔려 있는 생각이다. 그렇지만 '체계'란 말이 전문 용어로서 철학에 도입된 것은 근대에 이르러 비로소 시작된다.[21] 대부분의 서구어에서 '체계' 또는 '조직'을 일컫는 말의 어원이 된 '쉬스테마'(systema)는 고대 그리스어에서는 '함께 연결된 것', '복합적인 대상들'을 뜻한다. 예컨대 동물들의 무리, 약초의 집합, 군대의 행렬, 조직된 정부, 시집(詩集) 등 다양한 사물을 표시하는 말로 '쉬스테마'가 사용된다.[22] 스토아 철학자들이 하늘과 땅을 포함한 전 우주를 일컬어 '쉬스테마 문디'(systema mundi, 세계의 체계)라고 부른 예나 섹스투스 엠피리쿠스가 삼단논법의 명제들의 집합을 일컬어 '쉬스테마'라고 표시한 것 외에는, 이 낱말은 고대 전통 안에서는 어떤 특별한 인식론적 의미를 갖지 않았다.[23]

르네상스 이후, 특히 개신교 신학자들이 교회의 신조(信條)를 포괄적으로 해석한 책을 일컬어 '쉬스테마' 곧 '체계'라는 말을 쓰기 시작한다. 중세의 신학적 교의(教義)를 체계적으로 서술한 책에 붙였던 숨마(Summa)와

---

21 N. Rescher, "Leibniz and the Concept of System," in: *Studia Leibnitiana*, 13(1981), 114면; A. von der Stein, "Der Systembegriff in seiner geschichtlichen Entwicklung," in: A. Diemer(ed.), *System und Klassifikation in Wissenschaft und Dokumentation*. (Meisenheim am Glan: Hain, 1968), 1-13면 참조.

22 N. Rescher, 같은 책, 115면; A. von der Stein, 같은 책, 2-6면.

23 같은 곳.

교리의 체계적 요약인 콤펜디움(Compendium)과 거의 비슷한 뜻으로 '쉬스테마(체계)'가 사용된 것이다.[24] 17세기에 와서 비로소 철학자들은 신학자들로부터 이 말을 차용하여 철학의 한 분야(논리학 · 형이상학 등)를 개괄적으로 논의한 책을 일컫는 데 사용한다. '쉬스테마'는 17세기 이후에는 고대 그리스에서 '자연적인 사물의 집합'을 가리키는 말로 주로 사용되었던 것과는 달리 '유기적으로 조직되고 연결된 지식에 대한 포괄적인 설명'이란 뜻으로 주로 쓰이게 된다. 이러한 배경에서 칸트의 용법을 이해할 수 있다.

라이프니츠, 볼프, 그리고 람베르트에 이르러 '쉬스테마', 곧 '체계'는 이제 완전한 철학적 용어로 등장한다. 이들은 철학 자체를 일컬어 하나의 '체계'로 이해한다.[25] 특히 람베르트의 『체계학 단편』(*Fragment einer Systematologie*, 1771)에는 '체계' 이념에 필수적인 요소들이 열거되어 있으며 이것이 지닌 철학적 문제가 상세하게 논의되어 있다. 람베르트는 예컨대 부분과 전체의 관계, 축적(蓄積, aggregatio)과 분절(分節, articulatio)의 구별, 유기체의 이념, '결합력'(結合力)의 필요성, '합목적적으로 결합된 전체' 등을 논의한다.[26] 그런데 신학적 이념이 람베르트 사상의 배후에 여전히 작동한다. 하나님이 창조한 현실 자체가 체계적이며 인간 이성은 그것의 반영에 불과하다고 보는 생각이 지배적이다. 체계 개념의 완전한 '인간화'는 칸트에 이르러 비로소 가능했다고 보는 것이 옳을 것이다. '체계'를 현실의 구조나 경험 자체의 내적 연관성으로 보지 않고 인간 이성

24 같은 곳; W. Pannenberg, *Wissenschaftstheorie und Theologie*, Frankfrut a. M.: 1977, 357면 각주 655; 406면 이하 참조.

25 볼프는 '체계'를 다음과 같이 정의했다: "Systema enim dicitur veritatum inter se et cum principiis suis connexarum congeries"(*Philosophia Rationalis sive Logica*, 889절).

26 J. H. Lambert, "Fragment einer Systematologie"(1771), in: A. Diemer, 위의 책에 붙인 부록, 165-77면 참조.

의 구조로부터 규정했다는 점이 체계 개념이 칸트를 통해서 얻게 된 새로움이라고 할 수 있다. "체계의 본질에 대한 체계적 반성과, 체계란 개념을 이성의 본질에서 규정하고 있는 것은 칸트에게서 처음으로 발견하게 된다"는 하이데거의 말은 이를 두고 한 말이다.[27]

칸트가 본 이성은 원래 입법적이며 건축술적이다(A476/B502; A832/B860). 그러므로 이성을 사용한 우리의 지식은 이성이 가진 입법적 성격으로 인해서 단편적인 지식을 아무렇게나 쌓아둔 무더기로서는 존재할 수 없다. 반드시 체계를 이루어야 지식으로서의 구실을 제대로 할 수 있다(A832/B860). '체계'란 '하나의 이념 아래서의 다양한 지식들의 통일성'(A832/B860)이며 '인간 이성의 목적'에 따라 조직되고 구조화된 지식의 전체성이다(A833/B861; A835/B863 참조). 동물의 몸(A833/B 861)과 건물(A707/B735)이 체계의 이러한 성격을 비유적으로 보여주는 수단으로 사용된다. 칸트는 이런 배경에서 형이상학을 이해한다. 형이상학은 '순수이성의 체계'요, '순수이성에서 나온 철학적 인식(그것이 참되거나 사이비이거나 간에) 전체를 체계적 연관 속에 제시하는 학문'(A841/B869)이다. 그러므로 이성의 능력을 비판적으로 검토하고(A841/B869) '이성의 전 장비'(A800/B828)를 샅샅이 뒤져보아야, 그때 비로소 형이상학이 실제로 가능한지, 아니면 불가능한지를 알 수 있는 근거를 마련할 수 있다. 이성 비판은 바로 이것을 겨냥한다.

'학문으로서, 또는 체계로서의 형이상학'의 궁극 목적은 인간 이성의 최후 목적, 다시 말해, 인간의 자유와 평화의 실현에 기여하는 데 있다(A851/B879).[28] 이와 관련해서 칸트는 '체계'를 '건물'에 비유한다. '건물'

---

27 M. Heidegger, *Schellings Abhandlung über das Wesen der menschlichen Freiheit*(1809). Tübingen: Niemeyer, 1971, 43면.

28 칸트의 체계로서, 그리고 학으로서의 형이상학의 개념은 철학에 대한 그의 '세계 개념'

은 체계의 유기적 성격을 나타낸다. 체계는 부분과 부분이 전체의 이념 아래 하나의 유기적 전체를 이루는 건물과 같다. 이러한 체계는 단지 머릿속에서 논리적 완전성만을 지향하는 이성 체계가 아니라 인간 이성에 의해서 실현 가능한 이성적 · 현실적 체계여야 하고 마치 잘 지은 건물처럼 그 안에 들어가 '거주할 수' 있어야 한다. 전통적인 형이상학은 '그 탑이 하늘에 이르도록' 건물을 지으려고 했지만 자재 부족과 '언어혼란'으로 인해 실패할 수밖에 없었다(A707/B735). 언어의 혼란으로 인해 노동자들 사이에 건축 계획과 목적에 관한 쟁론이 생기고 결국에는 세계 곳곳으로 흩어져 '각자의 계획에 따라 스스로 하나의 분리된 건물'을 쌓는 것으로 마감되고 말았기 때문이다(A707/B735). 그러므로 칸트는 이렇게 말한다.

> 하지만 [우리는] 우리 자신들이 안전하게 살 곳을 짓는 일을 포기할 수 없다. 우리는 우리에게 주어진 자재와 우리의 요구에 알맞은 건물을 설계해야 한다. (A707/B735)

확고한 거주처를 만들려고 서둘러 집을 짓기보다는 집을 지을 수 있는 자재가 얼마나 확보될 수 있는지, 계획은 정당한지를 먼저 검토하되, 이성 밖에서 찾지 않고 이성 안에서 찾아야 한다는 것이 칸트의 입장이다.

(conceptus cosmicus)과 관계가 있다. 그것은 인식체계의 논리적 완전성과 관련될 뿐 아니라, 더 중요하게는 인간성의 실천적 완전성을 염두에 둔 것이다(A 838/B 866 –A 839/B 867 참조).

2. 학문으로서의 형이상학과 '사고방식의 혁명'

형이상학에 학문의 근거를 제공하기 위해서 칸트는 먼저 논리학과 수학, 그리고 자연과학이 '학문의 안전한 길'(BVII)에 들어설 수 있었던 이유를 검토한다. 논리학과 수학, 그리고 자연과학의 성공을 먼저 살펴본 것은 기존 과학을 통해 학문의 모형을 찾아내자는 것이 아니었다는 사실을 미리 지적해두자. 수학이나 자연과학을 통해서 이 학문들을 가능하게 한 근거를 드러내고, 그렇게 해서 형이상학의 가능 조건을 숙고하는 것이 칸트의 의도였다.

논리학은 어떻게 학문으로서 자리를 굳히게 되었는가? 논리학의 학문적 근거는 칸트를 따르면 그것이 지닌 형식적 성격에 있다. 논리학은 여타의 '대상 학문'과 달리 어떤 내용적인 대상을 다루지 않고 인간 지성의 사유 형식에만 관여한다. 오직 사유 형식만을 다루는 데 논리학의 의무와 권리가 있다. 논리학은 "모든 사고의 (이것이 선험적이건 경험적이건, 어떠한 기원이나 대상을 가지건, 우리의 마음에 부딪쳐 오는 장애가 우연적이건 자연적이건 간에) 형식적 규칙들을 철저하게 해명하고 엄밀하게 증명하는 학문"(BVIII-IX)이기 때문에 '지성과 이성 일반의 필연적 법칙, 또는 사고의 일반 형식'에 그 연구 영역이 제한된다(『논리학』 16:13). 따라서 논리학은 형식적 제한으로 인해서 아리스토텔레스 이후 학으로서의 위치를 얻게 되었다.

논리학에 이어, 칸트는 수학과 자연과학을 검토한다. 이 두 학문은 인간의 사고 형식에만 관여하지 않고 대상 인식에 관여한다는 점에서 논리학과 구별된다. 수학과 자연과학은 형이상학과 마찬가지로 대상 인식에 관한 지식이기 때문에 이것들에 대한 검토는 형식과학에 머무는 논리학의 경우와는 달리 형이상학의 학적 가능성에 관련해서 훨씬 더 많은 것을 시사해줄 수 있다. 그런데 논리학이 비교적 짧은 시기에 학문적 위치에 오른 것과 달리 수학과 자연과학은 오랜 기간에 걸친 암중모색 끝에 비로소 '학문의 안전한 길'에 들어섰다(BXI). 수학 가운데 기하학이 다른 어느 분야보다도 학문으로서의 성립을 보여주는 대표적인 본보기가 된다. 왜냐하면 기하학이 학문으로 성립된 것은 도형의 관찰이나 개념 분석을 통해 대상의 성질을 알았기 때문이 아니라 기하학적 개념을 따라 그 개념에 상응하는 대상을 생각 가운데서 구성해낼 수 있었기 때문이다. 칸트의 말을 들어보자.

> 이등변 삼각형을 증명한 최초의 사람—그가 탈레스든 또는 다른 이름을 가졌든—그에게 한 줄기 광명이 비쳤다. 그는 그가 도형에서 본 것이나 또는 도형의 한낱 개념들을 탐색하고, 또한 말하자면 그로부터 도형의 성질들을 알아낼 필요가 없고, 그가 개념들 자체에 따라 선험적으로 집어넣어 생각했고(구성에 의해) 표시했던 것을 산출해야 함을, 그리고 어떤 것을 안전하게 선험적으로 알기 위해서는 사물에다가 그의 개념에 따라 그가 그 사물 안에 집어넣었던 것으로부터 필연적으로 귀결되는 것 외에는 아무것도 덧붙여서는 안 된다는 것을 발견했기 때문이다. (BXI–XII)

칸트의 수학철학의 핵심, 그 가운데서도 기하학의 철학이 여기에 고스란히 담겨 있다. 우리는 적어도 세 가지 요소를 여기서 읽어낼 수 있다. 첫째, 기하학적 지식은 경험적 도형이나 단순한 개념에 의존하지 않는다. 도형의 관찰이나 개념 분석으로부터 기하학적 지식이 도출되지 않는다. 기하학적 지식은 이런 의미에서 순전히 선험적인 지식이다. 둘째, 기하학적 지식은 개념 구성의 방법을 통해 가능하다. 다시 말해, 기하학적 지식은 순수직관 가운데서 대상을 선험적으로 제시할 수 있기 때문에 가능하다. 셋째, 기하학의 방법론적 성공은 주체의 자발적 · 능동적 행위 때문에 가능하다. 기하학적 개념 자체는 구체적 도형이나 미리 존재하는 영원한 이념이 아니라 직관 가운데서 대상을 구성한 결과에 지나지 않는다. 후설의 말을 빌리면 기하학과 같은 '이념적 대상의 객관성'은 인식 주체에 의한 구성 가능성에 근거한다.[29]

수학이 그것의 형식적 제한으로 학문으로서의 안전한 길에 들어설 수 있었다면 자연과학은 포퍼의 말을 빌려 표현하자면 '가설 연역적' 절차에 의해 학으로서 성립될 수 있었다. 갈릴레오, 토리첼리, 슈탈 등의 자연 탐구자들에게 비친 한 가닥의 광명이 있었다면 그것은 이성 자신이 "자기의 계획을 따라'(nach ihrem Entwurfe) 산출한 것만을 이성은 통찰한다"는 사실의 발견이다(B XIII). 자연과학이 학으로 성공한 까닭은 사실의 수집과 관찰에 기초한 귀납적 추론 과정에 있지 않고 오히려 이성의 원칙에 의해 자연에게 답하도록 문초한 결과라고 칸트는 생각한다(B XIII곳). 조금 긴 인용이지만 근대 자연 탐구자들의 발견에 대한 칸트의 서술을 들어보자.

> 그들이 파악한 것은 이성은 단지 그 자신이 그 자신의 기획에 따라서 산출한 것만을 통찰한다는 것, 곧 이성은 그의 판단의 원리들을 가지고 항구적인 법칙에 따라 앞서나가면서 자연으로 하여금 그의 물음들에 답하도록 시킴에 틀림없지만, 이를 테면 아기가 걸음마 줄을 따라서 걷듯 오로지 자연이 시키는 대로 걷는 것이 아니라는 것이다. 왜냐하면 그렇지 않으면, 우연적인, 이전에 기획된 어떤

29 후설은 '기하학의 기원'을 주제로 다룬 글에서 기하학과 같이 '이념적 대상'을 다루는 지식의 객관성이 성립된 것은 최초 발견자에게 주어진 '원초적 명증성', 수동적 회상, 적극적으로 다시 회상을 통해 되살려내기, 언어를 통한 타인과의 소통, 그리고 최종적으로 문자를 통한 고정화 과정을 밟는다고 보고 있다. 자세한 논의는 강영안, 『인간의 얼굴을 가진 지식』, 172–79면 참조.

계획에 따라 수행된 것이 아닌 관찰들은 이성이 그토록 추구하고 필요로 하는 어떠한 필연적인 법칙과도 연결되지 않으니 말이다. 이성은 한 손에는 그에 따라서만 일치하는 현상들이 법칙들에 타당할 수 있는 그 자신의 원리들을 가지고 다른 손에는 저 원리들에 따라서 고안된 실험을 가지고 자연으로 나갈 수밖에 없다. 그것도 이성은, 교사가 원하는 것을 모두 진술하게 되는 학생의 자격으로서가 아니라, 증인으로 하여금 그가 제기하는 물음들에 답하도록 강요하는 임명된 재판관의 자격으로 자연으로부터 배우기 위해서 그렇게 한다. 그렇게 해서 심지어 물리학도 그렇게나 유용한 사고방식의 혁명을 오로지 그런 착상에, 곧 이성 자신이 자연 안에 집어넣은 것에 따라서 그가 자연 안에서 배워야 할 것을, 그러니까 자기 혼자서는 아무것도 배우지 못했을 것을—꾸며내 자연에 뒤집어 씌우지 않고— 자연에서 찾는다는 착상에 힘입고 있다. 이로써 자연과학은 학문의 안전한 길에 들어섰다. (BXIII–XIV)

인용문에서 나타나듯이 이성은 한쪽 손에는 원리를 갖고, 다른 한쪽 손에는 그 원리들을 따라 고안된 실험을 가지고 자연으로 향한다. 이것은 물론 자연으로부터 배우기 위한 것이나, 교사가 제 마음대로 모든 것을 진술시키는 학생의 자격으로서가 아니라 재판관이 제출하는 물음에 답하도록 증인에게 강요하는 '임명된 재판관'의 자격으로 배우기 위한 것이다. 따라서 물리학이 수행한 사고방식의 혁명은, 이성이 자연에서 배워야 할 것을, 이성 자신이 자연 가운데 집어넣어 생각한 것을 따라서, 자연 가운데서 찾아보려고 한 것이다.

이를 통해 우리는 이렇게 말할 수 있다. 이론과 실험, 이 두 가지는 자연과학이 학문으로 성립할 수 있는 방법이다. 하지만 여기서 이론은 경험론자들이 생각하는 것처럼 실험의 결과로 얻어낸 것이 아니다. 실험은 이론에 선행하는 것이 아니라 오히려 이론 구성에 뒤따라온다. 실험이란 자연에 관해서 질문하는 이성이 그 질문에 대한 해답을 얻어내는 증거 자료로 사용된다. 그러므로 실험은 이론적 구상이 있을 때 비로소 제구실을 할 수 있다. 이렇게 볼 때 실험은 이론의 경험적 기초라기보다는 구성된 이론으로 자연을 문초하고 이론을 확인하는 수단으로 쓰인다. 요컨대 인식 주체가 자신의 주체적인 활동으로 관심을 돌리는 '사고방식의 혁명'(die Revolution der Denkart)을 이루어내었기 때문에 수학이나 자연과학이 학문으로 성공할 수 있었다는 말이다(BXI –XII).

'사고방식의 혁명'은 학문으로서의 형이상학의 가능 근거를 마련하기 위해 묻는 과정에서 발견된 것이다.[30] '항구적인 법칙에 따라 판단하는 원리들을 먼저 가지고서 이성 자신의 물음에 자연이 답하도록 한'(BXIII) 결과, 자연과학의 성공이 가능했다면 형이상학도 이러한 사고방식의 혁명을 따라 시도해볼 수 있지 않을까 하는 생각이다. 그런데 여기서 중요한 것은 학문으로서의 형이상학의 가능 근거를 찾기 위해서 수학과 자연과학을 구체적인 '예'로 삼은 것은 형이상학도 수학과 자연과학과 동일한 방법과 절차를 따라야 한다는 것을 뜻하지 않는다. 이 점에서 칸트는, 수학적 방법에 따라 형이상학을 구축하려고 했던 데카르트나 라이프니츠, 또는 취른하우스나 볼프와 구별되며 의미 있는 명제를 물리학적 언어로 한정하여 형이상학을 제거하고자 시도한 논리실증주의자들과도 구별된다.

수학과 물리학의 예를 통해 칸트가 배운 것은 '사고방식의 혁명'에 의

30 칸트 자신은 '코페르니쿠스적 혁명'이란 말을 쓴 적이 없다. 그가 언급한 것은 '사고방식의 혁명'이었다. 이와 관련해서 자세한 논의를 한 문헌으로는 N. R. Hanson, "Copernicus' Role in Kant's Revolution," in: *Journal of History of Ideas* 20(1959), 274–81면; H. Blumenberg, *Die Genesis der kopernikanischen Welt*. Frankfrut a. M.: Suhrkamp, 1975, 691–713면 참조.

한 방법론적인 혁신이다. 학문의 성립과 발전은 사실의 수집과 그것을 통한 단편적인 지식의 축적에 있지 않고 오히려 사실과 단편적인 지식을 체계적인 지식으로 종합할 수 있는 방법의 혁신으로 이루어진다는 것이 칸트의 확신이다(A832-836/B860-864). 형이상학도 다른 학문과 마찬가지로 학문으로서의 안전한 길에 들어서려면 바로 이런 방법적인 혁신을 거쳐야만 했다. 이와 관련해서 칸트는 코페르니쿠스를 또다시 예로 든다.

> 이제까지 사람들은 모든 우리의 인식은 대상들을 따라야 한다고 가정하였다. 그러나 대상들에 관하여 그것을 통해 우리의 인식이 확장될 무엇인가를 개념들에 의거해 선험적으로 이루려는 모든 시도는 이 전제 아래서 무너지고 말았다. 그래서 사람들은 한 번, 대상들이 우리의 인식을 따라야 한다고 가정함으로써 우리가 형이상학의 과제에 더 잘 진입할 수 있겠는가를 시도해봄직도 하다. 이런 일은 그것만으로도 이미 대상들이 우리에게 주어지기 전에 대상들에 관해 무엇인가를 확정해야 하는, 요구되는바 대상들에 대한 선험적 인식의 가능성에 더 잘 부합한다. 이것은 코페르니쿠스의 최초의 사상이 처해 있던 상황과 똑같다. 전체 별무리가 관찰자를 중심으로 회전한다는 가정에서는 천체운동에 대한 설명이 더 잘 진척되지 못하게 된 후에, 코페르니쿠스는 관찰자를 회전하게 하고 반대로 별들을 정지시킨다면, 그 설명이 더 잘 되지 않을까 시도했다. 이제 형이상학에서 우리는 대상들의 직관과 관련하여 비슷한 방식의 시도를 해볼 수 있다. (BXVI-XVII)

칸트가 코페르니쿠스를 지목한 까닭은 천체운동을 설명하는 체계가 천동설에서 지동설로 바뀌어졌다는 과학사적 사실을 상기시키자는 것이 아니다. 만일 그것이 그의 의도였다면 "칸트는 '코페르니쿠스적 혁명'을 실현했다고 말하지만, 코페르니쿠스가 퇴위시킨 인간을 다시 중심에 가져

다두었기 때문에 오히려 '프톨레마이오스적 반혁명'을 했다고 말하는 것이 더 정확할 것이다"라는 러셀의 지적을 면치 못할 것이다.[31] 형이상학에서의 혁명은 사실상 코페르니쿠스의 '이론'과는 아무 상관이 없다. 노만 핸슨이 바르게 지적하듯이 코페르니쿠스가 행한 '시도'(das Versuch)를 칸트도 형이상학에 적용해보고자 한 것이다.[32] 코페르니쿠스가 천체운동을 설명할 때 기존의 관점으로는 도무지 더 이상 진전이 없을 때 관점을 완전히 바꾸어 '시도'해본 것처럼 형이상학에서도 비슷한 시도를 감행해볼 수 있다고 칸트는 생각했다. 칸트와 코페르니쿠스는 관점의 변화를 시도함으로써 새로운 방법론적 입지를 획득하였다. 이것이 칸트가 뜻한 '사고방식의 혁명'이고, 흔히들 말하는 (칸트 자신은 말한 적이 없는) '코페르니쿠스적 혁명(전회)'의 내용이다.[33]

칸트의 '사고방식의 혁명'이 가진 철학적 의의는 주체를 대상 중심으로 보지 않고 대상을 주체 중심으로 보는 인식 태도의 변경에 있다.[34] 이것은 학으로서의 형이상학의 가능성을 위해서 대상에 집착하지 않고 주체로 돌아가 주체의 능력과 한계를 비판적으로 검토해보는 태도이다. 이와 같은 사고 혁명 또는 태도 변경이 한번 일어나면 세계와 인식 주체의 정체는 혁명 이전과 더 이상 같을 수가 없다. 인식 주체는 세계의 일부로서 단순한 관찰자의 입장에 서서 세계를 수용하는 일에 멈춰 있지 않고 세계에 능동적으로 참여하여 세계를 자기의 세계로 만들어 지배한다. 세

---

31 B. Russell, *Human Knowledge*, New York, 1948, 9면(H. Blumenberg, 위의 책, 709면 각주 58 참조).

32 핸슨의 앞의 논문 참조.

33 자세한 논의는 문성학, 『칸트철학과 물자체』(울산: 울산대학교 출판부, 1995), 189–251면 참조.

34 칸트의 주체 개념과 대상 개념을 다룬 조슨린 브누와의 연구에 주목해보아야 할 것이다. Jocelyn Benoit, *Kant et les limites de la synthèse. Le sujet sensible*, Paris: PUF, 1996.

계는 이제 저기 저 밖에, 인식 주체와 무관하게 따로 서 있지 않고 인간 이성의 개념 틀에 의하여 구성되고 의미가 부여되며 마침내는 인식 가능한, 그리고 지배 가능한 대상으로 등장한다.[35]

'사고방식의 혁명'은 한마디로 말해서 '관점의 변화'이다.[36] 관점의 변화로 인해서 곧장 따라오는 결과는 주체를 중심으로 해서 대상을 '이중적 관점'에서 보는 것이다(BXIX). 대상은 한편으로 감각과 지성의 대상이고 다른 한편으로는 사고될 수는 있으나 인식될 수 없는 대상으로 나누어진다(BXIX). 『순수이성비판』「서문」에서는 이 '관점의 변화'가 하나의 '가설'로 설정되지만 논의 과정을 통해 확증적이게 될 것이라는 입장을 칸트는 분명히 하고 있다. 적어도 형이상학의 '첫 부분'(XVIII), 곧 비판적 존재론의 가능성에 관해서는 칸트는 낙관적인 입장을 보인다. 왜냐하면 새로운 관점의 변화는 선험적 인식이 어떻게 가능한가를 설명해줄 뿐만 아니라 자연, 곧 경험 대상의 총체의 선험적 기초를 이루는 법칙을 만족스럽게 증명해줄 것이기 때문이다(BXIX).[37]

관점의 변화, 곧 현상계와 예지계의 구별은 영혼과 세계, 그리고 신에 관한 합법적인 논의의 가능성을 위해서도 매우 중요하다. 이 구별을 바탕으로 '상대적 가정'(suppositio relativa)과 '절대적 가정'(suppositio absoluta)이 두 개의 다른 사고방식(Denkungsart)으로 도입된다(A676/B704). 다시 말

---

35 주체의 등장과 관련해서는 강영안, 『주체는 죽었는가』(서울: 문예출판사, 1996)에서 셸링과 칸트 관련 논의를 참조하기를 바란다. 칸트적 의미의 주체 개념과 근대 과학의 관련에 대해서는 일야 프리고진과 이사벨 스탕제가 함께 쓴 다음 책을 참조하라. Ilya Prigogine & Isabelle Stengers, *Order out of Chaos. Man's New Dialogue with Nature*, Toronto: Bantam Books, 1984, 86-89면 참조.

36 F. Kuypers, *Immanuel Kant*. Baarn: het Wereldvenster, 1966, 39면, 131면.

37 카울바하도 사고방식의 혁명에서 중요한 것이 현상들의 관점과 사물 자체의 관점으로 현실을 보는 관점의 변화임을 지적한다. *Philosophie als Wissenschaft*. Hildescheim: Gerstenberg, 1981.

해, 영혼, 세계 그리고 신의 실재성은 오직 상대적으로, 곧 우리의 경험과 관계해서 가정할 수 있을 뿐이라는 것이다. 달리 말해, 이 세 대상에 대한 이성의 이념, 곧 초월적 이념은 경험 세계의 체계적 통일성을 위한 '가정' 또는 '바탕'(Hypothesis)으로만 생각될 수 있다. 만일 이 세 이념에 대응하는 대상을 세계 안에 존재하는, 따라서 내용적인 인식이 가능한 실재물로 생각하면 어쩔 수 없이 가상이 일어난다. 그래서 칸트는 다음과 같이 말한다.

> 우리의 경험 인식이 사물들 자체로서의 대상을 따라야 한다고 가정하면 무조건적인 것이 결코 **모순 없이 생각될 수 없음**이 드러나고, 반대로 우리에게 주어지는 대로의 사물에 대한 우리의 표상이 이 사물들 자체로서의 대상들을 따르는 것이 아니라, 오히려 현상들로서 대상들이 우리의 표상방식을 따른다고 가정해서 **모순이 제거됨**이 드러나고, 따라서 무조건적인 것은 우리가 사물들을 아는 (사물들이 우리에게 주어지는) 한에서의 사물들에서가 아니라, 아마도 우리가 그것들을 모르는 한에서의 사상(事象)들 자체로서의 사물들에서 마주칠 수밖에는 없다는 것이 드러나면, 우리가 처음에 단지 시험 삼아 가정했던 것이 근거 있는 것으로 밝혀진다. (BXX–XXI) [강조: 인용자]

'순수이성의 실험'을 통하여 대상을 보는 입장이 두 가지로 구별된다. 대상이 감성적으로 주어지지 않더라도, 적어도 그 대상에 대해 '사유'할 수 있는 길이 열려 있다. 이 경우에, 대상을 보는 우리의 태도에는 아무런 모순이 포함되지 않는다. 초감성적인 대상에 대해서 이렇게 생각할 수 있게 되면, 이 대상들에 대한 이성의 이념인 초월적 이념들이 적극적인 역할을 수행할 수 있는 길이 열린다. 이념들은 그와 관련된 모순들이 일단 제거되면—이 모순은 이념 자체에 내재한 것이 아니라 이념에 대응하는 대상을 마치 경험적인 대상인 것처럼 사물화한 결과이다—경험에 통일성을 부여하고 경험 세계를 그 한계 내에서 계속 확장하며 새로운 현실을 찾는 '발견법적'(heuristisch) 이념으로 유용하게 사용된다(B699).

'사고방식의 혁명'이 학문으로서의 형이상학에 대해 가진 의의는 이제 좀 분명해졌다. 이것을 세 가지로 정리해볼 수 있다.

첫째, '사고방식의 혁명'은 주체가 대상을 따라야 한다고 보는 관점을 대상이 주체를 따라야 한다는 관점으로 전환한 것이다. '주체로의 전회'란 말로 표현해도 무리가 아닐 것이다. 형이상학의 과제가 인간을 포함한 대상 세계의 포괄적 의미를 밝혀내는 것이고 대상 세계란 인간의 주체적인 파악과 이해 능력을 떠나 있는 것이 아니라면, 주체의 인식 구조 자체를 해명해서 형이상학의 가능성을 그 가운데서 찾아보는 일을 당연히 시도해보아야 할 것이다.

둘째, 관점의 변화는 결과적으로 우리가 대상을 볼 수 있는 방식이 한 가지가 아니라 둘(현상과 사물자체)임을 알려준다. 칸트의 의도는 현실의 이중화(二重化), 곧 현실을 존재론적으로 전혀 다른 두 세계로 양분하자는 것이 아니다. 우리의 관점을 그렇게 취해보자는 것이다. 그렇게 해야 존재 · 자아 · 자유의 문제 등에 대해서 모순 없이 생각할 수 있는 터전을 마련할 수 있기 때문이다.[38]

셋째, '사고방식의 혁명'에서 매우 중요한 것은 이론이성에서 실천이성으로의 이행이다. 무조건적인 것은 이론이성의 차원에서 경험의 통일성을 위해 '상대적 가정'을 통해 사유될 수 있지만 결국 한 차례 더 시선을 바꾸어 실천적 관점에서 볼 때 이성의 이념이 지닌 원래의 목적이 제

---

38 이런 의미에서의 관점을 니콜라스 레쉬는 '기능적'이라고 부른다. Nicholas Rescher, *Kant and the Reach of Reasons*, Cambrdige: Cambridge Univertsity Press, 2000, 5면 이하 참조.

대로 드러나고 실현될 수 있다.[39]

요컨대 '사고방식의 혁명'은 대상 세계 속에서 이론적 · 실천적 · 미적 이성의 가능성을 찾는 것이 아니라 '주체로의 전회'를 통해 주체의 조건 속에서 찾는 것이다. 따라서 주체의 활동 자체를 분석하고 경험의 의미와 선험적 인식의 조건을 따지는 비판 작업이 요청된다. 이것이 다름 아니라 칸트를 통해 새롭게 등장한 '초월철학'이다. 주체의 활동에 대한 해명을 통해서 '완전히 새로운 학문'(scientia penitus nova)을 세우고자 한 예를 우리는 데카르트에게서 벌써 발견한다(데카르트는 저 표현을 베이크만에게 보낸 편지에서 쓴다).[40] 주체의 조건을 통해서 형이상학의 가능성을 검토하고, 가능한 형이상학을 새롭게 구축할 수 있는 근거를 제시할 초월철학을 시도한 것은 근대철학에서 새롭게 등장한 방법론적 경향을 여실히 보여준다. 형이상학의 가능성에 대한 논의가 존재에 관한 논의 가능성을 뒤따른다는 점에서 칸트는 데카르트의 후예이다. 차이가 있다면 완전자 · 무한자에 대한 이념이 우리에게 있다는 사실로부터 그의 존재를 이끌어내는 데카르트와 달리, 이념을 가지고 있다는 사실로부터 곧장 이념에 상응하는 존재자에 대한 추론을 정당하게 할 수 없다는 주장을 칸트는 하게 된다. 이 점에서 칸트는 존재론의 가능 영역을 '현상으로서의 존재'에 제한한다.[41] 전통적인 형이상학의 주제는 이러한 존재론을 기초로 해서 볼 때 객관적 인식이 결여된 것임이 밝혀진다. 칸트의 이런 방식의 전략은 '밑에서부터 위로 올라가는 전략,' 곧 경험에서 시작하여 경험할 수 없는 것

39 F. Kaulbach, "Die kopernikanische Denkfigur bei Kant," in: *Kant-Studien* 64(1973), 44면 이하 참조.

40 자세한 내용은 강영안, 『인간의 얼굴을 가진 지식』, 서울: 소나무, 2002, 41면 이하 참조.

41 칸트의 초월철학을 존재론으로 보는 관점을 가지고 일관되게 해석한 연구서로는 한자경 교수의 박사학위 논문 Jakyoung Han, *Transzendentalphilosophie als Ontologie*, Würzburg: K&N, 1988 참조.

으로 올라가는 전략이다. 이러한 전략이 인간의 자기 인식과 신 인식에 대해서 모종의 이론적 결과를 가져올 수밖에 없다는 것은 설명을 길게 하지 않더라도 쉽게 알아챌 수 있다. 이제 '초월철학'의 이념에 대해 좀 더 살펴보자.

3. 초월철학과 지평 분석, 선험적 종합

초월철학은 일반적으로 생각하는 것보다 훨씬 넓은 의미를 가지고 있다는 것을 먼저 지적해두자. 서양철학 전통에는 적어도 세 가지 종류의 초월철학을 볼 수 있다.

하나의 전통은 플라톤, 아우구스티누스로 이어지는 전통이다. 여기에서 존재하는 세계는 이 세계를 가능하게 해주는 근본적인 현실과는 구별된다. 선의 이념은 '존재 저편에'(epekeina tēs ousias) 놓여 있다고 본 플라톤의 생각은 이런 의미에서 초월철학의 첫 번째 유형이다. 중세철학을 통해 이제는 일상화된 용어 트란스켄데레(transcendere), 곧 '넘어감', '초월'이란 말은 아우구스티누스가 철학적 의미로는 처음 사용하였다. 아우구스티누스에게서 초월은 감각적인 이 세계를 떠나 만물의 근원인 하나님께로 돌아가고자 하는 '영혼의 운동'을 일컫는 말이다. 진정한 삶을 향해서 끊임없는 갈구와 동경으로 인간 실존을 규정해보고자 하는 사상은 대부분 첫 번째 유형의 초월철학에 속한다고 볼 수 있다. 최근 철학에서 이 면을 가장 분명히 보여준 철학은 레비나스 철학이다. 레비나스는 플라톤의 저 표현을 자신의 철학을 표현하는 모토로 사용할 뿐 아니라 그의 후기 사상을 드러낸 저서의 타이틀로 쓰기도 한다.[42]

두 번째 전통은 중세의 이른바 '스콜라철학'에서 볼 수 있는 초월철학 전통이다. 토마스 아퀴나스, 둔스 스코투스 등은 개별 사물에 대해 서술할 수 있는 술어와 존재하는 모든 것에 대해 서술하는 술어를 구별한다. 예컨대 여기에 책상이 있다고 하자. 그럴 경우, "책상이 무겁다"든지 "책상은 나무로 되어 있다"든지 할 경우, 우리는 아리스토텔레스가 말하는 범주를 적용한다. 개체 사물들을 서술하는 술어가 다름 아닌 범주들이기 때문이다. 그러나 어떤 대상에 대해 우리가 알 수 있다든지(인식 가능성), 그것이 '좋다', '나쁘다', '바람직하다', '피해야 한다'든지(가치판단), 하는 것들은 범주를 통해 서술되지 않는다. 따라서 중세 철학자들은 사물들 전체에 붙일 수 있는 보편 술어들을 생각했다. 예컨대 사물들의 전체의 통일성을 일컫는 '하나'(unum), 어떤 속성이라고 할지라도 속성을 지닌 실체로 서술될 수 있는 '사물'(res), '존재하는 것'(ens), 어떤 것이 존재하는 것이면 모두 욕구할 만한 가치가 있다는 뜻에서의 '선'(bonum), 인식 가능성을 지칭하는 '참'(verum), '아름다움'(pulchrum) 등을 일컬어 중세철학자들은 '초월개념'(transcendentalia)이라고 불렀다. 초월개념은 이런 의미에서 범주와는 차원을 달리하는 개념이다.

세 번째 전통은 칸트와 관련된 초월철학 전통이다. 단적으로 말하자면 경험의 가능 조건, 경험적 지식의 가능 조건을 묻고, 그것의 정당성을 따져보는 철학적 작업을 통칭하는 말로 '초월철학'을 사용하는 경우이다. 칸트 이후, 가장 대표적인 경우를—비록 칸트철학과 여러 가지 면에서 근본적 차이가 있다고 하더라도—후설에게서 찾아볼 수 있다. 후설 이후에도 예컨대 하이데거, 비트겐슈타인, 아펠 등도—이들 사이의 차이는 완전히 무시하더라도—각각 '초월적'이란 말을 사용하여 자신들의 핵심적인 개념들을 수

42 레비나스의 철학에 대해서는 강영안, 『타인의 얼굴』 서울: 문학과지성사, 2005 참조. 테오 드 부르(Theo de Boer)는 레비나스 철학을 '윤리적 초월철학'이라고 부른다. Theo de Boer, *Tussen filosofie en profetie*, Baarn: Ambo, 1976, 27면 참조.

식한다. 그러면 칸트에서 초월철학의 의미가 무엇인지, 칸트가 '초월적' 이라고 할 때 무엇을 지칭하는지 잠시 살펴보자.

칸트의 초월철학은 다윈츠르를 따라 보면 적어도 세 가지로 구분해서 말할 수 있다.[43] 1) 칸트가 '비판'을 미래에 이루어질 이성의 '체계'에 대한 예비적인 작업이라고 말할 때는 미래에 형성될 '체계'를 일컫는 말로 '초월철학'이 유보되었다(B27참조). 이런 의미에서는 칸트의 순수이성 비판 자체는 초월철학이 아니다. 2) 칸트가 대상 일반에 관한 형이상학의 지식과 초감성적인 대상(신 · 영혼 · 불멸성 등)에 관한 특수 형이상학의 지식을 구별할 때는 '비판'과 '체계'를 통틀어 '초월철학'이라고 부르고 초감성적인 대상을 다루는 형이상학과 구별하였다. 따라서 '초월철학'은 전통적인 일반 형이상학(존재론)에 대한 칸트의 대안이다. 이렇게 보면 순수이성 비판 작업은 비록 그 전체는 아니라 하더라도 초월철학의 중요한 부분을 형성한다. 여기서 경험적인 개념을 다루지 않을 수 없는 실천철학은 제외된다(B29). 3) 그러나 칸트의 『유작』에서는 이론이성, 실천이성, 미적 이성 등 순수이성의 전 영역을 포괄하여 '초월철학'이라고 부른다.[44] '초월철학'의 범위는 이렇게 칸트의 비판철학이 전개되면서 그 외연을 점점 넓혀갔다고 말할 수 있다. 이것을 염두에 두고 칸트가 말하는 '초월철학'의 내용이 무엇인지 살펴보자.

---

43 칸트는 '초월적'과 '초월철학'이란 용어를 일관되게 쓰지는 않는다는 것이 일반적인 견해이다. 다윈츠르는 '초월적'이란 말이 선험적 지식 또는 선험적 지식의 주체적 근거 자체를 가리킨다고 본다. O. D. Duintjer, *De vraag naar het transcendentale, vooral in verband met Heidegger en Kant*, Leiden: Universitaire Pers, 1966, 86면 참조. '초월철학'이란 이름 또한 몇 가지 다른 뜻을 가진다. 장래에 완전하게 될, 대상 일반의 선험적 개념들의 체계(B27), 체계와 비판, 그러나 실천철학은 배제한 것(B29), 또는 이성의 전 체계 등 여러 가지를 일컫는다(Duintjer, 같은 책, 82면 참조).

44 O. D. Duintjer, 같은 책, 83면.

칸트는 그의 '사고방식의 혁명'에 걸맞게 '초월적'(transzendental)이란 말과 '초월철학'(Transzendental-Philosophie)을 다음과 같이 정의한다.

> 나는 대상들이 아니라, 대상들 일반에 대한 우리의 선험적 개념을 다루는 모든 인식을 **초월적**이라고 부른다. 그러한 개념들의 **체계**가 **초월-철학**이라고 일컬어질 것이다. (A11-12) [강조: 인용자]

『순수이성비판』 2판에서는 "대상들 일반에 대한 우리의 선험적 개념들"을 "대상들 일반에 대한 우리의 인식 방식을 이것이 선험적으로 가능하다고 하는 한에서 일반적으로 다루는 모든 인식"으로 바꾸었다(B25). 비록 짧은 서술이긴 하지만 칸트의 초월철학이 짊어지고 있는 과제가 무엇인지, 이 구절에서 읽어내기가 그렇게 어렵지는 않다.

초월철학은 무엇보다 '대상들 일반'에 대해 우리가 선험적으로 인식할 수 있는 조건에 관한 탐구, 곧 대상의 선험적 인식에 관한 일종의 '존재론적 탐구'이다. '대상들 일반'이란 표현에는 앞에서 언급한, 존재하는 모든 것(존재자 일반)에 내재한 보편적 속성을 일컫는 중세철학의 '초월개념'의 울림이 담겨 있다.[45] 하지만 대상들 일반에 관한 '선험적 개념' 또는 (2판을 따르면) '대상들 일반에 대한 우리의 인식 방식'에 칸트의 강조점이 있다는 사실이 중요하다. 대상 일반에 대한 선험적 개념을 칸트는 '범주'라고 부른다. 칸트의 '범주'는 중세의 '범주'와 달리 하나의 사물에 붙일 수 있는 개별적 술어가 아니라 어떤 것이 도대체 대상이라면 그 대상이 무엇이든 상관없이 대상에 관한 논의의 조건이 되는 개념이다. 따라서 우리는 스콜라 철학자들과 칸트의 차이를 분명히 볼 수 있다. 첫째, 칸트의 존재

---

45 O. D. Duintjer, 같은 책, 83면 참조.

론적 탐구에서는 중세적인 '범주적 규정'과 '초월적 규정'의 구분이 존재하지 않는다. 둘째, '존재하는 것', '존재하는 모든 사물'이 아니라 '대상들 일반', 곧 '무엇이 우리에게 도대체 대상이 될 수 있다면,' 그것에 앞서 미리(*a priori*) 대상들을 가능케 하는 조건이 무엇인가, 이것을 묻는 것이 초월철학의 주요 과제이다.[46]

초월철학은—이것을 나는 칸트의 초월철학이 가진 두 번째 특징이라고 생각하는 것인데— 인식 방식이 선험적으로, 다시 말해 경험과 독립해서, 경험에 앞서 가능하다는 조건 아래서 인식 방식에 관심을 두는 철학이다. 인식 방식의 선험적 가능성은 경험에서 찾을 수 없다. 이것은 경험을 조직하고 판단하는 인식 주체 속에 놓여 있다. '대상 일반에 대한 우리의 선험적 개념들'이 2판에서 '대상 일반에 대한 우리의 인식 방식'으로 수정된 것은 이 점을 좀 더 분명하게 보여준다. 초월철학은 대상에 관한 선험적 인식 방식에 관여한다. 선험적 인식은 여기서 근대의 이성주의자들이 생각한 '태어날 때부터 타고난'(先天的) 인식, 곧 인식 주체의 활동 이전에 이미 주어져 있는 인식과는 구별된다. 경험으로부터 독립하여 이성적 주체에 근거한 보편타당하고 필연적 인식이지만, 이 인식은 인식 주체의 활동을 통해서 비로소 가능한 인식이다. 칸트의 텍스트에는 선험적인 것(a priori)의 원천에 관해서 두 가지 언급이 나타난다. 첫째, 선험적 인식은 순수지성(또는 이성)에 근거를 둔다(『형이상학 서론』 1절 4:266, 280, 284). 둘째, 선험적 인식은 '주체 속에 근거'를 둔다(『발견』 8:221; 131–4). 바로 이 '주체 속의 근거', 또는 『순수이성비판』에 자주 쓰인 용어로 말하자면 선험적 인식의 '근원적 원천'(A57/B81), '출생지'(A66/B90), '소질과 씨앗'(A66/B91)

46 A. G. Baumgarten, *Metaphysica*, 4절: "Ontologia est scientia praedicatorum entis generaliorum."

을 밝혀서 드러내는 일이 초월철학의 과제이다. 좀 더 포괄적으로 말하자면 칸트의 초월철학은 인간 지평을 그것의 인식적 · 윤리적 · 미적 차원에서 분석하고, 이 분석을 토대로 평화로운 철학적 삶의 거주처를 마련하고자 하는 노력이다. 그러면 어떤 의미에서 초월철학이 인간 지평의 분석인가 살펴보자.[47]

먼저 '지평' 개념에 관해서 알아보자. 『순수이성비판』 가운데는 '지평'과 관련된 개념들이 여럿 나타난다. 예컨대 '근원', '범위'와 '한계', '진리의 섬'과 같은 표현들이다. 인식 지평 분석을 나타내는 전형적인 예는, '순수이성 비판'은 책과 체계에 대한 비판이 아니라 경험과 독립해서 추구할 수 있는 인식에 관련된 이성 능력 일반에 대한 비판이라는 말에도 나타난다. 형이상학의 가능성과 불가능성을 결정하고 선험적 인식의 '근원'과 '범위' 그리고 '한계'를 규정하는 것이 바로 초월철학으로서의 이성 능력 일반에 대한 비판이다(AXII).

예쉐가 편집하고 칸트의 승인을 받아 출판된 『논리학강의』에서 칸트는 『순수이성비판』에서 '이성의 관심'이란 이름으로 던졌던, '나는 무엇을 알 수 있는가', '나는 무엇을 해야 하는가', 그리고 '나는 무엇을 바랄 수 있는가' 하는 세 물음(A804/B832–A805/B833)에, 마지막 네 번째 물음으로 '인간이란 무엇인가'라는 질문을 덧붙이면서 이와 관련해서 '철학의 마당'이란 표현을 사용한다(『논리학강의』 16:24–5). '철학의 마당'은 곧장 인간의 '지평' 과 연관을 맺는다. 여기서 '지평'을 칸트는 '인식 전체의 양과 주체의 능력 및 목적의 합치성'으로 정의한다(『논리학강의』 16:24–5). 지평은 인간 이성의 이론적 관심(지성의 관심), 실천적 관심(의지의 관심), 미적 관심(감정의 관심)에 따라 각각 논리적 지평, 실천적 지평, 미적 지평으로

47 초월철학의 '초월성'의 성격에 관해서는 강영안, 「칸트의 초월철학과 형이상학」, 『칸트와 형이상학』 한국칸트학회 편, 서울: 민음사, 1995, 35–61면 참조.

구분된다(『논리학강의』 16:40–1). 논리적 지평은 대상의 관점에 따라 다시 역사적 지평과 이성적 지평으로, 그리고 주체의 관점에 따라 보편적 · 절대적 지평과 개별적 · 조건적 지평으로 나누어진다. 이성적 지평은, 제한이 없는 역사적 지평과 달리 그와 관련된 대상의 주어짐 가능성을 따라 한계가 설정된다. '보편적, 그리고 절대적 지평'은 인간 인식의 한계가 인간 완전성의 한계와 일치하는 지평이며, '개별적 · 조건적 지평'(사적 지평)은 나이나 성별, 생활 방식, 개인차 등에 의존하는 지평이다(『논리학강의』 16:41). "인간은 인간으로서 도대체 무엇을 알 수 있는가?" 하는 물음은 보편적 지평에 관한 물음이다. 보편적이면서 이성적인 지평은 상식의 지평과 구별되는 학문의 지평이다. 그리고 끝으로, 인간으로서는 알 수 없는 것은 '지평을 벗어나' 있다고 칸트는 말한다(『논리학강의』 16:41–2).

칸트의 지평 개념은, 예컨대 후설과 하이데거에서 볼 수 있는 것처럼, 완전히 인간화된 지평 개념임을 주목해야 한다. 토마스 아퀴나스처럼 근대 이전의 철학자들은 지평 개념을 인간에게 적용하되, 이때 인간은 신과 다른 피조물 사이의 경계선이라는 뜻에서 사용하였다. 일상적 의미의 지평이 마치 하늘과 땅, 또는 하늘과 바다를 가르는 경계선이듯이 인간은 신과 피조물 사이의 지평, 곧 한편으로는 신적인 것에 가깝고, 다른 한편으로는 지상적인 것에 가까운 존재라는 사실을 개념적으로 표현할 때 지평이란 개념이 사용되었다. 중세 전통에는 인간 자신이 곧 지평이라고 말할 수 있다.

라이프니츠와 볼프를 거쳐 칸트에 이르러서는 인간 자신이 지평이라기보다는 인간은 이성 능력을 통해 스스로 지평을 가진 존재로 이해된다.[48]

48 '지평' 개념의 역사를 살펴보려면 N. Hinske, H. J. Engfer & M. Scherner, "Horizont," in: *Historisches Wörterbuch der Philosophie*, 3권, 1187–1206면을 참조할 것.

인간의 지평은 자연이나 신에 의해 주어진 것이 아니라 자신의 능력에 의해 인간이 스스로 만들어가는 지평이다. 이런 의미에서 고중세 철학에서는 인간이 곧 지평이지만 근대 철학 이후에는 인간에게 지평이 있는 것으로 이해되었다. 지평은 주어진 것이 아니라 인간이 스스로 만드는 것이다. 하지만 이 '스스로 만듦'에는 무한한 가능성이 열려 있지는 않다. 이성 능력 자체가 인간의 지평에 제한을 가한다. 칸트의 초월철학은 바로 인간의 지평을 규정하고 제한함으로써 대상에 대한 이론적 인식의 존재론적 근거를 제시하는 것이다. 이런 시각에서 보면 전통적인 형이상학이 문제되는 까닭은 인간 지평 밖에 있거나 지평과 맞닿아 있는 초감성적인 대상(신 · 영혼 · 세계와 자유)을 인간의 지평 '안에' 존재하는 것처럼 다루고 있기 때문이다. 따라서 칸트는 인간의 근본 목적과 관심과 관련된, 지평 밖의, 또는 지평과 닿아 있는 초감성적 영역에서 안전하게 방향을 잡는 데 도움이 될 수 있는 '지도'와 '나침반'을 제공해주고자 시도한다(『사유 안에서의 방향 찾기』 8:142 참조).

이제 인간 지평에 대한 칸트의 이해를 알아보자. 칸트가 본 인간 지평의 본질적인 특성은 일차적으로 시간성과 공간성이다. 인간 지평의 공간성과 시간성 안에서 경험적 지식의 범위와 한계가 설정된다. 시간과 공간은 직관의 형식이라는 칸트의 주장은 사물이 현상하는 지평, 또는 사물이 경험의 대상으로 나타나는 지평이 곧 시간과 공간이라는 뜻이다.[49] 저 멀리 있는 지평선과 수평선으로 다가갈 때 지평선과 수평선은 우리 손을 벗

---

49 K. Popper, "Kant's Critique and Cosmology," in: *Conjectures and Refutations*. London: Routledge and Kegan Paul, 1963, 179면; Henry E. Allison, *The Kant-Eberhard Controversy*. Baltimore/London, The Johns Hopkins University Press, 1973, 83면 각주 63: "이와 같이 '순수 도상(Bild, image)'은 전혀 특정한 그림이 아니다. 그러나 형식, 틀 또는 하이데거의 용어를 빌리자면 '지평' 안에서만 도상이 가능하다."

어나, 항상 저 끝으로 밀려 가 있듯이 시간과 공간도 마치 우리가 그것을 손에 넣을 대상으로 다룰 때는 우리 손아귀를 벗어난다. 시간과 공간은 외적 경험에서 얻을 수 있는 경험적인 개념이 아니다(A23/B38; A31/B46). 그것은 어떤 사물이 그 안에서 주어지고 현상될 수 있는 조건이고 도대체 우리의 경험 대상이 되려면 그것을 통하지 않고는 도무지 주어질 수 없는 '초월적' 조건이다(A31/B46). 이런 의미에서 시간과 공간은 우리의 대상 인식 이전에, 대상 인식의 선행 조건으로 언제나 먼저, 언제나 앞서, 주어져 있다.

인간 지평을 구성하는 다른 요소는 인간 지성에 자리 잡은 개념적 사고이다. 칸트는 지성에 관해서 다음과 같이 말한다. "순수지성은 그 자체 독립적으로 성립하는 그 자체로 충분한 통일체이지, 외부로부터 무엇인가가 추가됨으로써 증대될 수 있는 그런 통일체가 아니다"(A65/B90). 이렇게 절대화된 지성은 그 자체로는 지평이 아니라 우리의 '논리적 지평'을 구성한다. 『순수이성비판』 가운데서 특히 「형이상학적 연역」과 「초월적 연역」 부분은 지평을 구성하는 지성 작용의 분석과 그것이 지닌 객관적 타당성의 근거를 제시하고 있다. 하지만 지성은 개념적으로 종합될 수 있는 그 무엇이 주어지지 않는다면 그 자체로는 '텅 빈 것'에 불과하다. 그러므로 지성적 사고에 내용이 주어지려면, 다시 말해 개념적 사고가 현실을 조직하고 체계화하는 규칙으로서 역할을 하자면 이를 매개할 제3의 존재가 필요하다. 이제 3의 존재를 일컬어 칸트는 '초월적 도식'이라고 부른다.

도식은 시공간적 지평과 지성의 개념적 지평을 통일하는 기능을 수행한다. 현실은 도식을 통해 시공간적 지평 안에 주어지고 순수지성 개념은 '객관적 실질성'을 얻게 된다(『형이상학의 진보』, 20:279 참조). 사유는 도식을 매개로 지평 구성자로 설 수 있고 현실은 그 지평 가운데서 합법칙적인 현실(자연)로 나타난다. 지성의 도식 활동은 현상과 범주를 종합하는 '방법적 절차'(Verfahren)임을 미리 말해두자. '포섭'과 '적용'을 통해 칸트는 이 문제를 다룬다(4장 참조).

'이론적 지평'은 도식을 토대로 감성과 지성의 두 형식의 종합 가능성에 따라 규정된다. 도식은 말하자면 이성이 이론적 지평 가운데서 스스로 방향을 찾고자 할 때 '지도'와 '나침반'을 제공해준다. 왜냐하면 도식에 의해 순수지성 개념은 그것이 규정할 수 있는 무엇(realitas)과 관련할 수 있고, 이를 통해 지성과 감성의 선험적 종합이 가능하기 때문이다. '우리에 대한 사물', 곧 경험 가능한 대상에 대한 형이상학적 논의도 대상 일반에 대한 선험적 개념인 범주가 딛고 설 수 있는 '발판'을 제공받음으로써 의미 있는 논의가 될 수 있다(6장 참조).

지평에 관한 칸트의 논의에는 이론적 지평 저 너머의 공간이 늘 남아 있다. '미적 지평'과 '실천적 지평'에 대한 언급이 그것을 분명히 시사한다. 이론적 지평 안에서도 초감성적 사물(사물자체)에 대해 말할 수 있는 가능성이 분명히 주어져 있다. 하지만 사물자체는 경험의 영역 안에 주어진 대상으로 인식될 수 없다. 사물자체에 관한 이념인 '초월적 이념'은 경험적 인식을 조직하고 체계화하는 데 규제적인 역할을 할 수 있다. 초감성적 대상은 인간의 이론적 인식에 대해서는 '외재적'(transzendent)이지만 그 이념 자체는 '초월적'(transzendental)이다. 이념은 가능한 경험 지평의 한계선 위에 있다. 그렇기 때문에 이념은 경험의 전체성과 관련해서 지성 사용을 규정하고 통제한다(A321/B378 참조). 초월적 이념은 경험의 조직화와 관련해서는 '내재적'(immanent)으로 사용될 수 있다.

초월적 이념들, 곧 영혼과 세계와 신에 대한 이념은 마치 '우리에 대한 대상'인 것처럼 다루게 되면 객관적 타당성을 잃게 되지만 규제적 이념으로 사용하면—칸트의 말을 따르자면— '규정된 것은 아니지만 객관적인 타당성'을 가진다. 문제는 어떤 방식으로, 어떤 절차를 통해, 범주와는 다르지만, 그럼에도 여전히 타당성을 가질 수 있는가, 하는 것이 문제이다. 여기서 지평은 초월과 내재의 분계선이다. 지평의 경계선에 놓여 있는 초월적 이념은 여기서 두 측면을 가지고 있다. 지평 안으로 향해서는 내재적인 의미를 갖지만 지평 밖으로 향해서는 '실천적인 의미'를 가진다. 가능한 경험의 대상은 이론적 · 논리적 지평 안에서 '규정'되지만, 실천적 이념의 대상은 실천적 지평 속에서 도덕적 실천을 통해 '현실적인 것으로 만들어진다'(BIX). 이렇게 지평 안과 지평 너머, 두 방향으로 향해 이념들이 사용될 수 있는 근거를 마련할 때도, 표상적 사유 방식이, 비록 경험 대상을 다룰 때와는 다르지만, 그럼에도 그와 비슷한 방식으로 작동한다.

이제 끝으로 형이상학과 관련된 칸트의 중심 물음인 '선험적 종합판단이 어떻게 가능한가?'라는 물음을 초월철학과 형이상학, 그리고 그 안에서 작동하는 표상적 · 도상적 사유와 관련해서 간략하게 논의해보자. 먼저 언급해둘 것은 방법 문제에 집착한 점에서 칸트는 분명 근대 철학자임이 드러난다는 사실이다. 적어도 1762년부터는 형이상학을 학문으로 구축하는데 필요한 안전한 방법과 장비를 마련하는 일에 칸트는 관심을 가졌다. 나는 무엇을 알 수 있는가, 하는 물음에 앞서, 내가 만일 무엇을 알 수 있다면, 도대체 그 무엇을 어떻게 알 수 있는가, 하는 물음에 칸트가 집착하였다고 말해도 무방하다. '어떻게'(방법)의 물음이 '무엇'(사물, res, ens, quidditas)에 대한 물음을 결정하는 요인이 된 것이다. 방법의 문제를 생각한 점에서 칸트는 데카르트의 후예였다. 하지만 '무엇'을 외적 규정에 제한하지 않고 '대상' 자체를 구성하는 인식 주체와의 상관성에서 다루었다는 점에서 칸트는 데카르트적인 주체의 철학을 넘어서거나, 만일 넘어서지는 못했다고 해도, 그것을 훨씬 더 심화시켰다고 보아야 할 것이다.

이러한 변화는 현실과 진리를 이해하는데 매우 중요한 결과를 가져왔다. 현실은 그 자체로 고유한 법칙과 구조를 지닌 자기 충족적 존재가 아니라 인간 지성의 입법적 · 구성적 작용의 산물로 이해된다. 현실의 질료적 측면조차도 인식의 관점에서만 보면 지각(die Wahrnehmung)의 상관자이며 그것을 뛰어넘는 존재는 비록 그 자체로 존재한다고 하더라도 인간에게는 무(無)와 마찬가지다. 물론 이때의 무는 '절대적으로 없다'는 의미에서의 무가 아니라 우리가 그 존재가 '무엇인지 알 수 없고, 무엇이라고 규정할 수 없다'는 의미에서의 무이다.

마찬가지로 진리도 주체를 떠나 따로 영원하게 존재하는 그 무엇이 아니다. 진리와 허위는 오직 판단(das Urteil)에 자리할 뿐이다. 하이데거가 여러 강의를 통해서 강조하듯이 칸트도 판단을 '진리의 자리'(locus veritatis)로 본 철학자 중 하나였다. 「변증론」 서두에서 칸트는 이렇게 말한다.

> **현상**과 **가상**을 한가지로 여겨서는 안 된다. 왜냐하면 진리[진짜] 또는 가상[가짜]은, 그것이 직관되는 한에서, 대상 안에 있는 것이 아니라, 오히려 그것이 사고되는 한에서, 대상에 대한 판단 안에 있기 때문이다. 그래서 사람들이 '감관들은 착오를 하지 않는다'고 말하는 것은 옳지만, 그것은 감관들이 항상 옳게 판단하기 때문이 아니라, 전혀 판단하지 않기 때문이다. 따라서 진리와 착오는, 그러니까 착오로 오도(誤導)하는 가상 또한 오직 판단에서만, 다시 말해 대상의 우리의 지성에 대한 관계에서만 마주칠 수 있는 것이다. (A 293/B350) [강조: 인용자]

판단은 개념(주어와 술어)들의 관계에 대한 표상이며 다시 이 표상들(판단들)이 결합하여 다른 표상, 곧 다른 판단을 낳는다(A73/B89–A74/B99; B141). 그래서 판단은 정언적(定言的)인 형식을 취하거나 가언적(假言的)인 형식 또는 선언적(選言的)인 형식을 취한다(『논리학』 24–39절, 16:105–112).

칸트의 이른바 '초월논리학'은 판단 활동의 선험적 근거를 탐구하기 때문에 인식 주체의 종합 활동을 해명하는 것이 주요 과제가 된다. 이러한 배경을 통해서 칸트는 판단을 종합판단과 분석판단으로 구분한다. 주어 개념 속에 술어 개념이 포함된 분석판단의 참 또는 거짓을 판정하는 기준은 모순율이고, 모순율은 진리의 형식적 기준으로서 종합판단에도 타당하게 적용된다. 하지만 종합판단의 경우에는, 단순히 논리적 형식 문제가 아니라 경험이 개입되기 때문에 모순율로는 참 또는 거짓을 판명하지 못한다. '형식적 기준'만으로는 진리를 규정하기에는 만족스럽지 못하기 때문에 사물에 대한 우리의 판단을 참 또는 거짓으로 만들 수 있는 '질료적 기준'이 관심사로 떠오른다.[50]

『형이상학서론』에서 칸트는 "선험적 종합판단은 어떻게 가능한가?" 하는 질문을 던지면서 자신이 시도한 초월철학은 이 질문에 대한 '완전한 해결'을 제공하려고 시도한다고 말한다(『형이상학 서론』 4:279). 물리학뿐만 아니라 수학도 대부분 종합판단으로 이루어져 있다고 칸트는 생각한다. 형이상학 또한, 적어도 그 '과제'에서 볼 때 학문이 되기 위해서는 종합판단으로 이루어져야 한다. 하지만 형이상학에서의 종합판단은 어떤 의미에서의 종합판단인가 하는 것을 규정하는 일은 매우 중요하다. 칸트가 형이상학을 '자연 형이상학'과 '도덕 형이상학'으로 구별하기도 하고 '첫 부분의 형이상학'과 '두 번째 부분의 형이상학'으로 구별하기도 하기 때문에 형이상학에서 말하는 종합판단의 성격을 규정할 때 어떤 것에 해당되는지 판단하기란 그렇게 쉽지가 않다. 하지만 선험적 종합의 문제를

50 N. Rotenstreich, *Experience and its Systematization. Studies in Kant*. The Hague: Nijhoff, 1972, 2면 이하 참조.

형이상학적 개념들의 '객관적 실질성'의 문제와 동일한 것으로 본다면 이 문제에 답하기는 비교적 쉬워진다. 선험적 종합의 문제는 도식론과 긴밀한 관계를 가지고 있다.[51] 라인홀트에게 보낸 편지에서 칸트는 이렇게 쓰고 있다.

> '사람들은 칸트의 종합판단의 원리가 공허한 것임을 발견할 것이다'라고 에버하르트(Eberhard) 씨는 말합니다. 하지만 이 원리는, 특정한 형식을 갖추고 표현된 것은 아니지만, 『순수이성비판』 전체 속에, 도식 활동에 관한 장(章)에서부터 완전하고 명백하게 나타나 있습니다. 이론적 인식의 모든 종합판단은 주어진 개념이 직관과 맺는 관계를 통해 가능하다는 것입니다.[52]

'주어진 개념'과 대상의 직관 사이의 관계가 종합판단에서 중요하다. 수학 · 물리학 · 형이상학은 각각 서로 구별되는 개념과 대상이 있기 때문에 선험적 종합판단의 가능 조건에 대한 탐구는 이들 각각의 경우에 선험적 종합의 공통 근거와 차이를 분명히 드러내야 한다. 칸트의 도식론은 각각의 종합판단의 경우, 내용은 서로 다르지만, 기능면에서는 동일한 매개물을 제시한다는 점에서 중요하다.

다음 장에서는, 수학에 있어서 종합판단의 가능성과 관련지어 도식론에 관해 논의할 것이다. 우리는 우선 형이상학적 작업에 수학적 방법의 사용이 가능한가 하는 것에 관한 18세기의 논쟁을 배경으로 칸트의 종합

---

51 다발(R. Daval)과 엘리슨(H. E. Allison)은 칸트 자신의 증언을 바탕으로 이 둘 사이에 밀접한 관계가 있음을 지적한다. R. Daval, *La métaphysique de Kant*, 7면; H. E. Allison, "Transcendental Schematism and the Problem of the Synthetic A Priori," in: *Dialectica* 35(1981), 57–83면 참조.

52 칸트가 라인홀트에게 1789년 5월 12일에 보낸 편지 『편지』 AA,11:38 참조.

과 분석의 구별을 살펴볼 것이다. 그런 다음 선험적 종합의 의미를 분명하게 하기 위해 칸트의 두 종류의 서로 다른 도식(지성의 도식과 이성의 도식)에 대해 논의할 것이다. 이러한 탐구 과정을 통해 인간 이성을 '후생(後生) 체계'(das System der Epigenesis)로 파악하고, 표상적 사유를 통해 구성자 또는 '노동하는 동물'(animal laborans)로서의 인간 이해의 면모를 보게 될 것이다. 인간 이성은 지성의 도식과 이성의 도식을 통해 자신의 지평을 규정하고 넓혀가고 있음을 칸트철학을 통해 엿볼 수 있을 것이다.

제3장

수학적 구성과 표상적 사유

칸트의 표상적 · 도상적 사고의 두드러진 특징은 그의 수학철학에서 잘 나타난다. 수학에서의 선험적 종합이 어떻게 가능한가, 하는 것에 대한 칸트의 논의를 살펴보면 상상력을 통해 그림을 그려내는 활동의 중요성이 드러난다. 선험적 종합판단에서 도식의 역할이 중요하기 때문에 수학에서 도식의 역할을 알아보는 것이 중요하다. 그럼에도 수학에서의 상상력을 통한 도식 작용과 철학적 개념과 관련된 도식의 근본 차이를 아는 것도 중요하다. 그렇지 않으면 수학적 방법을 이용해서 철학 문제를 풀려고 한 노력에 쐐기를 박고, 수학과 철학 사이의 차이를 그토록 칸트가 강조한 이유를 이해할 수 없다. 수학적 도식과 철학적 도식의 차이에 대한 이해는 수학적 방법을 철학에 사용하는 것이 아무런 유익이 없는 까닭이 무엇인지 이해하는 데도 도움을 준다. 그럼에도 수학적 도식이 초월적 도식을 정초하는데 일종의 '발견법적' 역할을 수행하고 있다는 점, 그리고 수학적 도식은 도식 가운데서도 특히 이성 도식의 도구적 성격을 이해하는 데 중요한 시사점을 준다는 점을 미리 기억해두는 것이 좋을 것이다. 왜냐하면 이성의 체계 구축은 수학의 종합판단을 가능케 하는 수학적 도식의 기능 속에서도 이미 나타나기 때문이다.

그러나 이 장에서 칸트의 수학철학의 전모를 드러내는 일을 하지 않을 것이다. 여기서 시도하는 것은 구성을 통해서 어떻게 수학적 도식이 등장하는지, 그리고 그것이 수학적 지식 형성에 어떤 역할을 하는지 들여다보는 일이다. 그렇게 할 때, 정신의 구성적 활동, 곧 현실 세계를 표상을 통해 구축하고 조직하고 체계화하는 인간 정신의 활동을 어느 정도 이해할 실마리를 찾을 수 있을 것이다. 그래서 너무나 기초적이긴 하지만, 칸트의 지식 이론에서 뺄 수 없는 분석과 종합에 관한 논의를 먼저 해보고, 수학을 선험적 종합판단으로 이루어진 학문으로 본 까닭을 물어보고, 끝으로 수학적 지식에서 도식이 맡은 기능을 알아볼 것이다.

1. 분석과 종합을 통해서 본 수학적 방법과 철학적 방법

'분석'과 '종합'은 학문적 방법을 체계적인 형식으로 표현하는 용어로서 유클리드의 기하학에서부터 시작해서 칸트에 이르기까지 서양 학문 전통에서 매우 다양한 뜻을 지니고 있다.[1] 칸트의 경우도 사정은 마찬가지다. 이른바 '비판 이전의 시기'부터 '비판기'에 이르기까지 칸트의 사유 발전 과정을 추적해보면 '종합'과 '분석'이 여러 차례 의미 변화를 거쳐 온 것이 발견된다. '분석'과 '종합'과 결합된 용어들도 또한 다채롭다. 칸트는 정의(定義), 판단 또는 방법과 관련해서 '분석'과 '종합'이란 용어를 쓰고 있다. 하지만 이러한 다양한 사용 가운데서도 일종의 가족 유사

1 토넬리(Giorgio Tonelli)는 칸트 이전, 특히 18세기의 '종합'과 '분석'의 쓰임에 관한 일종의 '개념사'를 폭넓게 보여준다. Giorgio Tonelli, "Analysis and Synthesis in XVIIIth Century Philosophy prior to Kant," in: *Archiv für Begriffsgeschichte* 20(1976), 178–213면.

성이 있다는 사실은 부인할 수 없다.

1763년에 베를린 왕립학술원 현상논문으로 제출한 『자연신학과 도덕 원리들의 판명성에 관한 연구』에서 칸트는 종합과 분석이란 용어를 사용해서 수학적 방법과 철학적 방법의 차이를 밝히고자 한다.[2] 이 논문은 수학과 철학의 차이로 네 가지 점을 지적한다.

1. 수학은, 수학에 속한 개념들의 정의(定義)를 종합적으로 얻어내고 철학은 분석적으로 얻어낸다.
2. 수학은 분석하고, 증명하고, 추론할 때 보편자를 수학적 기호 속에서 구체적으로 표상되는 것으로 생각하는 반면, 철학은 보편자를 기호를 사용해 추상적으로 생각한다.
3. 수학에는 분석될 수 없는 개념이나 증명될 수 없는 명제가 거의 없는 반면, 철학에서는 그런 개념이나 명제가 많이 있다.
4. 수학의 대상은 단순하고 복합적이지 않은 반면, 철학의 대상은 어렵고 복잡하다(verwickelt)(『판명성』 2:276–283 참조).[3]

2 베를린 왕립학술원이 제시한 논문 주제는 다음과 같다: "일반적으로는 형이상학적 진리들, 특히 자연신학과 도덕의 근본 원리들이 기하학의 원리만큼 명확하게 증명될 수 있는가, 그리고 만약 그렇지 않다면 그것들의 확실성의 진정한 본성은 무엇이며 어느 정도 확실성에 도달할 수 있고 그 정도면 충분히 확실한가?" L. W. Beck, "Translator's introduction" to Immanuel Kant, *Critique of Practical Reason and Other Writings in Moral Philosophy*. Chicago/Illinois: The University of Chicago Press, 1949, VI; G. Tonelli, "Der Streit über die mathematische Methode in der Philosophie in der ersten Hälfte des 18. Jahrhunderts und die Entstehung von Kants Schrift über die 'Deutlichkeit'," in: *Archiv für Philosophie* 9(1959), 37–66면 참조.

3 『순수이성비판』에서도 칸트는 동일한 입장을 유지한다(A713/B741–A738/B766 참조); E. W. Beth, "Kants Einteilung der Urteile in analytische und synthetische," in: *Algemeen Nederlands Tijdschrift voor Wijsbegeerte en Psychologie* 46(1953/54), 253–64면 참조.

네 가지 가운데서 첫 번째 것은 수학적 방법을 형이상학적 지식을 확실하게 확보하기 위해 사용할 수 없는 이유가 무엇인가를 분명히 보여준다.

분석과 종합은, 『순수이성비판』의 경우에는, 주로 판단과 관련해서 사용되지만, 칸트의 초기 저작들에는 주로 방법과 관련해서, 특별히 그 가운데서도 정의를 내리는 방식과 관련해서 사용된다. 초기 저작들 가운데서 종합은, '개념들의 임의적 결합'으로 이해된 반면, 분석은 지식 요소들의 '분해'로 이해된다(『판명성』 2:276). 예컨대 사다리꼴은 평행하는 한 쌍의 대변(對邊)을 적어도 하나를 포함하는 네 개의 선으로 둘러싸인 도형을 구성함으로써 정의된다. 수학적 개념은 정의에 앞서 주어진 개념이 아니라 정의를 통해서 만들어진다(『판명성』 2:276, 281, 282). 칸트는 '임의적 연결'로서의 종합의 개념을 수학에 한정해서 사용했지만, 이러한 종합 개념 자체는 엥퍼가 볼프와 관련해서 적절히 지적해주고 있듯이 라이프니츠와 볼프의 '일반지'(一般知, scientia generalis)의 기초로서 논의된 '개념 조합론'과 관련이 있다.[4] 수학적 개념 자체는 '임의적 결합'을 통해 '만들어진 개념'이다. 철학은 혼란되거나 불충분하게 규정된 '사물의 주어진 개념'(『판명성』 2:276)이나 '선험적으로 주어진 개념'(A728/B757; 『논리학』 16:93)을 다룬다. 사물의 개념('주어진 개념')은 분석되어야만 하고, 그것의 분리된 '특성들'은 주어진 다른 개념들과 비교되어야만 한다. 그리고 이 개념에 대한 추상적 사유는 더 세분화되고 명확하게 규정되어야 한다(『판명성』 2:276).

4 H.-J. Engfer, "Zur Bedeutung Wolffs für die Methodendiskussion der Deutschen Aufklärungsphilosophie: Analytische und synthetische Methode bei Wolff und beim vorkritischen Kant," in: W. Schneiders, ed., *Christian Wolff 1679–1754. Interpretationen zu seiner Philosophie und deren Wirkung*. Hamburg: Felix Meiner, 1983, 50면.

이러한 분석 개념을 가지고 칸트는 종합적 정의 방법을 형이상학에 도입한 사람들을 비판한다. "예컨대, 철학자는 임의적으로 실체에 이성 능력이 있는 것처럼 생각하고, 그것을 영혼이라 부른다"(『판명성』 2:277). 실체로서 인간 영혼의 개념에 대한 비판은 『순수이성비판』에서 반복된다. 『판명성』에서는 이런 방식으로 내리는 정의는 '문법적 정의'에 지나지 않는다고 벌써 지적되어 있다(같은 곳). 이러한 입장은, '주어진 개념'은 엄밀하게 말해서 정의될 수 없고, 단지 '설명'되거나 '해명'될 뿐이라는 입장으로 발전된다(A730/B758). 정의는 수학에 있어서는 그 학문이 존재하기 위해(ad esse) 필수불가결한 것이지만 철학에 있어서는 학문의 존재 여부에 관여하기보다는 있으면 좀 더 좋은 것(ad melius esse)일 뿐이다(A731/B758 주석). 이 점에서 철학과 수학은 서로 다르다(『판명성』 2:289).[5]

이제 분석과 종합이 초기 저작에서부터 방법론적 절차로 이해되고 있다는 사실에 주목해보자. 칸트를 따르면 철학의 절차는 분석적인 반면 수학의 절차는 종합적이다. '종합적 절차'에서는 "먼저 정의를 내린 다음 확신 있게 결론을 끌어낼 수 있다"(『판명성』 2:283). 여기서 말하는 종합적 절차는 16세기 이래 대중화된 기하학적 방법(mos geometricus)으로 유클리드의 『기하학의 원리』에 뿌리를 두고 있다. 기하학에서는 정의 · 공리 · 요청으로부터 시작하여 이로부터 정리(定理)를 도출하거나 또는 정리 · 공리 · 요청 등을 사용해서 주어진 문제를 해결한다.[6] 파스칼, 앙투아느 아르노, 피에르 니콜, 폰 취른하우스, 스피노자, 라이프니츠, 볼프

5 수학적 방법과 철학적 방법에 대한 논의를 좀 더 알고자 할 경우, 저자와 이 문제를 오랫동안 토의했던 암스테르담 자유대학교의 드 용 교수의 다음 논문을 보라. Willem de Jong, "How is Metaphysics as a Science Possible? Kant on the Distinction between Philosophical and Mathematical Method," in: *Review of Metaphysics* 49(December 1995), 235–74면.

6 같은 책, 51면; H. De Dijn, "Geometrische Methode van Denken," in: *Tijdschrift voor Filosofie* 35(1973), 710–14면 참조.

등이 수학에서 이룩한 확실성과 정확성을 철학에서도 실현해보고자 하는 의도로 이 방법을 사용한다. 하지만 칸트는 『판명성』에서 기하학적 방법을 철학에 적용함으로써 오는 위험을 경고한다(『판명성』 2:283). 이러한 경고는 『순수이성비판』「초월적 방법론」에서는 더욱더 강하게 나타난다(A726/B744).

철학은, 칸트의 초기 입장을 따르면, 분석적 절차를 따를 수밖에 없다. 분석적 방법은 '혼란되고 충분히 규정되지 않은' 개념들을 '분석'하고 '분해'하는 일을 과제로 삼는다(『판명성』 2:276, 278, 288). 그러므로 철학적 분석을 행할 때는 두 가지 규칙을 따라야 한다.

> [제1규칙] 정의로부터 시작하지 말 것. 왜냐하면 단지 언어적인, 말에 불과한 정의만을 얻을 수밖에 없기 때문이다. [……] 대상 가운데서 직접적으로 확실한 것만을 찾을 것. [……] 그것으로부터 추론을 이끌어내고 오직 참되고 완벽하게 확실한 판단만을 얻어낼 것. (『판명성』 2:285)

> [제2규칙] "대상 속에서 최초로 확실하게 생각된 것에 관해서는 각별히 그 대상에 대한 직접 판단에 주목할 것." (『판명성』 2:285)

형이상학에서는 어떤 '내적 경험', 곧 자명한 의식을 통해, 모든 보편적 속성들의 개념 속에 있는 특징들을 찾아야 한다. 그러므로 '증명할 수 없는 명제들의 표'를 발견하는 일, 곧 '증명할 수 없는 근본적인 진리들'을 발견하는 일이 보다 높은 철학인 형이상학이 짊어져야 할 가장 중요한 과제이다(『판명성』 2:281).[7] 분석적 방법은 이렇게 보면 주어진 개념에서 출발

7 '증명할 수 없는 명제들의 표'(Tafel von den unerweislichen Sätzen) 또는 '증명할 수 없는

하여 직접적으로 확실한 근거로 나아가는 일종의 '발견의 방법'(ars inveniendi)이다.[8]

지금까지 '분석'과 '종합'이 의미하는 바를 정의를 내리는 방식과 논의를 전개하는 절차와 방법을 따라 살펴보았다. 분석과 종합은 정의를 위해 사용될 때는 '개념들의 임의적 결합'과 '지식 요소들의 분해'를 각각 의미한다. 하지만 철학적 정의는 엄밀히 보자면 정의가 아니라 기껏해야 '해명'에 그친다. 『순수이성비판』에서는 수학에서의 종합의 의미가 '개념의 구성', 곧 '순수직관 가운데서의 개념의 제시'(또는 현전화)(A713/B741)라는 개념으로 발전된다. 그런데, 초기 저작인 『판명성』에서는 '구성'이란 단어가 아직 등장하지 않는다. 하지만 철학자는 보편자에 대해 낱말을 사용해서 추상적으로 사유하는가 하면 기하학자는 예컨대 원의 속성을 알기 위해서 우선 원을 그려보고, 또 원 안에서 교차하는 선을 모두 그려보는 대신 단지 두 개의 선을 그어봄으로써 원 안에서 교차하는 선의 관계에 관한 보편적 규칙을 관찰하게 된다(『판명성』 2:276–280)고 말했을 때, 이미 '구성' 개념에 대한 사상이—단어는 아니지만—암시되고 있다. 구성적 의미에서의 종합은 기하학에서 단지 증명을 위해서 필요할 뿐만 아니라 증명의 방식과 정의 방식을 모두 포괄한다.[9]

근본적인 진리들'(unermessliche Grundwahrheiten)이 『순수이성비판』에서의 '원칙들의 체계'와 동일하다고 생각해볼 수 있다. '원칙들의 체계'는 범주들과 도식들의 체계에 근거한다. 이것은 칸트가 자연 형이상학의 '공리들'을 '원칙'이라고 불렀던 점(A 732/B 760), 그리고 '직접적으로 증명할 수 없는 원리들'을 기하학의 공리들 같은 추리의 근거로 생각했던 점(『판명성』 2:285)을 통해 확인할 수 있다. 이렇게 볼 때 칸트철학에 있어서 비판 이전기와 비판의 시기 사이의 첨예한 대립이라는 것이 얼마나 임의적인 것인지 알 수 있다. 1672/3년경에 이미 칸트의 비판 철학은 차근차근 형성되고 있었다.

8 발견의 방법(ars inveniendi)으로서 분석의 방법은 볼프의 분석 개념과 완전히 일치한다. 볼프는 이렇게 말한다. "만약 진리가 발견되었거나 또는 적어도 발견될 수 있는 것으로 설명된다면 그것은 분석적 방법이라 불린다"(Ch. Wolff, *Philosophia rationalis siva Logica*, 885면). G. Tonelli, 위의 글, 197면; 칸트, 『논리학』 117절 9:149 참조.

칸트는 종합을 '구성적 의미'로 뿐만 아니라 '방향적 의미'(directional sense)로도 사용하고 있는데 이것은 그의 방법론에서 중요한 몫을 하고 있다.[10] 『교수취임논문』을 보면 칸트는 종합을 두 가지로 구별한다. '근거로부터 결과로의 전진'의 의미에서 종합(질적 종합)과 '부분에서 전체로의 전진'의 의미에서 종합(양적 종합)이 그것이다. 종합만 아니라 분석에 관해서도 두 가지로 구별한다. '결과에서 그 근거로의 역진'(질적 분석)과 '전체에서 그 부분으로 역진'(양적 분석)이 그것이다(『교수취임논문』 1절, 2:388 주석). 『교수취임논문』에서 칸트는 종합과 분석을 오직 양적인 의미로만 사용한다. 그러나 『형이상학서론』에서는 '전진적 절차'와 '역진적 절차'의 의미로 종합적 방법과 분석적 방법을 각각 이야기할 뿐 아니라, 질적 의미로도 사용한다(『형이상학서론』 5절, 4:275-280 참조).

『순수이성비판』은 종합적 절차를 따르고 『형이상학서론』은 분석적 절차를 따른다고 칸트가 얘기한 것은 잘 알려져 있다. 『순수이성비판』은 선

---

9 힌티카의 연구("Kant on the Mathematical Method," in: *Kant Studies Today*, L. W. Beck, ed., 1969)를 기초로 해서 월쉬는 유클리드 기하학과 관련하여 칸트의 구성 이론을 다음과 같이 설명한다. "전형적인 유클리드 기하학의 증명구조는 다음과 같다. 첫째, 증명된 것에 대한 해명(예컨대, '모든 삼각형에서 내각의 합은 두 직각과 같다'). 둘째, 예시(setting-out; ecthesis)라고 부르는 것, 곧 개별적인 예에 호소하는 형태를 취함. 예를 들면 'ABC를 삼각형이라고 하자.' 셋째, 예로 든 삼각형의 구성의 실행. 넷째, 구성에 의해 확정되고 연장된 것으로서의 도형에 적용된 것에 관해 공리나 이미 증명된 명제에 근거하여 추리를 진행하는, 진정한 의미에서의 증명. 다섯째, 지금 증명된 것으로서 처음에 해명한 것을 증명되었다고 다시 확인. 여기서 기하학적 개념의 구성성은 두 번째 단계와 관련되어 있다는 것은 명백해 보인다." W. H. Walsh, *Kant's Criticism of Metaphysics*. Edinburgh: Edinburgh University Press, 1975, 21-22면. '구성'의 의미를 두 번째 단계에 제한하는 것은 너무 편협하다. 왜냐하면 구성의 관념은 증명에만 적용되는 것이 아니라 개념 형성에도 적용 가능하기 때문이다.

10 Jaakko Hintikka, *Logic, Language-Game and Information*. Oxford: Clarendon, 1973, 201-08면 참조. 칸트에서 '발견의 방법', 또는 '발견술적 방법'에 관한 연구로는 C. A. van Peursen, *Ars Inveniendi. Filosofie van de inventiviteit van Francis Bacon tot Immanuel Kant*. Kampen: Kok Agora, 1993 참조.

험적 인식의 근본 원천, 곧 조건에서 그 조건으로 인해 귀결될 수 있는 것으로 진행하고(『형이상학서론』 4절, 4:271–5 참조), 『형이상학서론』은 알려진 것과 익숙한 것으로부터(또는 결과로부터) 시작해서 알려지지 않은 원천(또는 이유, 근거)으로 거슬러 올라간다는 말이다. 종합적 절차와 분석적 절차는 이런 방식으로 구분된다. 철학을 서술하는 방식, 곧 절차적 전략으로만 보일 수 있는 구분이지만 조금만 주의해서 관찰해보면 칸트철학의 방법론적 특색과 긴밀하게 연관되어 있음을 알게 된다.

그런데 사실은 '방향적 의미'의 종합과 분석은 이미 뉴턴이 그의 자연철학에 적용한 방법이기도 하다. 칸트는 다음과 같이 분명하게 말한다. "형이상학의 진정한 방법은 근본적으로 뉴턴이 자연과학 분야에서 사용하고, 그 분야에서 유용한 결과를 얻게 해준 방법과 동일하다"(『판명성』 2:286). 뉴턴은 『광학』 마지막 부분에서 과학적 방법에 관해 다음과 같이 서술한다.

> 수학에서처럼 자연철학에서도 다루기 어려운 대상들의 탐구는 합성[종합]의 방법에 선행하여 분석의 방법을 통해야 한다. 이 분석은 만들어진 실험과 관찰에 달려 있고, 귀납에 의해 실험과 관찰로부터 일반적인 결론들을 이끌어내는 데 달려 있다. [……] 이 분석적 방법에 의해 우리는 가장 일반적인 형식으로 논변이 끝날 때까지, 합성물로부터 재료로, 운동으로부터 운동을 산출하는 힘으로, 일반적으로 결과로부터 원인으로, 그리고 개별적인 원인에서 보다 일반적인 원인으로 나아갈 수 있다. 이것이 바로 분석의 방법이다. 그리고 종합은, 발견해서 확립되는 원인들을 원리로 가정하는 데 있다. 그리고 이 원리에 의해 이들로부터 나오는 현상을 설명하고 설명을 증명하는 데 있다.[11]

11 R. S. Hartman, "Kant's Science of Metaphysics and the Scientific Method," in: *Kant-Studien* 63(1972), 18면에서 재인용.

뉴턴에 있어서 분석과 종합은 귀납과 연역, 실험과 체계 구성을 의미한다.[12] 그것은 학문을 구성하기 위한 방법이지 학문 안에서의 발견의 방법은 아니다. 칸트가 형이상학이라는 학문의 구성을 위해 귀납적 또는 실험적 방법을 사용하지는 않았을지라도, 새로운 형이상학을 정초하기 위해서 『순수이성비판』에서 사용한 분석적 방법은 합성물로부터 선험적 인식의 구성요소들을 추적해가는 뉴턴의 분석적 방법과 유사하다. 이러한 절차는, 학문으로서의 형이상학을 정초하기 위한 이성의 능력과 도구에 대한 칸트의 분석에서 명백하게 볼 수 있다.

> 초월철학은 여기서 단지 한 이념이고, 순수이성비판은 이를 위해 전 구도를 건축술적으로, 다시 말하면, 원리로부터 기획해야만 하며, 그것도 이 건물은 형성하는 모든 조각들이 완벽하고 안전하다는 완전한 보증을 하면서 그렇게 해야만 한다. 이 비판이 그것만으로 이미 초월철학이라 일컬어지지 않는 것은 오로지 그것이 완벽한 체계이기 위해서는 인간의 선험적 인식에 대한 상세한 분석도 포함해야 할 것이라는 점 때문이다. (A13/B27)

여기서 체계적인 학문인 형이상학을 정초하기 위해 우선적으로 필요한 학문(BXLIII; A841/B869)으로 이해된 '이성 비판'이 인간 인식 능력에 대한 분석을 과제로 삼는다는 것을 분명히 하고 있다. 분석은 종합에 앞서, 먼저 수행되어야 할 과제이기 때문이다. 종합, 곧 체계 구축은 분석이 완성된 뒤 그때 비로소 시도될 수 있다. 이와 같은 관점은 이미 『판명성』에서도 분명히 나타난다.

---

12 R. S. Hartman, 같은 글, 18면 이하.

형이상학에서 종합적인 절차를 밟는 것은 아직 시기상조라고 하겠다. 분석을 통해 개념들이 판명한 개념으로 자세히 이해될 때만이 종합을 통해 비로소 수학의 경우와 마찬가지로 합성된 인식을 가장 단순한 인식 아래 포섭할 수 있을 것이다. (『판명성』 2:290)

이처럼 철학에서 종합적 방법의 사용 가능성이 배제되지 않았다. 하지만 '종합적 방법'이 어떤 방식으로 철학에서 사용될 수 있는가 하는 것은 역시 문제가 되지 않을 수 없다. 1762~63년 경 칸트는 종합적 방법이란 수학에서처럼 '구성적 방법'이라고 생각했다. 그러나 원숙해진 그의 사유의 견지에서 본다면, 형이상학의 종합적 방법은 구성적 방법이 아니다. 왜냐하면 구성적 방법은 필연적으로 형이상학적 개념에 대응하는 직관을 요구하지만 그러한 직관은 수학의 경우와는 달리 직접 충족될 수 없기 때문이다. 그럼에도 '증명할 수 없는 원리들'과 '근본 개념들'의 발견을 형이상학의 주요 과제로 칸트는 여전히 설정한다. 그렇다면, 체계로서의 형이상학이 사용할 수 있는 방법은 어떤 것이며, 어떤 의미에서 형이상학이 '종합적' 방법을 사용할 수 있는가 하는 물음이 당연하게 등장한다.

만일 종합적 방법이 수학에서와 같은 '구성적' 방법이라고 본다면 이 질문에 대한 만족스러운 답변을 『순수이성비판』에서 찾아낼 수 없다. 그렇다면 어떤 길이 있는가? 종합이 지닌 '방향적 의미'에 시선을 모아보면, 이 가운데서 우리는 실마리를 찾아볼 수 있다. 종합적 방법은 말하자면 '체계 구축'(system-building)의 방법이되, 인간 인식능력의 '상세한' 분석이 전제가 된다. 여기에 종합의 '구성적' 의미와의 유비적인 관계가 있다. 이때 말하는 종합에는 두 가지 의미를 찾아볼 수 있다.

첫째, 순수지성 개념의 '도식화'는 현상들 가운데서 개념들을 규정할 때 종합의 역할을 수행한다. 이런 의미에서 칸트는 '초월적 도식'의 활동을 일컬어 '순수 종합'이라 부른다(A142/B181). 이때의 종합은 통각의 '순수 종합'과는 구별되는 의미에서의 순수 종합이다. 초월적 도식은 대상들에 관한 순수 개념, 곧 범주를 통해 지각을 체계화하기 위해 사용되는 하나의 '실행 수단'(operational means)으로 보아야 할 것이다.

둘째, 형이상학에서의 종합은, 종합의 대상을 순수직관 중에 제시하는 '구성적' 의미로는 사용되지 않는다. 오히려 경험을 체계적 통일로 인도하는 '종합적 절차'로서 사용된다. 수학적 방법과 철학적 방법에 관한 논의가 거의 끝날 무렵 칸트는 『순수이성비판』에서 이렇게 말한다.

> 순수이성의 사변적 사용에서 내용상 교리라는 것이 전혀 없다면, 모든 교조적[교의적] 방법은—그것이 수학자에게서 빌려온 것이든 아니면 고유의 수법이라고 하든—그 자체로 부적절한 것이다. 교의적 방법은 단지 오류와 착오들을 은폐하고, 이성의 모든 발걸음을 가장 명료하게 조명하는 것을 본래의 의도로 갖는 철학을 속이는 것이니 말이다. 그럼에도 불구하고 그 방법은 항상 **체계적**일 수 있다. 왜냐하면, 우리의 이성은 (주관적으로는) 그 자체가 하나의 체계이기 때문이다. 그러나 우리의 이성은 순수한 사용에서는 순전한 개념들에 의거한 단지 통일의 원칙들에 따르는 탐구의 체계일 뿐이며, 이 통일을 위한 재료는 **경험**만이 제공할 수 있는 것이다. (A737–8/B765–6) [강조: 인용자]

칸트철학에서 '체계'가 가진 의미에 대해서는 이념 아래서의 경험의 체계화와 관련해서 '도식'의 역할을 다룰 때 다시 상세하게 논의할 것이다. 여기서는, 이성의 체계(형이상학) 구축을 위한 '체계적' 절차인 종합적 방법은 한편으로는 종합에 대한 뉴턴의 개념을 발전시킨 것이고 다른 한편으로는 과학에 관한 칸트의 새로운 개념의 발단이라는 사실만을 지적

해두는 것으로 만족하자. 결론적으로 인간 이성의 모든 장비와, 이성이 빠진 가상의 근원을 탐구하는 칸트의 방법은 처음부터 끝까지 분석적 절차로 일관하고 있다. 이러한 과제를 수행한 뒤, 칸트는 종합적(체계적 또는 건축술적) 방법을 사용해서 형이상학의 구축을 시도한다.[13]

2. 판단에서의 분석과 종합

칸트는 개념의 정의와 학문 방법으로서의 분석과 종합을 판단에서의 분석과 종합으로부터 구별한다(『형이상학서론』 5절 4:275–6). 분석과 종합을 개념 정의와 학문 방법으로 다룬 예는 『판명성』이란 논문에 분명하게 표현되어 있다. 하지만 판단을 분석판단과 종합판단으로 나눈 것은 『순수이성비판』(1781)에서 그 예를 찾아볼 수 있다. 그런데, 분석판단과 종합판단의 구별에 관한 생각은 1762년 이후 칸트가 쓴 저작에 벌써 나타나 있음을 부인할 수 없다. 디터 헨리히가 적절히 지적하듯이 '논리적' 근거와 구별해서 '실질적' 근거를 말한다든지, 시간과 공간, 그리고 인과성에 관한 논의를 한다든지, '존재 판단'에 관한 개념을 내세운다든지 하는 등에서 분석판단과 종합판단의 구별이 암묵적으로 행해지고 있다.[14] 우리는 여

---

13 H. Heimsoeth, *Transzendentale Dialektik, Ein Kommentar zu Kants Kritik der reinen Vernunft,* Vierte Teil: Die Methodenlehre. Berlin/Newtork: Walter de Gruyter, 1971, 646–48면, 688면 참조; G. Martin, *Arithmetik und Kombinatorik bei Kant.* Berlin/New York: Walter de Gruyter, 1972, 74–102면 참조.

14 D. Henrich, "Kant's Denken 1762/3. Ueber den Ursprung der Unterscheidung analytischer und synthetischer Urteile," in: *Studien zu Kants philosophischer Entwicklung,* H. Heimsoeth, ed., Hildesheim: Georg Olms, 1967, 9–38면; G. Martin, *Immanuel Kant: Ontologie und Wissenschaftstheorie.* Berlin: Walter de Gruyter, 1969, 285–312면 참조.

기서 두 종류의 판단 방식을 구별하는 기준을 간단히 논의하되, 표상적 사유의 본질을 드러내는 한계 안에서 다루어볼 것이다.

분석판단과 종합판단은 주어 개념 속에 술어 개념이 포함되어 있는가, 또는 포함되어 있지 않는가 하는 기준에 따라 결정된다. 술어 개념이 주어 개념 안에 포함되어 있지 않는 판단이 종합판단이다. 따라서 종합판단에는 주어 개념 이외에도 다른 요소가 필요하다. 반면, 분석판단은 술어 개념이 주어 개념 안에 포함되어 있는 판단이다(A6/B10; 『형이상학서론』 2절, 4:266-9; 『형이상학의 진보』 20:322-3; 『발견』 8:228). 라이프니츠의 분석판단 이론과 관련해서 생각해보면 이 기준은 쉽게, 그리고 정확하게 이해될 수 있다.[15] 언제나 참인 판단은, 라이프니츠를 따르면 '사실의 진리'(vérité de fait) 에 관한 판단이 아니라 '이성의 진리'(vérité de raison)에 관한 판단으로, '술어가 주어 속에 담겨 있는'(praedicatum in subjecto esse) 판단이다.[16] 이러한 판단의 예로서 라이프니츠는 수학의 경우를 든다. 모든 수학적 판단은 분석적이다. 예컨대 "삼각형의 세 각의 합은 두 직각과 같다"라는 명제는 라이프니츠를 따르면 분석판단이다. 왜냐하면 이 문장의 술어('두 직각')는 삼각형의 정의 안에 이미 포함되어 있다고 보기 때문이다. 하지만 칸트는 이 명제가 종합판단이라고 주장한다. 왜냐하면 '두 직각'의 개념은 '세 각'이나 '세 변'과 달리 삼각형의 개념 속에 포함되어 있지 않다고 보았기 때문이다. 이와 같은 판단은 삼각형의 구성과 그 판단을 증명할 보조 수단을 통해서만 가능하다(A716/B745). "삼각형의 세 각의 합은 두 직각보다 작다(또는 크다)"는 비(非)유클리드 기하학의 명제는 이렇게 볼 때 논리적으로 모순이 아니다. 왜냐하면 기하학적 판단의 가능성

15 G. Martin, *Leibniz: Logik und Metaphysik*, Berlin: Walter de Gruyter, 1967, 34면 이하.
16 Leibniz, *Monadologie*, 31-35절 참조.

은 라이프니츠의 주장과는 달리 정의와 개념의 분석에 의존하지 않고 판단의 구성 가능성(constructibility)에 의존하고 있기 때문이다. 마르틴를 따르면 칸트의 수학철학은 비유클리드 기하학을 충분히 정당화할 수 있다. 왜냐하면 삼각형이란 개념 자체가 두 직각의 합을 논리적으로 함축하는 것이 아니라 삼각형의 내각의 합은 예컨대 공 위에 그렸을 때처럼 두 직각의 합보다 크거나, 말안장 위에 그렸을 때처럼 구성 가능성을 따라 두 직각의 합보다 작을 수 있기 때문이다.[17]

분석판단과 종합판단은 모순율의 적용으로 참 또는 거짓이 판정될 수 있는가, 또는 모순율로는 불충분한가 하는 것으로 그 구분이 결정된다(A7/B10, A151/B190-191; 『형이상학서론』 4:267; 『형이상학의 진보』 20:323; 『발견』 8:229-230; 『논리학』 36절, 16:111). 이것이 구분의 두 번째 기준이다. 예컨대 "모든 물체는 연장되어 있다"라는 명제는 칸트를 따르면 분석판단이다. 왜냐하면 이 명제의 부정은 모순율을 범하기 때문이다. 칸트는 모순율이 모든 분석적 인식의 '완전하고 충분한 원리'가 될 수 있지만 우리의 모든 인식의 '진리성에 대한 충분한 기준'(A151/B191)은 될 수 없다고 믿었다. 그러므로 '유명한' 볼프와 '현명한' 바움가르텐이 모순율에 의거해서 충족이유율['발생하는 것은 모두 이유가 있다']을 증명하고자 하는 실수를 범했다고 칸트는 지적한다(『형이상학서론』 3절 4:270). 그들의 실수는 형이상학적 판단의 근거를 형이상학 바깥의 순수이성의 법칙에서 찾지 않고 형이상학 자체 '안에서' 찾는 '교의 철학'에서 기인한다. 말하자면 분석판단과 종합판단을 구별할 수 있는 명확한 관점이 여기에 결여되어 있다(『형이상학서론』 3절 4:270). 칸트 이전에는 수학 · 물리학 · 형이상학 같은 학문이 모순율에 근거한 분석판단으로 이루어진 것으로 생각되었다는 사

17 G. Martin, *Immanuel Kant,* 20-22면; R. S. Hartman, 위의 책, 34-35면.

실을 만일 상기하면 두 종류의 판단 사이의 구별이 사실상 '비판철학적 기능'이 있다는 사실을 금방 알 수 있을 것이다.[18]

이미 알고 있는 내용을 '설명하는' 판단이 분석판단이고 지식을 '확장해주는' 판단이 종합판단이다(A7/B11; 『형이상학서론』 4:266-7; 『형이상학의 진보』 20:322-3; 『발견』 8:228). 이것이 분석판단과 종합판단을 구분하는 세 번째 기준이다. 종합판단은 경험을 통하여 사물에 대한 정보를 제공해주는가 하면 분석판단은 우리의 지식 속에 함축된 내용을 명확하게 풀어 해명해준다. 그러므로 분석판단에서는 주어진 것을 떠나 어떤 새로움이 없다면 종합판단에서는 새로움이 언제나 가능하다. 왜냐하면 종합판단에서 우리는 주어 개념을 넘어서 다른 속성들을 찾을 수 있고 이미 알려진 개념에 새로운 것을 덧붙일 수 있기 때문이다. '어떤 것을 넘어간다'(über etwas hinausgehen)는 것과 무엇을 '덧붙인다'(hinzutun)는 것은 종합판단을 하게 되는 주체의 본질적 활동이다. 이러한 '초월' 활동과는 달리, 분석판단의 경우에는, 개념을 '부분 개념들'로 해명하는 활동에 기초해 있다(A7/B11).

이와 관련해서 두 가지 점에 관해 언급을 해두는 것이 좋을 것이다. 첫째, 칸트는 수학의 '공리적' 해석을 제안하고 있다는 사실에 주목해야 한다. 라이프니츠는 수학은 필연적 진리로 구성된 것으로 보고 분석적 방법을 사용하여, 증명할 수 없고 증명이 필요 없는 '제1원리들,' 곧 공리들을 찾아낸다. 이 공리들을 그는 '동일 진술'이라고 부른다.[19] 칸트는 공리를 '목표점'을 보지 않고 '출발점'으로 본다. 수학적 인식은 이미 공리를 전제한다. 그 까닭으로 우리는 적어도 세 가지 이유를 칸트에서 찾아볼 수 있다. 첫째, 수학적 명제는 라이프니츠가 생각했던 것처럼 모순율로부터

18 이 점은 손봉호 교수가 이미 지적한 바 있다 B. H. Son, 앞의 책, 19면 참조.

19 Leibniz, *Monadologie*, 35절 참조.

분석적으로 증명할 수 있는 명제들이 아니다. 둘째, 수학적 명제의 주어와 술어 사이의 연결은, 만일 이 개념들을 분석적으로 이해할 경우, 분석적으로 필연적인 것이 아니다. 다시 말해 개념의 본성에 따라 필연적으로 결합되어야 하는 것이 아니다. 셋째, 수학적 명제의 개념을 종합적으로 볼 때, 수학적 판단은 보편성과 필연성을 얻을 수 있다. 이 세 가지 이유는 수학적 개념의 '구성 가능성'과 연관되어 있다(A732/B760).[20] 그러므로 구성 가능성이 무엇을 뜻하는지, 그 내용이 무엇인지 자세히 살펴볼 필요가 있다.

둘째, 앞에서 종합판단과 관련해서 '초월하는' 행위와의 관련성을 언급하였듯이 종합판단이란 주어진 것, 알려진 것을 벗어나, 그것을 넘어가는 행위라는 점이다. 이런 의미에서의 초월의 근거는 시간이다. 이 속에서 경험은 규정된 경험으로 구성된다. 초월적 통각과 초월적 상상력, 그리고 감각들은 말하자면 여기서 상호 협력 관계를 맺는다. 이것은 곧 도식을 통한 종합이 종합판단 아래 기초로서 깔려 있음을 뜻하기도 한다. 좀 더 구체적으로 말하자면 수학적 인식에서 초월 행위는 구성을 가능케 하는 도식의 기능으로 볼 수 있다고 할 수 있을 것이다. 다음의 논의를 통해서 지금까지 한 얘기가 무엇을 말하는 것인지 좀 더 자세하게 살펴볼 것이다.

3. 수학적 구성과 도상적 사유

수학에서의 구성이 어떻게 가능한지, 그 내용을 살펴보기 전에 다시 한 번 칸트철학에서 일반적인 물음을 상기해보자. 우리는 "학문으로서 형이

---

20 G. Martin, 앞의 책, 18–24면; R. S. Hartman, 앞의 글, 30면 이하 참조.

상학이 어떻게 가능한가?"라는 물음이 칸트철학에서 중요하다는 것을 앞에서 언급하였다. 그런데 이 질문을 던지기 전에, 그리고 이와 연관해서 던진 질문이, "선험적 종합판단이 어떻게 가능한가?"라는 질문임을 우리는 기억한다. 이 물음은, 아직 존재하지 않는 학문으로서의 형이상학의 가능성에 관한 질문과 달리 이미 실재하고 있는 순수 수학의 가능성의 '근거'를 찾아내기 위한 질문이다. 그러나 이러한 '분석적' 또는 '역진적' 질문은 앞에서 이미 살펴보았듯이 수학을 모형으로 해서 형이상학을 설계하자는 것이 아니라 선험적 인식의 원천과 근거를 수학적 지식의 가능 근거를 드러내는 과정에서 함께 드러내자는 목적을 가지고 있다.

칸트는 수학이 '학문의 안전한 길'에 들어설 수 있는 근거는 그것의 방법론적 특성, 곧 '사고방식의 혁명' 때문이었다고 본다. 『순수이성비판』 2판 서문에 나오는 칸트의 구절을 한 번 더 인용해보자.

> 그[기하학자]는 그가 도형에서 본 것이나 또는 도형의 한낱 개념들을 탐색하고, 또한 말하자면 그로부터 도형의 성질들을 알아낼 필요가 없고, 그가 개념들 자체에 따라 선험적으로 집어넣어 생각했고 (구성에 의해) 표시했던 것을 산출해야 함을, 그리고 어떤 것을 안전하게 선험적으로 알기 위해서는 사물에다가 그의 개념에 따라 그가 그 사물 안에 집어넣었던 것으로부터 필연적으로 귀결되는 것 이외에는 아무것도 덧붙여서는 안 된다는 것을 발견했기 때문이다. (BXII)

수학적 인식에서 개념을 규정하는 활동이 다름 아닌 '구성'이다. 구성은 경험과 도형의 형태로부터 개념의 속성을 읽어내는 것이 아니라 오히려 주체의 활동을 따라 개념의 속성을 읽고 해석하는 일이다. 다시 말해 수학적 개념의 인식은 사물의 형태와 경험과 대면함으로써 생기는 것이 아니라 이성 능력에 의해 산출된 '문자' 또는 '기호'(Zeichen)(점 · 선 · 면 ·

수·부호 등)를 통해 개념의 속성들을 읽고 해석함으로써 가능하다는 것이다(A717/B745 참조). 이러한 '읽기'와 '해석'은 경험과 독립된, 곧 주체에 근거한 선험적 활동이기 때문에 칸트는 수학적 인식은 이성의 순수한 산물이며 종합판단들로 구성된 인식라고 본다(『형이상학서론』 6절 4:280).

그러면 어떻게 그러한 구성이 가능한가? 우리는 수학이 모든 학문 가운데서도 가장 형식적인 학문이면서도, 인간 이성의 자발성에 근거해서 현실과 매우 긴밀하게 연관된 학문임을 안다. 예컨대 유클리드 기하학에서 말하는 삼각형은 우리가 현실 속에서 경험하는 구체적인 삼각형, 곧 결코 완전할 수 없는 삼각형을 이상화한 결과가 아니라 세 점을 선으로 연결시켜 현실의 그림을 머릿속에서 가상적으로 그려보는 도상적 사고의 한 형태로 이해해야 할 것이다. '수'에 대해서도 동일하게 말할 수 있다. 우리가 '세 개의 탁자', '세 개의 의자', '세 개의 나무'라고 이야기할 때, 이때 '셋'이라는 숫자는 사물의 성질에 속한 것을 추상화한 결과가 아니다. '셋'은 사물들을 세기 위한, 그리고 사물들에게 형태나 색깔, 크기 등에 상관없이 수적 균등함을 주기 위한 인간 정신의 산물이다. 우리가 가진 경험적인 수 의식은 현실 속에 사물들의 '주어짐'을 전제한다. 그러나 산수학의 수, 대수학의 기호, 그리고 기하학의 도형은 실제 대상을 요구하지 않고 그 자체, 내적 필연성을 가진 순수직관의 장(場)에서 구성 가능할 뿐 아니라 현실을 읽고 해석하고 이해하고 그리고 마침내는 현실을 만들고 통제하기 위한 일종의 '상징체계'로 보는 것이 타당할 것이다. 칸트는 이런 의미에서 수학적 인식을 '구성적' 인식이라고 본다. 장 피아제의 연구는 칸트의 이론을 경험적으로 증명해주었다. 피아제와 마찬가지로, 그리고 피아제에 훨씬 앞서, 수학적 정신의 자발적 활동을 칸트는 '자기활동'(Selbsttätigkeit)이라고 표현한다(B154; A162-3; 『발견』 8:191-2). 고트프리트 마르틴도 공리를 사물의 '본질직관'으로 보는 본질주의에 반대해서 수학, 특히 기하학의 공리적 · 구성적 성격을 '사유의 자유로운 정립'으로 규정짓는 점에서 철저하게 칸트적이다.[21] 칸트가 말하는 '자기활동'이나 마르틴의 '사유의 자유로운 정립'이나 다 같이 수학적 정신의 '구성활동'을 지칭하는 다른 이름에 지나지 않는다.

칸트는 구성에 관해서 다양하게 묘사한다. "개념에 대응하는 직관을 선험적으로 제시하는(앞에 드러내 세우는)(darstellen)" 활동(A713/B741), "대상을 직관 중에 선험적으로 제시하는" 활동(A722/B750; 『형이상학서론』 7절 4:281 참조), "개념을 직관 중에 선험적으로 제시하는 활동", 또는 기하학자가 선험적 방식으로 "개념의 객관적 실질성을 앞에 드러내 세우는 활동"(『형이상학의 진보』 20:325) 등 구성은 다양하게 표현된다. 이처럼 다양한 표현들을 통해서 우리는 구성이 지닌 몇 가지 중요한 특성을 알 수 있다.

구성은 무엇보다도 그 활동을 통해 수학적 개념과, 개념에 대응하는 대상을 동시에 만들어내는 활동이다. 수학적 개념은 '주어진 개념'과 구별해서 '만들어진 개념'이라고 했을 때 칸트가 의도했던 바는, 수학적 개념은 이성의 자발적 생산 활동을 통해 순수직관 중에 제시될 때 이와 동시에 개념으로서 구성된다는 것이다. 대상의 주어짐이나 개념의 선행성보다는 개념에 대응하는 대상을 직관 속에 제시함으로써 개념 자체를 만들어내는 주체의 활동이 여기서 강조된다. 분석판단과 종합판단을 구별할 때 주어 개념과 술어 개념의 포함 관계와 모순율 적용 여부뿐만 아니라 주체의 활동, 곧 주어진 개념 안에 주체가 머물러 있는가, 다시 말해 동일자의 공간 안에서의 자기 운동인가, 아니면 이 공간을 뛰어넘어, 다시 말해 주어진 개념을 '넘어서서', 타자의 공간으로 이행하는 운동인가 하는 점이 여기서 더 중요하게 고려된다.

---

21 G. Martin, 앞의 책, 23면 참조.

구성 활동을 묘사할 때 칸트는 한결같이 독일어로 '다어쉬텔룽'(Darstellung)이란 말을 사용한다. 이 말은 '서술', '제시' 등으로 번역할 수 있겠지만 좀 더 철학적인 의미로는 '앞에 드러내 세움'으로, 한자어로는 '현전화'(現前化)로 번역할 수 있을 것이다. "삼각형의 내각의 합은 두 직각과 같다"라는 명제를 분석판단이 아니라 종합판단이라고 보는 까닭은, 이러한 판단을 성립시키는 근거가 직관 속에서, 다시 말해, 순수 공간 안에서 개념에 대응하는 사태를 직관적으로 볼 수 있도록 '드러내 세움'에 있기 때문이다. '7+5=12'를 종합판단으로 본 것도 같은 맥락에서 이해할 수 있다. 왜냐하면 7과 5를 더해서 12라는 수를 갖는 것은 직관을 수단으로 해서 수를 더해가면서 '앞에 드러내 세우는' 주체의 활동에 의존하고 있기 때문이다(B16; 『형이상학서론』 2절 4:266–9). '종합'과 '구성'은 여기서 사실은 같은 말이다.

구성은 개념에 객관적 실질성을 부여하는 활동이다(『발견』 8:190–1; 『형이상학의 진보』 20:325 참조). 수학적 개념은 그것에 대응하는 대상이 현실 속에 실제로 주어져 있지 않다고 하더라도 상상력을 통해 구성할 수 있다면 실제 대상으로서의 내용('객관적 실질성')을 가질 수 있다. 다시 말해 수학적 개념은 구성을 통해 개념의 의미를 확보한다. '직관 가운데서의 개념의 현전화'는 개념에 '의미'(Sinn und Bedeutung)를 제공해준다(『형이상학서론』 8절 4:281–2). 이러한 의미에서 구성 가능성은 수학적 인식의 의미론적 조건이라고 말할 수 있다. 구성은, 한편으로는 수학적 개념이 의미 있게 사용될 수 있도록 해주며 다른 한편으로는 수학적 지식이 감성적 세계에 한해서 유효할 수 있도록 그 범위를 제한해준다(『형이상학서론』 13절 각주 4:287–294). 그렇다면 구성은 구체적으로 어떻게 수행되는가? 수학적 도식에 관한 논의를 통해 구성의 과정에 관해서 알아보자.

칸트의 텍스트를 읽을 때 우리는 칸트가 말하는 '수학적 도식'이 예컨대 종이나 모래 위에 그린 구체적 그림이 아닌가 하는 인상을 때로는 받게 된다. 원이나 삼각형과 같이 눈으로 볼 수 있는 도형을 종이나 모래 위에 그려놓고서 우리는 그것으로부터 손쉽게 원이나 삼각형이 지닌 보편적 성질을 추론할 수 있다. 이때 종이나 모래 위에 그린 도형은 삼각형이란 도형의 '개별적 경우,' 곧 그 도형의 근본적 성격에 대한 직관을 제공해준다. 산술적 판단의 종합성에 관한 칸트의 논변도 이와 비슷하다. 7과 5의 합이 얼마인가를 알기 위하여 우리는 손가락을 이용할 수 있다. 처음에 손가락 일곱 개를 셈하고 그 다음 다시 다섯 개를 셈한다. 그리하여 12라는 수를 얻어낸다. 칸트의 강조점은 이렇게 하나씩 세어가는 '행위', 덧붙여가는 행위에 있다. 그런데, 우리가 다루는 수란 이토록 작은 수에 한정되는 것이 아니라 무한수에 이르기까지 수없이 많기 때문에 때로는 칸트의 설명이 조롱의 대상이 되기도 한다. 우리가 셈을 할 때 사용하는 손가락이나, 이보다 훨씬 더 뛰어난 주판조차도 하나의 보조수단일 뿐 셈을 하는 데 반드시 있어야 하는 것은 아니기 때문이다. 하지만 칸트를 제대로 이해한다면 이러한 조롱은 근거 없는 것임이 곧 드러날 것이다.

칸트의 수학철학의 기초 개념들이며 현실을 수학적으로 표상하고 생각할 수 있는 방법적 절차를 일컫는 '직관', '구성', 그리고 '도식'은 일차적으로 구체적 도형을 그려서 현실을 감각적으로 눈앞에 드러내 보이는 일에 국한되지 않는다. 구체적인 도형이나 감각적 현전화는 직관 중에서 수학적 개념 구성의 결과 또는 소산으로 주어질 뿐 주체의 근원적인 활동이 아니기 때문이다. 이와 관련해서 칸트가 도상(das Bild)과 도식(das Schema)을 구별하고 있음에 주목할 필요가 있다. 예컨대 종이나 모래에 그린 삼각형(도상)은 우리가 상상력 가운데 그린 삼각형(도식)과 마찬가지로 모두 상상력의 산물이다. 하지만 종이나 모래 위에 그린 삼각형의 도상은 상상력을 통한 수학적 도식 활동의 결과로 산출된 것이다. 도식 작용은 기하학의 구체적인 도상과 산수학과 대수학의 감각적 표상의 바탕이 된다. 감각적으로 볼 수 있는 도상은 구체적인 예시는 될 수 있지만 수학적 구성에서 특별히 우선적인 위치를 갖지는 않는다. 왜냐하면 도식을 산출하는 상상력의 종합은 개개의 직관을 얻어내자는 목적이 아니라 감성을 규정할 때 통일성을 확보해 내자는 목적을 갖고 있기 때문이다(A140/B179). 『순수이성비판』 도식 활동에 관한 장에서 칸트의 말을 들어보자.

> 상상력의 종합은 개별적인 직관이 아니라 감성을 규정함에서 통일만을 의도로 가지고 있으므로, 도식은 도상(圖像)과는 구별되어야 한다. 그래서 만약에 내가 다섯 개의 점들을 차례로 찍는다면 · · · · · 이것은 수 5의 도상이다. 반면에 만약 내가 5도 될 수 있고 100도 될 수 있는 수 일반을 단지 사고한다면 이 사고는 이 도상 자체라기보다는 일정한 개념에 따라 한 양(예컨대 천)을 도상에서 표상하는 방법의 표상(die Vorstellung einer Methode)이다. 1,000의 경우에는 나는 그 도상 자체를 일별하기가 어렵고 그것을 개념과 비교하기가 힘들 터이다. 그래서 나는 한 개념에 그것의 도상을 제공하는 이 상상력의 보편적인 절차 방식의 표상(eine Vorstellung von einem allgemeinen Verfahren der Einbildungskraft)을 이 개념에 대한 도식(das Schema)이라고 부르는 것이다. (A140/B179–180)

수학적 도식의 특성들을 여기서 몇 가지 추론해볼 수 있다. 우선 무엇보다도 앞에서도 미리 말해두었듯이 수학적 도식은 수학적 대상의 도상과는 다르다는 것이다. 도식은 도상처럼 단순한 감각적 표상을 가능케 하는 수단과는 달리 예컨대 삼각형과 관련된다면 다양한 감각적 형태로 표현될 수 있는 삼각형을 한데 묶는, 통일하는 규칙의 성격을 갖는다. 손가락으로 셈을 하건, 머릿속에서 셈을 하건 간에 우리가 구체적으로 셈을 해가는 과정도 상상력에 의해 가능한 수학적 규칙을 따르는 활동이다. 이런 의미에서 도식은 보편적 절차 방식의 표상이며 방법에 대한 표상이다. 수를 배우는 과정에는, 피아제의 연구를 통해 알 수 있듯이 예컨대 콩이나 나뭇조각 같은 수단이 배제되지 않는다. 손으로 만질 수 있고 눈으로 볼 수 있는 개별적인 사물이 수의 개념을 형성하는 과정에 중요한 도구로 사용된다. 하지만 수는 개별적 사물 속에 내재하지 않는다. 그것은 일종의 정신적인 존재로서 학습 주체가 규칙을 따라 사고하는 행위에 근거한다.

앞의 인용문에서 우리는 방법과 상상력의 보편적 절차 방식의 표상인 도식과 개별적인 도형이 완전히 대립된 것은 아님을 읽어낼 수 있다. 도식은 감각적인 도상과는 구별되지만 '순수 도상'으로서 여전히 도상의 성격을 가지고 있다. 도식은 도상과는 달리 개별적이고 구체적인 것은 아니지만 '상상할 수 있는 것,' '구성할 수 있는 것,' 좀 더 감각적인 방식으로 말하자면 '그려낼 수 있는 것'으로 표상된다. 그러나 이러한 도식이 현실 속에 미리 주어져 있는 것은 아니라는 것도 여기에 강조를 해두어야 한다. 수학적 도식은 '사유 속에 있으며'(in Gedanken existieren) '상상력의 규칙'의 표상 속에 있다(A141/B180). 예컨대 '다섯'이라는 숫자는 다섯 개의 점을 통해 그려볼 수 있다. 하지만 이렇게 그린 도상이 곧 도식은 아니다. 도식은 오히려 감각적 그림을 어떻게 구성할 것인가 하는 것에 관한 방법적인 표상이다.

예컨대 '다섯'이란 숫자는 5=1+1+1+1+1=2+1+1+1=2+2+1=3+1+1=4+1의 형식으로, 또는 "숫자 '다섯'은 숫자 '하나'로 부터 더해진 자연수이다"와 같은 명제적 형식으로 표상할 수 있다. 이러한 표상은 경험적으로, 눈으로 볼 수 있는 도상이 아니라 방법적인 것, 곧 머릿속에서, 생각을 통해, 규칙을 따라 그려본 표상이다. 셈을 하려면, 따라서, 이처럼 셈을 하는 규칙을 배워야 한다. 숫자 '천'을 표상해보려고 점을 천 개 그릴 필요는 없다. 왜냐하면 '천'이라는 숫자는 십진법 체계의 규칙, 예컨대 10의 집합을 열 번 더한 다음 그것을 다시 열 번 더하는 것을 알면, 다시 말해 10에다 다시 10을 곱하고, 그렇게 얻은 수 100을 다시 10으로 곱하는 규칙을 알게 되면 실제로 종이 위에 점을 천 개 찍지 않고서도 '천'이라는 수를 표상할 수 있기 때문이다.[22]

그런데 그와 같은 규칙이 어떻게 가능한가? 어떻게 머릿속에서, 생각을 통하여, 그것도 개념적인 것과 구별해서, 그러면서도 감각적이 아닌 방식으로, 무엇을 순전한 규칙으로 그려낼 수 있는가? 줄여서 묻자면, 어떻게 도식이 가능한가? 이 물음에 대하여 칸트는 직접적인 답을 주지 않는다. 그 자신도 확실하게 도식 활동의 가능 근거를 드러낼 수 있다고 생각하지 않는다. 왜냐하면 "현상들과 그것들의 순전한 형식[시간]과 관련해서 우리 지성이 하는 도식 활동은 인간 영혼 깊숙이 숨겨진 기술이어서, 자연이 사용하는 그것의 참된 활동 방식을 우리가 알아내어, 감춤 없이 눈앞에 드러내기가 언제나 어려운 일"이기 때문이다(A141/B180-181). 그럼에도 칸트는 사물을 표상하고 인식하며 상상력을 매개로 하나의 체계로 형성하는 우리 지성의 구성적 활동을 드러낸다. 비록 도식 활동의 원천을 감춤 없이 완전히 드러내지 못한다고 하더라도, 적어도 그 가능성과 구조는 어느 정도 드러낼 수 있다는 확신이 칸트에게 있었다고 보아야 할 것이다. 이것에 대한 좀 더 자세한 논의는 다음 장으로 미룰 수밖에 없다.

위 인용문을 통하여 우리는 도식의 본질적인 특성 가운데 하나를 더 알 수 있다. 그것은 다름 아니라 상상력의 종합은 개개의 직관을 겨냥하는 것이 아니라 감성을 규정할 때 통일성만을 겨냥하기 때문에 수학적 인식

22 H. J. Paton, *Kant's Metaphysic of Experience*, 2권, 32-27면과 34면 각주 2 참조.

은 도식을 매개로 하여 우리가 살고 있는 현실을 오직 양(量, quantitas와 quantum)으로서 규정한다는 사실이다. 현실이 안고 있는 다양성과 현실 자체는 동일한 직관, 곧 시간과 공간 안에서, 수학적 인식에 의해 규정된다. 현실은, 말을 바꾸어 표현하자면, 수적으로 확인되며, 한결같은 공간, 특히 유클리드 기하학의 공간 안에서 배열되고 편성된다. 수학 그 자체는 그 이론을 현실에 대해 실제로 적용할 수 있느냐, 없느냐 하는 물음과는 무관하게 연구될 수 있으나, 수학적 도식은 구성을 가능케 하는 규칙으로서 현실을 수학적으로 파악하는 근거가 되며, 결과적으로 현실을 수학적으로 해석하고 마침내는 기술공학적으로 통제, 이용할 수 있는 근거가 된다. 적어도 칸트의 수학과 물리학 이론에서는 현실에 대한 수학적 이해는 근본적이다. 왜냐하면 사물(res)은 주체성의 초월적 활동에 의해 공간과 시간 가운데 양적인 대상으로 규정되기 때문이다. 대상은 그것이 규정된 대상이 되려면 직관을 통해 먼저 주어져야 한다. 대상은 의식에 의해 확인되려면 공간과 시간 안에서 양적으로 '그려져야'(gebildet)한다. 수학적 도식은, 수학적 개념의 차원에서 보면, 개념을 순수직관 가운데 그려주는 수단이 되고, 현실의 차원에서 보면 현실을 양(量)적으로 그려주는 수단이 된다.

이 장의 논의를 끝내면서 수학과 형이상학의 관계를 구성과 관련해서 언급해두자. 칸트철학은 본질적으로 형이상학을 지향한다. 형이상학에 대한 관심은 앞에서도 여러 번 말했듯이 "학문으로서의 형이상학이 어떻게 가능한가?" 하는 물음으로 정형화된다. 체계적 관점에서 볼 때, 수학적 인식의 정체를 드러냄으로써 선험적 인식의 근거와 기원을 밝혀내보자는 의도가 칸트에게 있었다. 분석판단과 종합판단을 구별할 때 칸트의 궁극 관심은 논리학이나 수학에 있었던 것이 아니라 어떻게 하면 형이상학에서도 믿을 수 있는 지식을 얻어낼 수 있는가 하는 데 있었다. 그러므로 분석판단과 종합판단의 구별은 단순히 논리적 문제를 해결해보고자 한 것이 아니었다. 오히려 논리를 뛰어넘어, 아니면, 논리의 영역 바깥으로 뛰쳐나가, 현실과 관련된 실제적 원리를 찾아보고자 한 충동이 그 배후에 깔려 있었다. 그러므로 종합판단을 말할 때 칸트가 가끔 사용한 '바깥으로 나간다'(hinausgehen)는 표현은 논리를 초월하여, 단순히 개념과 개념의 관계를 초월하여, 다시 말해, 생각을 초월하여, 현실 가운데서 제3의 요소를 찾아보자는 의도를 반영한다. 여기서 칸트의 초월철학이 지닌 성격의 일면을 엿보게 된다. 내재성에 머물지 않고 밖으로의 나감, 타자와의 만남에 대한 충동이 이 속에 있기 때문이다.

선험적 종합적 인식을 위해서는, 그것이 수학과 관련되든 또는 철학과 관련되든 간에 우리는 경험(직관)을 필요로 한다. 그런데 직관의 '주어짐'의 방식은 바로 도식 활동, 곧 개념의 구성과 직관의 규정과 관련되어 있다. 도식에는 이중적 기능이 있다. 도식은, 한편으로는 직관 가운데 개념을 제시하는가 하면 다른 한편으로는 직관을 규정한다. 도식의 이중적 기능은 인간 인식의 두 가지 순수 형식을 전제한다. 감성 형식으로서 시공과 사유의 순수 형식으로서 범주가 그것이다. 수학적 도식이 지닌 두 기능은 범주의 초월적 도식의 기능과 완전하게 일치한다. 하지만 기능적 일치가 있다고 해서 형이상학이 수학적 방법을 모방해야 한다는 뜻은 결코 아니다. 오히려 일치의 근거는 인간 정신의 본성, 곧 대상을 그려내고, 규정하는 정신, 다시 말해 표상적 사유를 본질로 갖는 인간 정신의 '구성성'에 있다고 보아야 할 것이다.

수학적 구성은 인간 정신의 표상적 활동의 한 표현일 뿐이다. 따라서 수학이 다른 모든 학문의 기초가 되어야 한다는 것은 근거가 없다. 수학적 지식 형성의 바탕이 되는 구성 활동, 곧 순수직관 가운데서 대상을 그려내는 작업, 다시 말해, 지성의 도식 활동은 수학적 지식과 전혀 상관없는 형이상학과 관련해서도 유용한 측면을 지녔다는 사실을 칸트가 알아내었다는 것이 중요하다. 수학적 도식 활동 이론은 다른 종류의 도식들을 이해하는 데 유익한 지침을 제공한다. 그럼에도 수학적 도식은 수학적 개념과 직관의 특수한 성격 때문에 한계가 있을 수밖에 없다. 수학적 개념은 철학적 개념과는 확연히 구별된다. 그러므로 철학적 개념의 도식 활동 가능성에 대한 물음은 수학적 도식 활동과는 전혀 다른 내용을 가질 수밖에 없다. 이제 이 문제를 다음 장에서 본격적으로 다루어보자.

제4장
표상적 사유와 도식론

이제 『순수이성비판』의 「순수지성개념의 도식 활동에 관해서」라고 이름 붙인 부분(A137-147/B176-187)을 중심으로 칸트의 도식론의 위치와 역할에 관해 본격적으로 다루어보자. 표상적 사유가 어떻게 자신을 스스로 도구화하며 그것을 통해서 어떻게 자연을 하나의 체계로서, 법칙적으로 다룰 수 있는 지반을 형성하는지, 그 과정이 비교적 구체적으로 드러날 것이다. 먼저 이른바 '제3자'에 관한 물음을 다루어볼 것이다. 제3자에 관한 물음은 전혀 감성적이지 않은 순수지성 개념과 전혀 지성적이지 않은 순수감성 사이의 매개가 어떻게 가능한가 하는 물음에서 출현한 것이다. 이 물음은 앞에서 다룬 종합판단의 가능성과 밀접하게 연관되어 있다. 도식을 매개로 순수지성 개념을 감성과 연관시키는 방식은 앞으로 보겠지만 수학적 구성과 일종의 유비적 관계를 맺는다.

그런데 매개 문제를 칸트는 '포섭'의 문제로 제기한다. 칸트가 사용한 대부분의 개념과 마찬가지로 칸트는 새로운 개념을 만들지 않고 전통 논리학에서 사용하던 개념을 끌어와 쓴다. 비교적 명성이 높았던 크리스천 가르베조차도 이해할 수 없을 정도로 칸트철학은 그 당시 사람들에게는 거의 혁명적이라고 할 만큼 새로운 것이었는데도 불구하고 그가 쓴 용어는 사실 낡고도 오래된 것들이었다. 이것이 아마도 오해의 근원이 되었을지도 모른다. 칸트는 새 포도주를 새 부대에 담기보다는 오히려 낡은 부대에 담았기 때문에 그것이 그의 철학을 당대 사람들에게 이해시키는 데 장벽이 되었다. 철학자가 새로운 어휘를 빚어 사용하는 것은 언어에 대한 월권행위라고 칸트는 생각했기 때문에 이미 죽은 말이 된 용어를 되살리고 현존하는 어휘에 새로운 의미를 부여하는 방식으로 그의 철학을 전개해나갔다(A312/B369 참조). 앞으로 논의하게 될 '포섭', '적용', '도식', '객관적 실질성', '의미' 등, 이 모든 것들이 사실은 전혀 새로운 어휘가 아니었지만 이들을 통하여 칸트는 새롭게 문제를 제기하고, 새롭게 문제를 해결해나간다. 그러므로 우리의 논의에서는 이렇게 낡은 용어들이 어떻게 새롭게 사용되는지, 그것을 밝히는데 힘을 좀 쏟을 것이다. 큰 철학자를 읽을 때 대개 그렇듯이 칸트를 읽을 때도 그가 사용하는 철학적 언어의 배경과 그가 이루어놓은 혁신을 동시에 고려하지 않으면 안 되기 때문이다.

먼저 '포섭'이라는 용어의 형식 논리적 의미와 초월적 의미를 구별한 다음 칸트가 『형이상학서론』에서 하고 있는 '지각판단'과 '경험판단'의 구별을 통해 '포섭'의 문제를 논의해볼 것이다. 그리고 이어서 이른바 '비판 이전'의 시기에 '도식'이란 용어가 어떻게 사용되었는지 그 이전의 역사를 배경으로 논의해볼 것이다(4장). 이 작업이 어느 정도 된 다음에는 장을 바꾸어 초월적 도식론의 기원과 성격을 상상력의 세 가지 종류의 종합적 기능을 통해 논의해볼 것이다(5장). 이러한 논의를 통해 '도상', '도식', '초월적 도식'을 구별하는 근거가 무엇인지, 좀 더 분명히 이해해볼 수 있을 것이다. 그리고 다시 장을 바꾸어 포섭의 문제와 짝을 이루는 '적용'의 문제를 논의할 것이다(6장). 적용의 문제는 본질적으로 범주의 '의미'와 범주의 '객관적 실질성'에 관한 문제와 관련되므로 이 논의를 통하여 칸트의 의미론을 구성해볼 것이다.

그리고 이어서 다시 새롭게 장을 바꾸어 칸트철학에 나타난 '매개'의 문제와 해결을 다룰 것이다(7장). 매개의 개념을 통해 인간 이성의 표상적·구성적 성격이 분명히 드러날 것이다. 이성은 지식에 대한 건축술적 구조의 일반 설계도를 가질 수 있지만 이러한 체계가 현실적으로 구축되기 위해서는 규칙이 있어야 한다. 주어진 재료와 일반적인 설계도만으로는 자연의 체계가 세워질 수 없다. 그러므로 주어진 재료와 일반적 설계도 사이에 매개자가 있어야만 한다. 칸트의 '이성의 후생 체계'는 이 문제와 연관되어 있음을 밝힐 것이다.

1. 경험과 포섭의 문제

우리가 일상적으로 하는 판단들은 『형이상학서론』을 보면 '지각판단'과 '경험판단'으로 구별된다. 이렇게 나누는 기준은 보편성과 필연성이다. 예컨대 '이 방은 덥다', '이 설탕은 달다' 또는 '햇볕이 쬐면 이 돌은 따뜻하게 된다' 등의 경우는 '지각판단'이라 부른다. 왜냐하면 이 판단들은 개별적이며 특정한 상황에 의존한 지각을 표현하고 있기 때문이다. 이러한 판단은 '이 방'과 '덥다', '이 설탕'과 '달다' 또는 '돌에 햇볕의 쬐임'과 돌의 '따스함' 등 우연한 상황에서 개별적인 사물이 서로 관련되어 있음을 말해준다(『형이상학서론』 18-19절, 4:297-9). 이러한 판단들은 현상들의 반복된 지각을 통해 도출된다. 그러나 만일 내가 '태양은 돌을 따뜻하게 만든다'라고 말한다면, 태양과 돌의 온기는 필연적으로 연관되고 따라서 이 판단은 '경험판단'이 된다. 여기서 지각은 단순히 주어진 상황 속에서, 그 상황에서 만나는 우연한 지각을 표현하는데 멈추지 않고 사태의 보편 필연적 표상을 통해서 경험으로 탈바꿈 한다(『형이상학서론』 20절, 4:300-2 참조). 이러한 판단은 지각하는 주체와 상황에 따라 우연적으로 내리는 판단과는 달리, 언제 · 어디서 · 누구에게나 타당한 '보편 필연적인' 판단이 된다(『형이상학서론』 19절, 4:298-9).

지각판단은 개인적 · 상황적 지각이 범주의 보편적 규칙 아래 포섭될 때 경험판단으로 전환된다. 사적 주체는 공적 주체, 곧 범주가 '자리' 잡고 있는 '의식 일반'(Bewusstsein überhaupt)에 포섭된다(『형이상학서론』 20절, 4:300-2 참조).[1] 범주는 일반적 규칙을 표상하며 대상 지각과 그것의 연관은 이 규칙 아래서 보편 필연적 타당성을 얻는다. 여기서 핵심이 되는 것은 지각 경험이 객관적 경험이 되기 위해는 범주 아래 포섭되어야만 한다는 것이다. 지각은 그 자체로는 '감각 인상의 집합물'(『형이상학서론』 26절, 4:308-311) 또는 '지각의 광상곡'(A156/B195)에 지나지 않는다. 그러나 객관적 경험은 단순한 재료들의 집합물이 아니라 명료하게 조직된 체계요 잘 지어진 하나의 '집', 곧 '경험의 집'(das Haus der Erfahrung)이다(『형이상학서론』 33절, 4:315-6). 이러한 맥락에서 보면 범주 아래 지각을 포섭하는 과정은 일종의 '경험의 집'을 지어가는 과정이다.

칸트는 이것을 또한 텍스트를 만드는 과정에 비유한다. 그런데, 칸트에 앞서 아우구스티누스가 이미 자연을 하나의 책이요 텍스트로 보았다. 아우구스티누스는 『시편 강해』에서 이렇게 말한다.

하나님의 책은 여러분들이 귀담아 들어야 할 책입니다. 여러분들이 눈으로 관찰

---

1 경험판단 자체가 정말 보편 필연적인지, 그리고 '이 방은 덥다'와 같은 판단이 정말 사적이며 개별적인지 하는 물음이 제기될 수 있다. '더움'은 점진적으로 다르게 지각되는 현상일 터이지만 이러한 문장은 언어에 의해 조건지워진 공적 지각을 표현한다고 할 수 있다.

해야 할 책은 우주의 책입니다. 성경은 읽을 수 있고 쓸 줄 아는 사람만이 읽을 수 있지만 우주의 책은 누구나, 글자를 모르는 사람조차도 읽을 수 있습니다.[2]

눈을 제대로 뜨고 우주 만물을 바라보는 사람은, 글자를 배우지 못한 사람이라도 자연의 책을 읽을 수 있기 때문에 그 방대함과 질서와 아름다움을 발견하고, 그 모든 것을 가능하게 한 하나님의 지혜와 능력을 인식할 수 있다는 말이다. 이 책은 이미 씌어져 있고, 이미 펼쳐져 있다. 그런데 칸트가 본 '자연의 책'은 미리부터 씌어진 것이 아니라 인간이 쓰고 읽고, 그것을 해석해야 할 책이다. 이 점에서 칸트의 생각은 아우구스티누스와 본질적으로 구별된다. 자연의 책은, 아우구스티누스에게서는 인간이 그것을 이해하든, 하지 못하든 간에, 그 자체로 창조주가 의미 있게 쓴 책이다. 그러므로 하나님이 지은 책인 자연은 그것을 읽을 눈이 있는 사람이면 누구나 읽을 수 있다. 하지만 칸트에 이르러 이제는 책 자체를 쓰는 일이 인간 지성에게 맡겨지게 되었다. 지성은 자연을 접하면서 그것을 이해 가능한 하나의 텍스트로 만들어야 할 과제에 직면한다. 그런데 무엇으로 자연을 의미 있게 읽을 텍스트로 만드는가?

칸트는 『형이상학서론』에서 범주에 대해서 "현상들을 경험으로 읽을 수 있도록 그들을 철자화하는 데"(Erscheinungen buchstabieren, um sie als Erfahrung lesen zu können) 사용된다고 말한다(『형이상학서론』 30절, 4:312-3). '철자화'란 자연에 특정한 이름을 주는 것뿐 아니라 자연을 체계적으로 읽기 위해 내적으로 연관된 구조를 자연에게 제공해주는 것을 뜻한다. 이런 의미에서의 '철자화'라는 용어를 칸트는 아마도 요한 게오르크 하만

2 St. Augutstinus, *Enarrationes in Psalmos* 45, 7(PL 36, 518): "Liber tibi sit pagina divina, ut haec audias; liber tibi sit orbis terrarum, ut haec videas. In istis codicibus non ea legunt, nisi qui litteras noverunt; in toto mundo legat et idiota."

에게서 빌려왔을 것이다.[3] 그런데 칸트에서 중요한 것은 "현상을 경험으로 읽기 위해 철자화한다"고 할 때 경험은 자연과 완전히 일치한다는 것이다. 왜냐하면 지성이 자연에게 법칙을 '미리 써'(vorschreiben)주기 때문이다.[4] 여기서 범주는 현상을 하나의 경험의 체계로서 일관되고 의미 있게 읽기 위해 텍스트를 만드는 규칙이다. 이 규칙으로 자연을 포섭하는 활동은 구체적으로 철자화를 해나가는 과정이다. '집'과 '텍스트'의 비유가 얼마만큼 포섭과 도식 활동 이론과 관련되는지는 뒤에 '체계'와 '약자(略字)'(Monogram) 개념을 다시 논의할 때 좀 더 보게 될 것이다.

『형이상학서론』은 포섭의 문제를 거의 자명한 것으로 다룬다. 하지만 『순수이성비판』에서는 그렇지 않다(A137/B176 참조). '포섭'은 칸트 당시까지만 하더라도 소전제를 대전제 아래 가져가는 판단 활동을 의미하였다.[5] "모든 인간은 죽는다. 소크라테스는 인간이다. 그러므로 소크라테스는 죽는다"는 삼단논법을 예로 들어보자. 전통 논리학의 설명을 따르면 '소크라테스는 죽는다'는 결론은 소전제를 대전제의 일반적 조건 아래로 포섭함으로써 가능하다. 이 경우, 소전제의 주어 '소크라테스'와 대전제의 술어 '죽는다'는 '인간'이라는 매개 개념을 통해 이어진다(A304/B360-361; 『논리학』 58절, 16:120-121 참조). 소전제의 주어 '소크라테스'는 매개 개념 '인간'을 통해 대전제의 주어('모든 인간') 아래 포섭되어 대전제의 술어('죽는다')를 자신의 술어로 삼게 된다.

---

3 하만이 이 용어를 썼을 때는 철저히 유신론적인 의미를 가졌다. 하나님이 곧 글 쓰는 분이며 창조는 그의 언어라는 입장을 하만은 보였다. 자세한 논의는 Frederick C. Beiser, *The Fate of Reason. German Philosophy from Kant to Fichte*. Cambridge, Massachussets & London, England: Harvard University Press, 1987, 16-43면 참조.

4 『형이상학서론』 36절 4:320: "Der Verstand schöpft seine Gesetze nicht aus der Natur, sondern schreibt sie dieser vor."

5 CH. Wolff, *Philosophia rationalis sive logica*, 362절 참조.

도식 활동 문제가 '포섭'의 문제로 접근된 것은 많은 논란과 오해를 자아내었다. 20세기 초반 도식 활동 이론을 연구했던 초케는 이것을 볼프 학파의 논리학에 기초한 '교의주의의 잔재'로 본다. 볼프 학파에서는 종합의 문제를 단지 개념들의 포섭이란 관점에서 생각하였다.[6] 또 다른 연구자인 쿠르티우스는 포섭의 문제는 논리적 문제인 데 반해, 도식 활동 문제는 인식론적 문제인 종합의 문제를 다루고 있다고 보고, 칸트의 도식 활동 문제는 '포섭-도식 활동'보다는 '종합-도식 활동'이라고 보아야 할 것이라는 제안을 하기도 한다.[7] 하지만 칸트가 문제 삼고 있는 포섭의 문제는 인식론적일 뿐만 아니라 근본적으로는 존재론적 문제라고 보아야 옳다. 왜 그러냐 하면 포섭의 문제는 인간 인식 능력과 현실 사이의 필연적인 일치를 문제 삼고 있기 때문이다. 칸트의 말을 들어보자.

> 대상이 개념 속에 포섭되려면 언제든지 대상의 표상이 개념과 동종적이어야 한다. 다시 말하면 개념은 그 아래 포섭되는 대상이 표상하는 것을 포함해야 한다. (A137/B176)

여기서 칸트는 개념과 대상 표상의 동종성(同種性)을 확보하기 위해서 포섭의 문제를 제기한다. 포섭의 문제는 파르메니데스 이래 서양철학의 근간을 이룬 존재와 사유의 일치 문제에 그 연원을 두고 있다. 여기서 우리는 이렇게 물어볼 수 있다. 왜 칸트는 포섭의 관점에서 존재와 사유의 동종성을 접근하는가? 아니, 왜 동종성이 그렇게 문제가 되는가?

---

6 W. Zschocke, "Uber Kants Lehre von Schematismus der reinen Vernunft," in: *Kant-Studien* 12(1907), 173-74면.

7 E. R. Curtius, "Das Schematismuskapitel in der Kritik der reinen Vernunft," in: *Kant-Studien* 19(1904), 363면.

먼저 첫 번째 물음부터 살펴보자. 왜 칸트는 존재와 사유의 동종성을 포섭의 문제를 통해 접근하는가? 첫째, 칸트가 논리학에서 사용하는 용어인 '포섭'을 사용한 까닭은 「초월적 분석론」이 고전적인 형식 논리의 구조로 되어 있기 때문으로 보인다(A130/B169 이하; A304/360). 하지만 서술 방법으로서 형식 논리의 순서를 따랐다고 하더라도 칸트는 '논리적' 포섭과 '초월적' 포섭을 분명히 구별한다. 칸트가 의도한 포섭의 문제는 대상 인식에 관해 다루는 초월 논리학에서만 가능한 문제였다.[8] 형식 논리학은 "사용되고 있는 인식의 특수한 성질을 고려하지 않고 다만 이성의 활동을 그 구성요소들로 분해함으로써"(A131/B170) '분석적 부분에서 이성의 규준'일 뿐, 어떤 것이 주어진 규칙에 속하느냐 않느냐를 판별할 수 있는 규칙을 제공해주지 않는다(A132/B171). 왜냐하면 형식 논리는 인식의 모든 내용은 사상(捨象)하고 있기 때문이다. 그러므로 칸트는 초월철학의 특수성에 대해서 다음과 같이 말한다.

> 초월철학은 순수지성개념에 주어진 규칙(또는 오히려 규칙에 대한 보편적 조건) 외에 이 규칙이 적용되어야 할 경우(der Fall)를 선험적으로 제시할 수 있는 특성을 가지고 있다. (A135/B174-175)

둘째, 논리적 포섭과 초월적 포섭은 동종성을 요구하는 점에서 유사점이 있다. 하위 개념을 상위 개념 아래로 가져가는 논리적 포섭은 동일률을 따라 가능하다. 동일률을 따르면 상위 개념과 하위 개념은 '같은 종류로'(동종적으로) 생각될 수 있어야 한다.[9] 논리적인 경우와는 달리 경험과

8 칸트는 1797년 12월 11일 티프트룬크(H. Tieftrunk)에게 보낸 편지에서 논리적 포섭과 대립적인 의미에서 '초월적 포섭'에 대해서 분명하게 이야기하고 있다(『편지』 12:225).

9 같은 곳.

순수지성 개념 사이에는 그와 같은 동종성을 곧장 얻어낼 수 없다. 개념과 경험은 내용상으로는 서로 종류가 다르다. 이런 이유 때문에 경험을 개념 아래 직접 포섭한다는 것은 불가능하다. 그러므로 만일 이 두 사이에 포섭 관계가 발생해야 한다면 서로 다른 요소를 결합할 수 있는 '매개개념'(terminus intermedius)이 있어야 한다.[10] 이 점에서 논리적 포섭은 판단의 논리적 형식이 순수지성 개념의 발견에 열쇠가 되듯이 초월적 포섭, 곧 인간 인식의 두 요소의 종합을 이해하는 데 좋은 열쇠가 된다. 판단은 여기서 단순히 논리적 절차에 그치지 않고 본질적으로는 현실과 사유(개념)의 필연적 일치의 문제이기도 하다.

두 번째 물음을 생각해보자. 왜 동종성이 문제되는가? 이 물음에 대해서는 짧은 대답을 할 수밖에 없다. 동종성이 필요한 것은 감성과 지성의 이원성 때문이다. 만일 현실이 인간 지성의 산물이라면, 피히테가 생각한 것처럼 자아의 대응물은 필연적으로 '생산적 자아'와 동종적일 수밖에 없다. 하지만 칸트는 현실이란 인간에게 주어진 것이지 인간이 그 자체를 생산해낸 것은 아니라고 본다. 이와는 달리, 만일 인간 이성과 개념적 사유가 단지 현실에 대한 반영 또는 모사일 뿐이라면 동종성의 문제는 전혀 문제로 등장하지 않는다. 칸트는 감성과 지성의 이원성을 전제하면서 인식의 두 이종적(異種的) 요소 간의 상호작용이 어떠한 공통 근거를 가지고 있는가 하는 것을 밝히고자 한다. 포섭과 관련해서 적용의 문제를 함께 생각해보자.

---

10 같은 곳; 『논리학』 62절 16:122–3 참조.

2. 포섭과 적용

「도식 활동」 장에서 칸트는 '포섭'의 문제와 범주를 현상에 '적용'하는 문제를 같은 문제로 다룬다.

> 그런데 순수지성개념들은 경험적(정말로 도대체가 감성적인) 직관들과 비교해볼 때 전혀 동종적이 아니고, 결코 어떠한 직관에서도 마주칠 수가 없다. 그렇다면, 어떻게 후자가 전자에 포섭되는 일이, 그러니까 범주가 현상들에 적용되는 일이 가능한가? (A137/B176)

여기서 곧장 드러나는 것은 "어떻게 현상들이 범주에 포섭되는 일이 가능한가?" 하는 물음은 "어떻게 범주가 현상들에 적용되는 일이 가능한가?" 하는 물음과 같은 물음이라는 사실이다. 포섭의 문제는 곧 적용의 문제이다. 따라서 포섭의 규칙은 적용의 규칙이다. 포섭의 규칙과 적용의 규칙을 한가지로 보는 까닭은 본질적으로 칸트의 초월철학의 기본적 성격과 관련해 있다. 초월철학은 자연에 대한 사유의 보편적 규칙을 정립할 뿐 아니라 이 규칙이 적용될 수 있는 특정한 상황을 제시하고자 한다. 감성 또는 지성 가운데 한 측면만을 지지한 경험론과 이성론을 피하기 위해서 칸트는 사유(개념)와 존재(현상)의 이원성을 옹호한다. 포섭과 적용이 문제되는 상황은 그러므로 라이프니츠와 로크에 대한 논박을 살펴보면 쉽게 이해된다. 라이프니츠는 "현상을 지성화"하였다(A271/B327). 그러므로 오직 지성적 개념을 통해서 현상과 사물자체를 인식할 수 있다. "현상의 지성화"는 감성과 지성 사이에 존재하는 질적 차이를 간과한 데서 기인한다. 감성은 라이프니츠에게 있어서 단지 '혼란된 표상'일 뿐이었다(A270/B326). 이와는 반대로 로크는 개념적 활동은 궁극적으로 감성적 경험에 그 기원을 두고 있다고 보았기 때문에 지성 개념을 모두 '감성화'해 버렸다(A270/B326).

칸트는 한편으로 이성주의에 대항하여 현상을 구제하고, 다른 한편으로는 경험주의에 대항하여 지성을 보호하고자 한다. 그 결과, 감성과 지성의 질적 차이와 아울러 구조적 통일성을 동시에 강조하게 된다. 초월철학은 어느 한 측으로 편향된 지성화나 감성화를 지지하지 않는다. 오히려 감성과 지성, 현상과 개념 사이의 '쌍방 통행'이 있음을 칸트는 보여주고자 한다. "내용 없는 사유는 공허하고, 개념 없는 직관은 맹목적"이라는 인구(人口)에 회자(膾炙)되는 구절 다음에, 칸트가 곧장 이어 하는 말이 무엇인지 주목해보아야 한다.

> 내용 없는 사유는 공허하고, 개념 없는 직관은 맹목적이다. 그러므로 우리의 개념을 감성화하는 일(Begriffe sinnlich zu machen)(직관 중에서 개념에 그 대상을 부여하는 일)이 필연적인 것과 마찬가지로, 직관을 지성화하는 일(Anschauungen verständlich zu machen)(직관을 개념 아래 가져가는 일)도 필연적이다. 이 두 능력 또는 자질은 서로 그 기능을 바꿀 수 없는 것이다. 지성은 아무것도 직관할 수 없고 감관은 아무것도 사유할 수 없다. 오직 양자의 결합을 통해서만이 인식은 발생할 수 있다. (A51/B75-76)

포섭과 적용은, '직관(현상)의 지성화' 과정, 곧 대상을 개념 아래로 가져가는 일이며 동시에 '개념의 감성화', 곧 직관 중에서 개념에 대상을 부여하는 일이다. 로텐스트라히의 말을 빌리자면 포섭은 '아래에서 위로' 올라가는 절차이고, 적용은 '위에서 아래로' 내려오는 절차이다.[11] 초월적 도식을 수단으로 쌍방향의 소통이 가능하게 된다. 칸트는 이렇게 쓰고 있다.

한편으로 범주와 다른 한편으로 현상과 동종적인, 그래서 전자가 후자에 적용될 수 있게 하는 제3자가 있어야 할 것이 분명하다. 이 매개적인 표상(diese vermittelnde Vorstellung)은 모든 경험적인 것이 없이 순수해야 하며, 한편으로 지성적이고 다른 한편으로 감성적이어야 한다. 이런 것이 초월적 도식의 표상이다. (A138/B177)

순수지성 개념 아래 현상을 포섭하고, 현상에 순수지성 개념을 적용하기 위해서 칸트는 서로 다른 극단인 현상(지성)과 개념(지성) 사이의 '매개 개념'으로 기능할 수 있는 제3의 것을 요구한다. '쌍방 통행'을 가능케 하는 '매개 개념'에 대한 요구는 일상적 의사소통 상황을 통해서도 직관적으로 통용될 뿐 아니라 서구 인식론과 논리학의 전통에서 그 깊은 뿌리를 찾을 수 있다. 예컨대 서로 다른 언어가 통용되는 상황에는 두 언어를 동시에 알고 있는 매개자(통역자)가 있어야 한다. 만일 그렇지 않은 경우에는 서로가 이해할 수 있는 또 다른 공통 기반이 있어야 한다. 사물과의 의사소통에도 동일한 방식이 요구된다. 사물의 요소들을 알기 위해서는 사물과 모종의 요소를 공유해야 한다는 생각은 인류 역사에서 꽤 오래된 생각이다. 이러한 요구를 한 까닭은 "동일자는 동일자에 의해서 알려질 수 있다"고 생각했기 때문이다.[12] "모든 인식은 인식 대상과 인식 주체의 동화(同化)를 통해 발생한다"(omnis cognitio fit per assimilationem cognoscentis cogniti)고 본 토마스 아퀴나스의 사상에도 이러한 생각이 배어 있다.[13] 현

11 이스라엘 히브류 대학의 로텐스트라이히(N. Rotenstreich)는 "초월적 연역은 위에서 아래로, 곧 개념에서 재료로의 절차인 반면 도식론은 아래에서 위로, 곧 재료에서 개념으로의 절차"라고 지적한다. 하지만 그는 칸트의 도식 활동이 이중적 방향을 가지고 있다는 사실을 보지 못했다. N. Rotenstreich, *Experience and its Systematization. Studies in Kant*, The Hague: Martinus Nijhoff, 1972 참조.

12 Aristotle, *De Anima*, 404b, 로스역 13-15면, 17-18면 참조.

대 사상가 가운데 장 피아제는 '동화'(assimiliation)와 '적응'(accomodation)이란 개념을 통해 이와 같은 인식론을 가장 정교하게 발전시켰다.[14]

매개자의 특성에 관한 유사한 생각은 그리스도교 신학에서도 발견된다. 여기서 신과 인간의 매개자는, 칼케돈 회의(381년)의 형식을 따르자면 신성(神性)과 인간성을 동시에 갖춘 '참된 신, 참된 인간'(vere Deus, vere homo)이다. 토마스 아퀴나스는 이 매개 개념을 다음과 같은 논리적인 개념으로 표현한다.

> 이렇게 말할 수 있다. 한편으로 신이며 다른 한편으로 인간일 때 그리스도는 양극(兩極)의 항, 곧 신과 인간 사이의 매개자이다. 왜냐하면 매개는 양극 항이 지니고 있는 것을 지니고 있어야 하기 때문이다.[15]

매개자에 대한 신학적 관념이, 지성적이면서도 동시에 감성적인 매개 표상을 필요로 하고 있는 칸트철학에 직접 영향을 주었는지는 확실치 않다. 그러나 적어도 그와 같은 사고 형성에 영향을 주었을 가능성은 배제할 수 없다.

---

13 Thomas Aquinas, *Summa contra Gentiles*, lib. 2, cap. 1xxvii.

14 J. Piaget, *Le structualisme*. Paris: PUF, 1968 참조.

15 C. Spicq, "Mediation", in: *Dictionaire de la Bible*, L, Pirot et al., ed., Paris: Le Tourey et Ané, 1957, 5권 1043면 참조. 네덜란드의 신학자 헤르만 바빙크(Herman Bavinck)는 그리스도 안에서 신과 인간, 양자가 표상된다는 점을 강조한다. 그리스도는 외부로부터 온 제3자가 아니라는 것이다. H. Bavinck, *Gereformeerde Dogmatiek. Kampen: Kok*, 1928, 3권 347면; 같은 책, 421면 이하 참조. 칼 바르트는 그리스도의 신인(神人) 양성보다는 그리스도 안에서 일어난 신의 행위를 강조한다. Karl Barth, *Die Kirchliche Dogmatik*. Zürich: Evangelischer Verlag A. G. Zollikon, 1953, IV/I, 133면 이하 참조. 매개에 관한 신학적 개념은 칸트의 제3자의 관념과 유사하다. 첫째, 도식은 제3자이다. 그러나 그것은 밖에서 오는 것이 아니라 안에서 온다는 점에서 그러하며, 둘째, 도식의 매개 작업은 객관적 영역에서 발생하는 인간의 구성적 활동에 근거한다는 점에서 그러하다.

3. '도식'이란 말의 뜻

칸트의 도식 활동 이론을 세밀하게 분석하기에 앞서 '도식'이란 용어의 의미가 무엇인지 먼저 살펴두는 것이 좋을 것이다. 이러한 논의를 통해서 칸트가 자신의 문제를 '도식'이란 이름으로 해결책을 제시한 이유가 무엇인지 어느 정도 짐작해볼 수 있다. '도식'으로 번역되는 서양어는 그리스 말에 근원을 두고 있기 때문에 먼저 그리스 문헌에서 '도식'이 어떤 의미로 쓰였는지 간략하게 살펴보고 이어서 아리스토텔레스가 사용한 의미, 그리고 다발이 설명하고 있는 도식의 종교적 의미를 추적해볼 것이다. 그리고 마지막으로 칸트의 『교수취임논문』(1770)에서 '도식'이 사용된 용법을 살펴볼 것이다.

쉬나이더를 따르면 '도식'(schēma) 또는 '도식 활동'(schēmatizein)은 그리스 전통에서는 감관에 의해 지각될 수 있는 외적 형식 또는 구조를 의미할 뿐, 사유를 통해 접근할 수 있는 내적 질서의 원리를 뜻하지 않았다.[16] '도식'은 춤출 때의 모습 또는 '춤의 꼴', 태도, 자세(Haltung, habitus), 삶의 태도, 의복, 의관 또는 수사학적 형식, 기하학적 도형 또는 국가의 형태(플라톤의 경우) 등을 의미한다.[17] '도식'은 말과 더불어 미메시스(mimēsis)의 두 가지 방식 중의 하나인 '몸짓'과 관련된 말이다.[18] '도식'은 겉으로 볼 수 있는 어떤 것과 관련이 있음을 여기서 알 수 있다.

아리스토텔레스는 '도식'(또는 '도식 활동')을 기하학적 도형, 삼단논법의

---

16 J. Schneider, "schēma, metaschēmatizo," in: *Theologisches Wörterbuch zum neuen Testament*(Kittel), vol. VII, 954면 이하 참조.

17 같은 곳.

18 Plato, *Republic* 393d 이하, 397b; H. Koller, "Darstellung," in: *Historisches Wörterbuch der Philosophie*, vol. V. 1396–99면 참조.

형식, 묘사, 일의 진행 계획 등을 가리키는 말로 사용한다.[19] 그런데 아리스토텔레스의 『형이상학』 가운데는 칸트와 관련해 볼 때 매우 흥미로운 구절이 있다. 질료와 형상의 관계를 논의하면서 아리스토텔레스는 다음과 같이 말한다.

> 이제 같은 방식으로 우리는 질료를 기체라고 부른다. 두 번째는 형상이고, 세 번째는 이 둘의 결합이다. 질료란 예컨대 청동을 뜻한다. 형상은 이데아의 도식이며, 이 두 가지의 결합이 구체적인 사물이다.[20]

아리스토텔레스는 '형상'(morphē)을 '이데아의 도식'(to schēma tēs ideas)이라고 부른다. 어떤 조각상의 형상은 그 조각상이 어떻게 만들어져야 할 것인가 하는 '이데아의 도식', 곧 생각의 청사진이요 도표라는 것이다. 조각가는 이것을 따라 일정한 재료(예컨대, 청동)를 사용해서 구체적인 조각상을 만든다. 이렇게 보면 도식이 결코 내적 질서의 원리를 뜻하지 않는다고 보는 쉬나이더의 주장에는 한계가 있다. 도식은 여기서 마침내는 감성화되고, 구체화되고, 현실화되는 형식적 구조라고 해야 할 것이다. 이러한 형식적 구조에 의해 (조각상의) 질료는 구체적인 형태를 얻는다. 도식의 이러한 의미는 칸트의 용법과도 비슷하다. 그럼에도 두 철학자 사이에는 차이가 있다. 아리스토텔레스는 '도식'을 감각과 지성의 매개로 생각하지 않았으며, 또한 그 자체로는 '감성화' 또는 '외면화'의 절차도 아니다. 그것은 오히려 '설계도,' '도표' 또는 '청사진'을 뜻한다. 아리스토텔레스에 있어서 감각과 지성의 연결은 도식보다는 상상력에 의존

---

19 Aristotle, *Analytica Prior*, I, 4, 26b, 26–31면; Aristotle, *Metaphysica*, 4, 28, 1024b.
20 같은 책, 6, 3, 1029a, 4면.

한다. 오히려 이 관점이 도식을 "그 자체로 언제나 상상력의 산물"로 보는 칸트의 생각으로 이어진다.[21]

두 가지 측면이 여기에 두드러지게 보인다. 첫째, 지각 가능한 외적 그림이나 형태와는 다른, 심적 그림을 일컬어 도식이라고 부른다는 것이다. '관념의 도식'은 예술가가 자신의 생각을 구체적으로 실현시키는 일종의 청사진이다. 둘째, 도식은 여기서 테오리아(theoria), 프락시스(praxis), 그리고 포이에시스(poiēsis)의 삼분법을 따르면 포이에시스의 영역, 곧 노동과 제작 영역에 속한다는 것이다. 조각가는 형상 곧 설계도를 따라 상을 조각한다. 이때, 가공되지 않은 자연의 재료가 형상을 수단으로 문화적 대상으로 변형된다. 예술가는 형상과 질료 사이의 상호작용을 가능케 하는 일종의 매개자이다.

'도식'의 개념을 정립하는 데는 그리스 철학의 전통 외에도 그리스도교 전통이 중요한 역할을 해준다. 사도 바울은 『필립보인들에게 보낸 편지』에서 이렇게 말한다.

> 여러분은 그리스도 예수께서 지니셨던 마음을 여러분의 마음으로 간직하십시오. 그리스도 예수는 하나님의 형상을 가지신 분이지만, 굳이 하나님과 동등한 존재가 되려 하지 않으시고, 오히려 당신의 것을 다 내어놓고 종의 형상을 취하셔서 우리와 똑같은 인간이 되셨습니다. (필립보 2:7)

여기서 '우리와 똑같은 인간이 되셨다'는 말을 그리스어 원문(schēmati

21 "Phantasia gar heteron kai aisthēseos dianoias"(Aristotle, De Anima, 427b, 로스역 14면). 칸트의 도식 개념이 아리스토텔레스에게서 온 것일 가능성이 높다는 승계호 교수의 언급은 어느 정도 수긍할 수 있다. 하지만 그 외 전통에 대해서 그는 침묵한다. T. K. Seung, *Kant. A Guide for the Perplexed*(London & New York: Continuum, 2007), 54–61면 참조.

heureis hōs anthropos)에 충실하게 직역하면 '인간의 모습으로 오셨다'가 더 나을 것이다. '사람과 같은 모습'이라는 표현은 그리스도는 본체로는 원래 하나님이나 겸손의 표시로 자신을 비워 사람과 같은 종(從)의 모습으로 이 땅에 나타났다는 것이다. 이것을 신학에서는 케노시스(kenosis), 곧 '비우심'이라고 부른다. 로제 다발이 추정한 대로 도식의 뜻이 비감성적인 것에서 감성적인 형태로의 변형이라는 견해가 옳을 수 있음을 보여주는 예라고 할 수 있다.[22] '도식'은 여기서 인간으로서 예수 그리스도의 나타남의 방식(Erscheinungweise)이다.[23] 다발은 그리스도교 전통의 종교 문학작품에서 '도식화함'은 '감각 가능한 형상을 가지게 됨'(prendre la forme sensible), 곧 비가시적인 것에서 가시적인 것으로의 변화, 가상적인 것에서 감각적인 것으로의 전이, 정신적인 것에서 감각적인 것으로의 변형을 의미한다고 지적한다.[24]

도식의 의미는 역사적으로 볼 때 이렇게 기하학적 형태나 청사진, 또는 칸트의 용법에 영향을 준 것으로 보이는 비감성적인 것의 감성화 등으로 변모해왔다. 칸트는 1770년 『교수취임논문』으로 발표한 글에서 '도식'이

---

22 다발은 도식의 그 밖의 세 가지 의미에 대해서 언급하고 있다. 1) 베이컨에 있어서 '잠재적인 도식론'은 과학적 발견의 목적인 숨겨진 구조를 의미한다. 2) 라이프니츠에 있어서 '상위 도식론'은 한 형태에서 다른 형태로의 변형 내지 전이를 의미한다(1687년 4월 30일에 아르노[Arnault]에게 보낸 편지). 3) 볼프에 있어서 도식은 기하학적 도형이란 뜻으로 사용된다(같은 곳). 그리스 철학에서도 도식은 기하학적 도형이란 뜻으로 사용되었는데, 이러한 의미는 칸트를 해석하는데 열쇠가 된다. 그러나 칸트는 결코 기하학의 구체적인 도형을 도식이라고 하지는 않았다. 오히려 수학에 있어서 도식은 기하학적 도형을 구성하기 위한 절차적 규칙을 의미한다.

23 J. Schneider, "Schēma, metaschēmatizo," in: *Theologisches Woerterbuch zum Neuen Testament*. G. Friederich, ed., vol. VII, 957면; G. Braumann, "Schēma," in: *Theologisches Begriffslexikon zum Neuen Testament*, L. Coenen et al(eds.), Wuppertal: Brockhaus, 1969, vol. I, 542–43면 참조.

24 R. Daval, *La nétaphysique de Kant*, 7면, 93–101면, 175면.

란 말을 세 번 사용한다(4절, 13절, 15절 2:393, 398, 403). 감각적 인식의 두 요소, 곧 질료(감각작용)와 형상(감각의 형상)에 관해 논의하면서 칸트는 다음과 같이 쓰고 있다.

> 표상의 **형상**은 감각되는 것 가운데서 어떤 대상이나 관계를 확실하게 증거한다. 그러나 그 자체는 말하자면 대상의 윤곽을 드러내거나 그려주는 그림(adumbratio aut schema obiecti)이 아니라 대상의 현존으로부터 유래하는 감각적 지각들을 서로 연결시키는, 지성 속에 내재하는 모종의 법칙이다. (『교수취임논문』 4절, 2:393) [강조: 인용자]

여기서 도식은 윤곽 또는 일종의 도상을 뜻한다. '도식'이란 단어가 두 번째 출현하는 곳에서는 시간과 공간과 관련이 있다. "인간의 감각적 인식에 있어서 그밖에, 절대적으로 우선적이고 보편적이며 동시에 도식들과 조건들(schemata et conditiones)인 현상적 영역의 형식적 원리는 이름하여 시간과 공간 두 가지다"(『교수취임논문』 13절, 2:398). 세 번째 쓰인 경우는 공간과 관련되어 있다.

> 공간은 객관적이며 실재하는 것이 아니고, 실체도 사건도 관계도 아니다. 그것은 모든 외적 감각과 조화하는 도식으로서(veluti schema omnia omnino externe sensa sibi coordinandi) 정신의 본성으로부터 고정된 법칙에 의해 발생하는 것이다. (『교수취임논문』 15절, 2:403)

마지막 두 인용문에서 도식은 '윤곽'이나 '스케치'라기보다는 인간의 모든 감각인식의 '조건'을 표현한다. 시간과 공간은 '도식과 조건'으로서 "그 안에서 물리학의 대상들이 자신들의 위치를 찾는 '절대적인 전체'이다.” 하지만 이것은 뉴턴이 의미한 바와는 다르다. “왜냐하면 시간과 공간은 마음의 본래적인 감성 형식이며 신의 감각 중추나 그릇이 아니기 때문이다.”[25] 시간과 공간은 동시적인 사물의 질서와 연속적 상태도 아니다. “왜냐하면 이것들은 사물들의 직관적 표상의 조건들이며,” 라이프니츠가 생각했던 것처럼 “비의존적인 실체들의 관계가 아니기 때문이다.”[26] 시간과 공간 중에는 모든 현상이 담기지만 그렇다고 해서 시간과 공간은 ‘그릇’이 아니다. 시간과 공간은 대상들을 드러낸다. 모든 감각인식의 ‘도식과 조건’으로서 시간과 공간의 관념은, 『순수이성비판』에 나타난 칸트의 생각, 곧 공간은 외감의 모든 대상의 ‘순수 도상’이며 시간은 모든 대상 일반의 ‘순수 도상’(A142/B182)이라는 생각을 미리 보여준다. 그럼에도 감성과 지성의 매개자로서의 도식은 여기에 언급되어 있지 않다. 『교수취임논문』에서는 매개자의 문제가 하나의 철학적 문제로 아직 등장하지 않았기 때문이다. 감성화의 절차로서의 도식의 이념도 이 시기에는 아직 나타나지 않는다.

『교수취임논문』에서 칸트는 감성화를 나타내는 말로 ‘도식’을 쓰는 대신 ‘전형’(典型) 또는 ‘예표’(豫表, Typus)란 표현을 쓴다. ‘전형’ 또는 ‘예표’란 말은 신학에서 사용해왔다. 예컨대 이스라엘 백성은 신의 백성의 ‘예표’이며 유월절 어린 양은 그리스도의 ‘예표’이다.[27] 칸트는 『실천이성비판』에서 자연법칙이 도덕법칙을 표상할 수 있는 모형이 될 수 있다는 의미에서 ‘전형’ 또는 ‘예표’라는 표현을 쓴다. 예컨대 자유의 관념은 지성적 세계에 속하기 때문에 감성을 통해 직접적으로 직관되지 않는다. 그

---

25 R. P. Wolff, *Kant's Theory of Mental Activity*. Cambridge, Massachusettes: Havard University Press, 1963, 18면.

26 같은 곳.

27 H. J. Paton, *The Categorical Imperative. A Study in Kant's Moral Philosophy*. London: Hutchinson, 1947, 160–61면.

러나 자연법칙은 도덕법칙의 '전형' 또는 '예표'라는 칸트의 생각은 이러한 유비를 통해 간접적으로(상징적으로) 자유의 이념이 제시될 수 있음을 함축한다.[28]

『교수취임논문』에서 칸트는 "공간은 시간을 선에 의해, 그리고 시간의 한계(순간)를 점으로 표시함으로써 심지어 시간 자체 개념의 전형(예표)으로 사용된다"(『교수취임논문』 15절 보충, 2:405)고 말한다. 말하자면 공간은, 볼 수 없고 지각할 수 없는 시간이 공간적인 것, 곧 선(지속적 성격)과 점(순간적 성격)을 통해 구체화하고 감각화할 수 있는 '유비' 또는 '전형'이다(A33/B50 참조).

요컨대, 『순수이성비판』에서 발전시킨 도식의 의미는 칸트의 독창적인 생각을 반영한다. 이것은 비감성적인 것, 지각할 수 없는 것의 감성화 또는 구체화를 뜻할 뿐 아니라 경험의 구조화와 체계화도 뜻한다. 물론 『순수이성비판』과 『판단력비판』(59절 5:351–4)에서는 앞의 의미를 더 강조하고 있는 것이 사실이다. 그럼에도 칸트의 '도식'이란 말은 전통적 쓰임새와 관계가 없지 않다. 감성화(그리스도가 인간이 됨, 악마가 매혹적인 여자의 모습으로 나타남 등)로서의 도식의 종교적 의미는 칸트의 도식 관념과 직접적으로 연관되어 있는 것으로 보인다. 아리스토텔레스는 '도식'을 전문 용어로 사용하지는 않았지만 그 밑에 깔려 있는 뜻인 윤곽, 청사진, 또는 형식적 구조 등의 관념은 칸트의 쓰임새와 관련이 있는 것으로 보인다. 조각가는 자신이 가진 관념(형상)을 따라 청동을 이용해 조각상을 만든다. 이와 마찬가지로 인간 이성은 주어진 재료로부터 체계로서의 세계를 구성한다. 칸트에 있어서 도식 활동은 구성의 과정이다. 이 구성의 과정을

28 『실천이성비판』 5:69 이하; B. H. Son, *Science and Person*, 39면 참조; G. Krüger, *Philosophie und Moral in der Kantischen Kritik*, 79–89면 참조.

통해 인간 이성은 자신의 관념을 실현하고 현실을 시간과 공간 안에서 구축한다. 이제 그 도식이 어떤 방식으로 생산되는지, 도식과 상상력의 관계를 통해서 알아보자. 표상적 사유가 어떻게 내밀하게 형성되는지 그 속을 들여다보게 될 것이다.

제5장
상상력과 도식 활동

『순수이성비판』에서 칸트는 초월적 도식을 다양한 방식으로 서술한다. 대표적인 경우만 몇 가지 열거해보자.

1. 초월적 도식은 시간과 관련해서 '초월적 시간 규정'(A138/B177)이며, 범주들의 네 그룹(수량 · 성질 · 관계 · 존재방식)의 순서에 따라 '시간 계열, 시간 내용, 시간 순서, 시간 종합'(A145/B185)이다.
2. 초월적 도식은 범주의 경험적 사용을 실현하고 동시에 제한하는 '감성의 형식적 순수 조건'(A140/B179)이다.
3. 초월적 도식은 '순수지성 개념의 도식'(A140/B179)이다.
4. 초월적 도식은 '상상력의 도식'(A141/B180)이며, 직관을 규정하는 '상상력의 종합 규칙'(A141/B180)이다.
5. 초월적 도식은 그 자체로 늘 '상상력의 산물'(A140/B179)이며 경험을 철자화하는 데 쓰이는 '상상력의 약자(Monogram)'(A142/B180)이다.
6. 초월적 도식은 경험적인 개념의 그림이나 수학적인 도식과 구별해서 단지 '순수 종합'(A142/B 180)에 지나지 않는다.

7. 초월적 도식은 내감 일반의 규정에 관여한다(A145/B179).
8. 초월적 도식은 범주를 대상에 관계시키고 범주가 의미를 갖도록 만드는 조건이다(A 145-146/B185).
9. 초월적 도식은 범주의 도식이요 상상력의 도식일 뿐만 아니라 '감성의 도식'(A146/B185)이다. 따라서 도식은 현상계에만 적용된다.
10. 초월적 도식은 순수지성개념에게 대상과의 관계, 곧 의미를 부여하는 유일하고 참된 조건이다(A146/B185).
11. 초월적 도식은 그것을 통해 무엇이 주어질 수 있는 '판단력의 조건'이다. 만일 이 조건이 충족되지 않으면 모든 포섭은 실패한다(A247/B304).

초월적 도식의 이러한 다양한 특징들로부터 우리는 세 가지 주된 요점을 간추려볼 수 있다. 첫째, 초월적 도식은 시간과 관련되며 그 자체 항상 상상력의 산물(A140/B179)이다. 둘째, 초월적 도식은 현상에 지성 개념을 적용하고(실현하고) 제한하는 의미론적 규칙이다. 셋째, 초월적 도식은 개념에 대응하는 대상이 '주어지는' 조건이다. 초월적 도식의 기원과 기능에 대한 진정한 이해를 얻기 위해서는 먼저 다양한 형태로 활동하는 상상력을 분석해야 할 뿐만 아니라 초월적 도식이 순전히 임의적인 환상으로 전락하지 않도록 하기 위해서 상상력과 지성의 협력을 보여줄 수 있어야 한다. 상상력과 지성의 상호 협력이 중요한 까닭은 도식은 그 자체로 상상력의 산물이지만 언제나 지성의 일반 규칙에 따라 움직여야 하고 지성도 실제 내용을 얻기 위해서는 상상력과 도식을 필요로 하기 때문이다.

칸트를 따르면 경험 가능성의 조건을 포함하는 원천에는 세 가지가 있다. 감각, 상상력, 그리고 통각이 그것이다. 이 세 가지는 결코 어느 하나로 환원될 수 없다(A79/B104 참조). 이 가운데서 상상력이 가진 기능은 가

장 근원적 뜻에서의 '종합'하는 일이다.[1]

> 종합이란 것은, 앞으로 우리가 보게 되듯이, 영혼의 맹목적인, 그럼에도 불가결한 한 기능인, 그러나 우리가 드물게 어쩌다 한 번 의식할 뿐인, 상상력의 순전한 작용 결과이다. 그러나 이 기능이 없다면, 우리는 도무지 아무런 인식도 가지지 못할 터이다. (A78/B103)

상상력에 의해 이루어지는 종합은—통각의 개념적 종합과 달리— 감관에 주어진 다양들을 한곳에 모으는 일이다. 상상력은 말하자면 감각(감성)과 통각(지성)을 매개하는 능력이다. 이와 관련해서 칸트는 다음과 같이 말한다.

> 두 끝인 감성과 지성은 상상력의 이 초월적 기능을 매개로 해서 필연적으로 결합해야 한다. 그렇지 않으면, 감성이 현상을 제공하겠지만, 경험적 인식의 어떤 대상도, 따라서 어떠한 경험도 제공하지 못할 터이니 말이다.[2] (A124)

---

1 칸트에서 상상력에 관해서는 H. Mörchen, *Die Einbildungskraft bei Kant*. Tübingen: M. Niemeyer, 1970(원래는 E. Husserl [ed.], *Jahrbuch für Philosophie und Phänomenologische Forschung*, Bd. XI, 1930, 311-495면으로 출판되었다); A. H. Trebels, *Einbildungskraft und Spiel*. Bonn: Bouvier, 1967; M. Heidegger, *Kant und das Problem der Metaphysik*. Frankfurt a. M.: Klostermann, 1973[4]; M. Heidegger, *Phänomemologische Interpretation von Kants Kritik der reinen Vernunft*. Frankfurt a. M.: Klostermann, 1977; H. de Vleeschauwer, *La déduction transcendentale*. Antwerpen: De Sikkel/The Hague: Martinus Nijhof/Paris: Campion, 1936, vol. II; Mary Warnock, *Imagination*. London/Boston: Faber, 1976; H. J. Paton, *Kant's Metaphysic of Experience*, vol. I; Sarah L. Gibbons, *Kant's Theory of Imagination. Bridging Gaps in Judgemnent and Experience*. Oxford: Clarendon, 1994 참조.

2 하이데거의 해석은 다른 방식으로는 가치가 있기는 하지만 객관적 지식을 구성하는 두 요소, 곧 감성과 지성의 '공통 뿌리'로 상상력을 해석하는 데는 문제가 없지 않다.

상상력의 종합은 시간과 공간 중의 다양의 종합에 제한될 뿐 아니라 시간과 공간의 선험적 규정에도 관여한다. 시간과 공간은 감각적 지각의 대상이 아니라 오히려 나타나는 모든 사물의 선험적 형식이다. 그럼에도 불구하고 학문(산수학과 기하학)의 대상으로서의 시간과 공간은 상상력의 종합에 의해 표상되고 규정되어야 한다. 상상력의 종합은 경험적 자아를 규정하는 데 없어서는 안 될 필수적 요소이다. 상상력은 초월적 시간 규정(초월적 도식)에 의한 내감의 규정을 통해 경험적 주체성을 구성한다. 이 세 가지 종류의 종합은 각각 세 가지 종류의 도식과 관련된다. 경험적 도식(도상), 수학적 도식(구성의 규칙), 그리고 초월적 도식(시간 규정)이 그것이다. 이제 이것을 차례로 살펴보자.

1. 상상력, 다양의 종합, 도상

다양한 것들의 표상은, 외적 사물에서 유래하든 내적 원인으로부터 산출되든 간에 칸트를 따르면 언제나 감각을 통해 주어진다(A99-A120). 감각을 통해 주어진 것들이 경험의 대상이 되기 위해서는 하나로 모아지고 묶어져야 한다(A77/B103). 이것들은 모두 시간, 곧 내감의 형식적 조건에 귀속된다(A99). 시간 중에서 표상들은 질서를 얻고, 결합되고 다른 것들과 관계를 가지게 된다(A99). 시간은, 그 안에서 사물 표상의 다양이 질서를 얻고 결합되는, 말하자면 초월적 '지평'이다. 이 지평 안에서 감각, 상상력, 그리고 지성의 협력이 가능하다. 칸트는 「초월적 연역」 두 번째 절(1판)에서 감각을 통해 주어진 다양을 질서지우고 연결시키는 활동을 '세 겹의 종합'(die dreifache Synthesis)(A97)이라는 이름으로 분석한다. 세 겹의 종합이란 직관에서의 포착(捕捉, Apprehension)의 종합, 상상력에서의 재생(再生, Reproduktion)의 종합, 개념에서의 인지(認知, Rekognition)의 종합을 말한다(A98–A 110). 상상력은 세 겹의 종합에서 감각 지각과 개념을 서로 연결시켜주는 역할을 맡고 있다.

포착의 종합과 재생의 종합은 상상력의 활동에 귀속된다. 감관을 통해 주어진 다양을 종합할 때 포착과 재생은 일차적인 일을 맡는다. 포착의 종합은 주어진 것을 한순간 포착하면서 동시에 그것을 계기적으로 표상하는 종합이다(A99; A162/B203–A163/B204 참조). 여기에는 시간 규정이 그 바탕에 깔려 있다. 왜냐하면 감각을 통해 주어진 다양은 "만일 마음이 인상들의 계기 가운데 시간을 전후로 구별하지 못한다면"(A99) 다양을 다양으로서 표상할 수 없기 때문이다. 다양을 다양으로서 표상하는 일은, 상상력에 의해 감관을 통해 주어진 것을 포착하고 그것을 계기적으로 총괄함으로써, 곧 시간에 근거한 포착을 통해서 이루어진다.[3]

다양의 순간적인 집어올림과 계기적 표상은 재생의 종합을 필요로 한다. 재생의 종합은 과거와 현재의 포착을 연결한다. 심지어 대상이 앞에 없을 때조차도 다양의 재생은 현실 자체의 본성이라고 할 수 있는 '현상의 재생 가능성'(A102)을 전제한다. 하지만 우리에게 현상되는 현실은 사물자체가 아니라 '순수한 우리 표상들의 놀이'로서 결국에는 내감의 규정에 귀결된다(A101). '상상력의 초월적 종합'은 현상의 재생 가능성과 '모든 경험의 가능성'(A101)을 조건 짓는다. 왜냐하면 "우리의 가장 순수한 선험적 직관들까지도 재생산의 일관된 종합을 가능하게 하는 다양의 결합을 포함하지 않는 한, 어떠한 인식도 제공하지 못하기"(A101) 때문이

3 "먼저 다양한 것을 훑어봄이 필요하고, 다음에 훑어본 것을 결합함이 필요하다. 이런 작용을 나는 '포착의 종합'이라고 부른다. 왜냐하면 이러한 종합은 직접 직관과 관계하기 때문이다. 직관은 물론 다양성을 띠지만 그러나 여기서 작용하는 종합 능력이 없으면 다양은 다양으로서, 그러면서도 하나의 표상 속에 포함된 것으로서 표상되지 않는다"(A99).

다. 상상력의 재생 종합은 우리의 마음(Gemüt)이 "한 지각에서 다른 지각으로 옮아갔을 때 다음 지각에서 먼저 지각을 상기하며, 그렇게 해서 지각의 모든 계열을 제시"(A121)하도록 한다. 그러나 표상들이 마치 우연히 마주치듯이 아무런 구별 없이 재생산된다면 표상들의 '무규칙적인 쌓임' 만이 있게 될 것이다(A121). 그러므로 표상을 서로 연합할 수 있는 규칙이 있어야 한다. 이 규칙은 여전히 주관적이고 경험적일 수밖에 없다(A121). 그럼에도 일정한 규칙에 따라 연합된 표상들은 여전히 '무규정적이고 우연적인' 표상으로 남아 있고(A122) 현상의 표상은 아직 '체계'(전체, das Ganze)를 형성하지 못한다(A103).

전체로서의 경험의 체계화를 위해서는 현상의 '친화성'의 규칙, 곧 모든 연합의 객관적 근거가 필요하다. 이 규칙은 통각의 통일에 뿌리를 두고 있다(A122).[4] 칸트는 통각의 통일 속에서 현상의 모든 보편적 규칙이 제한된다고 생각했는데, 바로 이 통각의 통일이 포착의 종합과 재생의 종합에 필연성을 부여한다(A104; A106 참조). 다시 말해, 현상의 다양의 표상은 모든 표상을 통일시키는 개념들에 의해 '인지된다.' 범주가 '자리'(Sitz)(『형이상학서론』 20절 4:300-2)를 잡는 곳은 초월적 통각, 곧 '순수하고 근원적이며 불변하는 의식'(A107)이다. 이 자기의식(지성)은 가능한 경험대상을 자연(自然)으로 규정하는 사유 · 개념 · 규칙, 그리고 법칙의 원천이다. 자연은, 질료적으로는 '현상들의 집합'(A114)에 불과하며 형식적으로는 '합법칙성'(A126)이다(『형이상학서론』 14-17절, 4:294-7; 36절, 318-320 참조). 여기서 인간 지성은 현상의 비교를 통해 규칙을 만들어내는 능력일 뿐 아니라 그 자체 '자연의 입법자'(A127)로 등장한다. 지성의 입법에 근

4 페이튼은 '현상의 친화성'을 '법칙 영속성' 또는 '자연의 한결같음'으로 해석한다. H. J Paton, 위의 책, vol. I, 444면 이하 참조.

거하는 자연의 체계는, 칸트를 따르면, 완전하게 순수지성 개념의 체계와 일치한다(A80/B106).[5]

전체로서 또는 자연의 체계로서 경험을 체계화하는 데는 이중(二重)의 운동이 있다는 사실에 우리는 주목을 해보아야 한다. 이중 운동이란 아래에서 위로, 위에서 아래로의 운동을 말한다. 우리는 감각과 상상력으로는 경험의 체계화가 완벽하게 수행될 수 없다는 사실을 앞에서 확인할 수 있었다. 다양의 표상은 자연의 최종적 입법자인 초월적 통각의 개념적 종합 안에서 '인지'되어야 한다. 감각 지각과 다양의 종합 자체에는 전체성의 개념이 없다. 전체성의 이념은 개념적이며 이론적인 요청에서 나온다. 이 요청은 경험을 체계로 조직할 때 목적론적 규칙으로 기능한다. 뒤집어 생각해도 상황은 동일하다. 만일 감관을 통하여 다양한 것이 주어지지 않는다면, 그리고 상상력에 의해 포착과 재생의 종합이 이루어지지 않는다면 전체성의 이념은 실현될 수 없다. 상상력은 감성적이면서도 지성적인, 이중적 성격으로 인해 경험 체계를 실현하는 데 기여한다. 상상력은 감각에 의존하면서도 동시에 지성에 의존하는 성격을 가진다.[6] 상상력이 종합하는 재료는 감각이 제공하고, 상상력에 의해 종합된 재료는 전체성의 이념에 의해 통일된다. 통일의 궁극적 근거는 지성이다. 상상력은, 건축에 비유하자면, 주어진 재료를 가지고 건축가의 설계도를 따라 집을 짓는 시공자와 같다. 여기서 우리는 상상력의 필수 불가결한 기능을 볼 수 있다. 아

5 세 겹의 종합에 대한 자세한 분석은 H. J. Paton, 같은 책, 348-545면과 H. de Vleeschauwer, 위의 책, vol. II, 258-93면을 참조할 것.

6 "감성적 직관의 다양을 결합하는 것은 상상력이고, 이 상상력은 그것의 지성적 종합의 통일에 관해서는 지성에 의존하고, 그 포착의 다양에 관해서는 감성에 의존한다"(B167). '초월적 연역' 2판의 이 말은 1판에도 역시 유효하다. 상상력은 인간 영혼의 '기본 능력'(das Grundvermögen)으로서 모종의 독립성을 갖는다. 상상력이 감각과 지성에 다 같이 의존적이라는 사실은 상상력의 독립성을 해치지 않는다. 의존성은 오히려 상상력이 필수불가결함을 보여주는 표시라고 할 수 있다.

무리 값비싼 재료와 설계도가 있을지라도 실제 건축 작업 없이는 집이 설 수 없듯이 감각을 통한 재료와 지성의 설계도가 있더라도 상상력의 작동이 없다면 '경험의 집', 곧 경험의 체계는 형성되지가 않는다.

상상력의 활동 가운데 가장 기본적인 활동은 감각적 도상(Bild)을 생산해내는 일이다.[7] 도상의 원천에 대한 논란, 곧 도상이 감각에서 오는가, 아니면 마음의 지적 기능에서 오는가 하는 문제는 주장이 서로 엇갈리지만 아리스토텔레스 이후로 상상력(phantasia, imaginatio)은 감각과 지성 사이에 위치하는 도상을 생산하는 능력으로 생각되어왔다.[8] 상상력은 포착과 재생의 종합을 통해 현상의 다양을 개념을 통해 인지할 수 있는 통일적 도상으로 만든다(A120 참조). 가령, 나는 '집'이라는 대상을, 시공 중의 다양한 면들의 포착을 통하여 일정한 형태로 그려볼 수 있다(B162 참조). 이렇게 하나의 개념을 표상할 수 있는 그림을 칸트는 '개념의 도식'이라고 부른다(A140/B 179). 이러한 개념(경험적 개념)의 도식은 개념의 종합인 '지적 종합'과는 달리 '형상적 종합', 곧 그림을 통한 종합의 산물로서 '도상 도식'이라고 할 수 있는데(B151) 이것은 예컨대 종이 위에 그린 하나의 개별적인 그림과는 구별된다.

이 때문에 칸트는 대상의 형상은 경험적 개념에 도달하지 못한다고 본다. 경험적 개념은 우리의 직관을 규정하는 규칙으로서의 '상상력의 도식'과 언제나 직접 관계한다(A141/B180). 상상력의 도식이 경험적 개념에

7 독일어로 상상력은 Einbildungskraft이다. 독일어를 보면 여타의 언어에서 볼 수 없는 함의가 드러난다. 첫째, 상상력은 힘(Kraft)이다. 힘은 상상하는 활동의 원천이다. 둘째, 상상력은 보이는 것이든 보이지 않는 것이든 그림을 형성한다(einbilden). 셋째, 상상력은 Bildung, 곧 형성, 교화, 교육 또는 문화를 암시한다.

8 Aristotle, *De Anima*, III, 42면 이하; J.H. Trede, "Einbildung/Einbildungskraft," in: J. Ritter(ed.), *Historisches Wörterbuch der Philosophie*, Basel/Stuttgart: Schwabe, 1972, Bd. II, 346면 이하.

기여할 수 있는 까닭은 상상력의 종합은 개개의 직관을 위한 것이 아니라 감성을 규정할 때 통일성만을 겨냥하기 때문이다(A140/B179). 예컨대 상상력의 도식은 구체적으로 표상될 수 있는 개개의 가능한 형상에 제한받지 않고 ('개'의 개념을 따라) 네 다리를 가진 짐승의 형태를 표상하거나 그릴 수 있다(A141/B180). 하지만 상상력의 도식은 '공통된 특징을 통한 표상'(repraesentatio per notas communes)인 개념 자체와는 다른, 늘 직관을 규정하는 규칙을 표상하는 '도상 도식'이다.

상상력의 활동을 '그리기'(zeichnen)(B162), '묘사하기'(verzeichnen)(A141/B180; A163/B203), '표시하기'(bezeichnen) (A142/B181), '쓰기'(beschreiben)(B154) 등으로 기술하고 있는 것은 이런 점에서 매우 흥미롭다. 칸트가 '도식'을 '상상력의 약자(Monogram)'(A142/B181)라고 부른 까닭을 이러한 배경을 통해 비로소 이해할 수 있다. 상상력의 '그리기' 또는 '쓰기' 작업은 결국에는 현상을 경험으로 읽을 수 있기 위해 '철자화'하는 규칙인 범주와 관련해서 현상을 통해 주어진 다양한 것들을 하나의 읽을 수 있는 텍스트로 '철자화' 또는 '텍스트화'하는 일이다. 현실은 이미 씌어진 텍스트가 아닐 뿐더러 감각적 지각조차도 현실을 읽을 수 있는 텍스트로 쓰지 못한다. 오직 다양한 것을 '포착하고'(aufnehmen), '훑어보고'(durchlaufen), '모으고'(zusammennehmen), '결합'(verknüfen)할 때만이 현실을 그리고 묘사하고 표시하고 마침내는 체계적인 그림으로 그려낼 수 있다. 상상력은, 프리드리히 카울바하의 표현을 빌리자면 일종의 '초월적 손'이다. 이 손으로 현실은 범주의 보편적 규칙을 '따라' 인간의 '언어'로 쓴 하나의 텍스트가 된다.[9]

---

9 F. Kaulbach, *Philosophie der Beschreibung*. Köln: Bohlau, 1968, 291면 이하.

2. 상상력, 시간과 공간 구성, 수학적 도식

상상력은 현상의 다양의 종합, 곧 다양의 종합을 통각의 종합적 통일로 가져감으로써 경험의 체계를 형성하는 데 기여할 뿐 아니라 시간과 공간의 표상, 곧 현상이 그 안에 담길 수 있는 초월적 지평을 구성한다. 특히 공간 구성은 기하학의 기초와 관계 있다. 현실은 공간 구성을 통해 기하학적으로 해석된다. 시간 구성은 수 의식과 운동에 대한 의식의 기초와 관련된다. 시간은 그러나 좀 더 근본적으로 경험적 주체성의 구성, 곧 내감의 규정과 관계된다. 내감의 규정이 어떻게 발생하는가 하는 것을 알기 위해서 우리는 상상력과 내감의 규정 사이의 관련을 생각해보아야 한다.

칸트는 상상력을 대상의 부재에도 불구하고 대상에 대한 직관을 생산하는 능력으로 정의하면서 이것을 두 가지로 구분한다. 하나는 '생산적 상상력'이고 다른 하나는 '재생적 상상력'이다. 생산적 상상력은 대상을 근원적으로 제시하는 능력(exhibitio originaria)이며, 그렇기 때문에 경험에 선행한다. 재생적 상상력은 이전에 가졌던 경험적 직관을 기억과 연상을 통해 다시 제시해내는 능력(exhibitio derivata)이다(『인간학』 7:167). 생산적 상상력과 관련해서 "시간과 공간의 순수직관의 근원적 제시"(『인간학』 7:167 참조)라고 칸트가 말하고 있음에 주목할 필요가 있다. 어떻게 상상력이 시간과 공간의 순수직관을 제시하는가?

칸트 체계 안에서 보면 경험적 감각 자체는 시간과 공간을 제시할 수도 없을 뿐 아니라 규정할 수도 없다. 왜냐하면 감각은 대상의 '주어짐'을 전제해야만 하고, 주어진 대상에 의해 촉발되기 때문이다. 그런데 시간과 공간은 의자나 책상처럼 감각적 경험을 통해 지각될 수 있는 대상이 아니다. 시간과 공간은 경험 대상처럼 주어져 있지 않다. 그렇다고 해서 지성을 통해 시간과 공간을 만들어낼 수 있는 것도 아니다. 왜냐하면 지성은 개념과 규칙의 능력으로 단지 사유의 형식만을 포함하고 있고 무엇인가 질료로서 주어질 때 대상으로 다룰 수 있을 뿐이기 때문이다. 그래서 칸트는 시간과 공간을 표상하는 작업을 상상력, 곧 '근원적 제시'(exhibitio originaria, die ursprüngliche Darstellung)의 능력에 떠맡긴다. 그렇다면 상상력의 이러한 '근원적 제시'는 무로부터 시간과 공간을 창조해내는 것인가? 칸트는 그렇게 생각하지 않는다.[10]

시간과 공간은 칸트를 따르면 외적 경험으로부터 이끌어낸 경험적 개념이 아니라 모든 직관의 근저에 놓인 현상의 형식으로서의 필연적인 선험적 표상이다(A24/B38; A31/B46). 시간과 공간은 사물들의 일반적 관계에 관한 추론적 개념이 아니라 순수직관이다(A24-25/B39; A31/B47). 이런 의미에서 시간과 공간은 '실재물'이 아니며(A37 이하) 사물들의 관계에 대한 규정도 아니다(A26/B42). 시간과 공간은, 말하자면, 대상 쪽에 있지 않고, 대상을 구성하는 주체 쪽에 있다. 시간과 공간은 우리 마음의 주체적 정립이다(A23/B38). 그러면 어떻게 시간과 공간 표상이 가능한가?

칸트는 시간과 공간의 표상은 부분들의 종합을 통해서는 얻어질 수 없다고 생각한다. "공간은 합성체(compositum)가 아니라 전체(totum)라고 불러야 마땅하다. 왜냐하면 공간의 부분은 오직 전체 중에서만 가능하고 전체가 부분을 통해서 가능한 것은 아니기 때문이다"(A438/B466; A25/B39-40). 마찬가지로 "시간의 무한성이라는 것은, 일정한 양의 모든 시간은 그 근저에 놓여 있는 유일한 시간의 한정을 통해서만 가능하다는 것 이외의 다른 것을 의미하지 않는다"(A32/B48). 이러한 의미에서 공간과 시간은 연속량(quanta continua)으로 규정된다(A169/B211; 『교수취임논문』 14절 2:398-

10 '근원적' 또는 '생산적' 상상력은 '무로부터의 창조'라는 의미에서의 '창조적'(schöpferisch)인 것은 아니다. 생산을 하건 재생산을 하건 간에 상상력은 언제나 재료가 있어야 한다(『인간학』 7:167-8 참조).

402 참조). 하지만 공간과 시간은 그 자체로는 규정되지 않은 감성의 순수 형식으로 남아 있다.

시간과 공간이 대상으로 다루어질 때는 직관과 감성 형식 이상의 뜻을 가진다. 시간과 공간은 수용성의 측면에서 보면 대상으로 지각될 수 없다. 하지만 자발성, 곧 초월적 종합의 측면에서 보면 대상으로 규정될 수 있다.[11] "시간과 공간은 다만 감성적 직관의 '형식'인 것만이 아니다. 이러한 형식들은 그 자체의 다양을 포함하고 있으며, 따라서 이 다양의 '통일'이라는 규정을 가지고 선험적으로 표상된다"(B160; B160 각주 참조) 하지만 시간과 공간은 현상의 다양이 주어지는 것과 동일한 방식으로 주어지지 않는다. "시간과 공간의 표상은 [감성이] 그 근원적인 수용성에서 제시하는 다양의 종합을 통해서만 산출될 수 있다."(A100) 현상의 다양의 종합에 있어서 감각, 상상력, 그리고 통각(통일의 개념)은 모두 함께 시간과 공간을 규정한다. 시간과 공간의 순수 다양의 종합 과정은 도식 활동을 통한 시간과 공간의 '구성'으로 보인다.

칸트 체계에서 시간과 공간의 구성은 '생산적 상상력의 연속적 종합'이라 부르는 과정을 따라 이루어진다(A163/B204).[12] 공간은 선의 비유를 통해 설명된다. "나는 아무리 짧은 선이라도 이 선을 생각 속에서 그어보지 않고서는, 다시 말해 한 점에서 시작하여 그 모든 부분을 차차로 산출해보지 않고서는 어떠한 선도 표상할 수 없다"(A162-3/B203). 칸트는 시간에 관해서는 다음과 같이 말한다. "아무리 짧은 시간이라도 마찬가지다. 나는 시간이 한 순간에서 다른 순간으로 연속적으로 진행한다고 생각한다. 그래서 모든 부분의 시간과 그 첨가를 통해서 마침내 일정한 시간량

---

11 A. Melnick, *Kant's Analogies of Experience*, Chicago/London: The University of Chicago Press, 1973, 7-30면 참조.

12 H. J. Paton, 위의 책, vol. I, 365면 이하.

(Zeitgrösse)이 생산된다"(A163/B203). 점에서 점으로 또는 순간에서 순간으로의 진행을 통해 포착의 연속적 종합은 시간과 공간을 규정한다. 현상은, 이렇게 규정된 시간과 공간에 의해 시공량으로 표상된다. "직관으로서의 모든 현상은 연장량이다. 포착에서의 부분에서 부분으로의 연속적 종합을 통해서만 현상은 인식될 수 있다"(A164/B204). 그러나 이 종합은 시간과 공간이라는 전체(totum) 개념을 전제한다. 이런 의미에서 시간과 공간의 구성은 이 개념을 한정하는 일에 지나지 않는다(A169-170/B211-212).

공간의 구성은 실제 공간을 기계적으로 만들어냄으로써 이루어지는 것이 아니라 '생각 속에서 그리기'(in Gedanken ziehen)를 통해 이루어진다(A162/B203; B154 참조). "우리는 생각 속에서 선을 '그어'보지 않고서는 어떠한 선도 생각할 수 없고, 원을 그려(beschreiben)보지 않고서는 어떠한 원도 생각할 수 없으며 한 점에서 세 선을 서로 수직으로 세워(setzen)보지 않고서는 공간의 3차원을 표상할 수 없다"(B154). 선 · 원 · 3차원의 공간을 이렇게 마치 그림 그리듯 표상하는 것은 도식화에 의한 직관적 구성이다. 공간(선 · 원 · 삼각형 등)의 도식화는 한편으로는 기하학적 개념을 감각적으로 표상하는 일이고 다른 한편으로는 기하학적 개념을 사용한 공간의 구조화 또는 체계화를 뜻한다. 시간도 같은 방법으로 도식적으로 직선으로 표상된다. 여기서 시간은 순수지성 개념의 도식화의 수단일 뿐 아니라 감각적으로 표상되기 위해 그 자체 또한 도식화되어야 한다.[13] 공간은, 시간을 도식화할 때 시간의 일차원성을 표상하기 위한 '유비'(A33/B50) 또는 '전형'(『교수취임논문』 15절 보충 2:405-6)을 제공해준다.

---

13 "선(이 자체도 하나의 공간이다)을 통해 시간을 표현하고 시간을 통해 공간을 표현하는 것, 이것이 지성 개념을 도식 활동하는 것이다"(『숙고』 18:687).

3. 상상력, 내감과 초월적 도식

상상력은 현상의 다양한 종합과 시공의 순수 다양의 종합뿐만 아니라, 초월적 시간 규정을 통한 내감의 규정에도 관여한다. 「도식 활동」 장에서 칸트는 이렇게 말한다.

> 순수지성 개념의 도식은 도무지 어떤 도상이 될 수 없는 것으로, 범주가 표현하는 개념들 일반에 의한 통일의 규칙을 따르는 순수 종합일 뿐이고, 상상력의 초월적인 산물이다. 이것은, 표상들이 통각의 통일을 따라 선험적으로 한 개념에서 연관될 것인 한에서, 모든 표상들과 관련해 내감 일반을 그것의 형식(곧 시간) 조건들을 따라서 규정하는 것에 관여한다. (A142/B181)

초월적 도식을 통한 내감의 규정이 왜 중요한가 하는 것은 사물에 대한 객관적 인식에 관한 주요 논제를 한번 훑어봄으로써 설명될 수 있다. 첫째, "외적 현상으로서 모든 사물은 공간 가운데 나란히 존재한다"(A27/B43). 공간 가운데 있는 사물은 외감을 자극(촉발)할 때 아직은 규정되지 않은 대상으로 주어진다. 둘째, "모든 현상 일반, 곧 감각의 모든 대상은 시간 중에 있고, 따라서 필연적으로 시간 관계 속에 있다"(A33/B51; A35/B52 참조). 왜냐하면 공간을 통해 주어진 대상은 마음의 변용으로서 내감과 연관되기 때문이다(A33/B49–A98–99 참조). 셋째, 시간과 공간 중에 주어진 현상의 다양은 상상력의 종합을 통해 질서가 잡히고 연결된다. 상상력은 시간과 공간의 선험적 표상을 통해 현상의 다양을 체계화한다. 시간과 공간의 선험적 표상 안에서 사물은 지속적인 존재자로 질서가 잡히고 연결된다. 넷째, 질서가 잡히고 연결된 사물의 다양은 통각의 체계적 통일, 곧 범주 아래로 포섭됨으로써 하나의 대상으로 규정된다.

여기서 중요한 문제가 하나 등장한다. 어떻게 인식 주체는 외부 사물에 대한 경험을 '자기 자신의' 경험으로 확인할 수 있는가? 시공 중에 주어진 대상을 나의 경험 대상으로, 그리고 지속적으로 존재하는 대상으로 확인하기 위해서는 나 자신의 존재와 나의 수적 동일성을 표상하고 규정할 수 있어야만 한다. 왜냐하면 대상의 객관성을 규정하는 일은 주체의 주체성을 규정하는 일과 분리될 수 없기 때문이다. 이 문제와 관련해서 칸트는 가장 어려운 문제 중의 하나인 '자기 촉발' 이론을 내세운다. 주체성의 구성에 관한 이론이라고 할 수 있는 이 이론은 두 가지 각도에서 접근할 수 있다. 하나는 초월적 시간 규정을 통한 내감의 규정으로부터 접근해보는 것이고 다른 하나는 지속적으로 존재하는 외부 사물의 존재를 통한 나의 존재 의식으로 부터 접근해보는 것이다. 이것은 본질적으로 서로 관련이 되어 있다. 어느 각도에서 접근하든 시간과 자기의식, 자기 존재의 문제는 중심 문제로 등장한다.[14]

"나는 나 자신을 의식한다"고 할 때 여기에는 주체로서의 '나'와 대상으로서의 '나'에 대한 이중적인 자아 관념이 담겨 있다(『형이상학의 진보』 20:270).[15] 어떻게 내가 대상으로서의 나와 주체로서의 나를 구별할 수 있는가 하는 것을 '설명'하기란 그리 쉬운 일은 아니지만 실제로 이렇게 의식하고 구별하고 있다는 사실만은 우리에게 명백하게 인식된다(『형이상학의 진보』 20:270). 이것은, 칸트를 따르면, 인간이 모든 감성적 조건을 초월한 숭고한 능력을 가지고 있음을 보여준다. 이 능력으로 인해 나는 나 자

14 첫 번째 접근은 '초월적 연역'(2판)에서 사용되었으며 두 번째 접근은 '관념론 반박'에서 사용되었다. 나는 이 두 가지 접근이 초월적 도식론으로 수렴된다고 생각한다.

15 내감과 통각의 관계에 대한 자세한 연구는 최인숙 교수의 박사학위 논문을 참고하길 바란다. In-Sook Choi, *Die Paralogismen der Seelenlehre in der ersten und der zweiten Auflage der "Kritik der reinen Vernunft."* Frankfurt a. M./Bern/New York/Paris: Peter Lang, 1991, 168-204면.

신에 대해 '나'라고 말할 수 있고 이를 근거로 나는 짐승들과 구별된다(『형이상학의 진보』 20:270; 『인간학』 7:127). 칸트를 따르면 나를 의식하고 직관하는 '나'는 하나의 '인격'(Person)이다. 그러나 직관되고 의식되는 '나'는 바깥 대상과 다를 바 없는 하나의 '사물'(Sache)이다(『형이상학의 진보』 20:270). 내 자신에 대한 의식 때문에 나는 수많은 변화와 시간의 흐름에도 불구하고 나 자신으로서 동일한 '인격'일 수 있다(『인간학』 7:127).[16] 자기 자신을 동일한 인격으로 의식하는 자기의식의 자아는 시간 가운데서 변화를 경험하는 경험적 자아와 구별된다. 자기의식은 초시간적이며, '내가 있다'(B157)는 의식을 제외하고는 자기 자신에 대한 대상적 인식을 갖지 않는 의식이다. 여기서 문제로 등장하는 것은 "어떻게 나는 나 자신을 대상화할 수 있고 나 자신과 나의 내적 상태에 대한 인식을 가질 수 있는가?" 하는 물음이다.[17]

칸트는 사물뿐만 아니라 자아에 대한 지적 직관도 처음부터 배제한다. 능동적인 자아의 자발적 활동 자체가 스스로 자신에 대한 직관을 생산해 내지 못한다. 자아에 대한 직관은 자발적인 '자기 활동'(Selbsttätigkeit)(B68), 곧 초월적 통각의 결과로서 주어지는 것이 아니다.[18] 칸트를 따르면 직관의 대상으로서 자아는 마음에 앞서 주어져야 한다. 이런 점에

---

16 손봉호 교수는 칸트의 '인격' 개념과 관련해서 초월적 의식의 윤리적 의미를 자세하게 다루고 있다(Son, 위의 책, 41면 이하 참조).

17 '내적 경험'에 대한 고전적인 연구로는 Jean Nabert, "L'expérience interne chez Kant," in *Revue de métaphysique et de morale*, 1924, 205–68면이 있다.

18 H. Heimsoeth, "Persönlichkeitsbewusstsein und Ding an sich in der Kantische Philosophie," in: Heimsoeth, *Studien zur Philosophie Immanuel Kants*, I, 233면 이하; J. Broekman, *Phänomenologie und Egologie*. Den Haag: Nijhoff, 1963, 146–68면 참조. 테텐스(Tetens)와 관련하여 칸트의 내감 개념에 대한 역사적 고찰은 B. de Gelder, "Kant en Tetens," in: *Tijdschrift voor Filosofie*, 37(1975), 243–58면과 *De plaats van het schema: Een poging tot orientatie in Kants kritiek*(Louvain–dissertation, 1972)을 볼 것.

서 칸트가 경험적 자아의 인식을 취급하는 방식은 나의 바깥 사물의 인식을 취급하는 방식을 그대로 따른다. 먼저 감각(이 경우에는 내감)이 어떤 것에 의해 촉발되어야만 하고, 그런 뒤 감각을 통해 주어진 다양이 통각 활동을 통해 종합되어야 한다. 이렇게 볼 때 직관 대상으로서의 '나'는 외부 사물과 다를 바 없다(『형이상학의 진보』 20:270 참조). 따라서 상상력은 여기서도 현상의 다양을 종합할 때와 동일한 역할을 수행한다. 하지만 자기 직관이 지닌 성격 때문에 상황은 훨씬 더 까다로워진다. 외감의 대상은 나의 밖에서 주어지는 데 반해 내감의 대상은 그렇지 않다. 하지만 『순수이성비판』에는 자아 구성과 관련해서 상상력이 지닌 역할을 암시하는 부분이 없지 않다.[19] 상상력은 이른바 '자기 촉발'을 생산할 뿐만 아니라 동시에 내감을 규정한다는 것이다. 이 문제를 좀 더 자세히 살펴보자.

우리가 우리 자신을 단지 '생각'(denken)할 뿐 아니라 우리 자신에 대해 '알고자'(erkennen) 한다면 우리에게는 "가능한 모든 직관의 다양을 통각의 통일로 가져가는 사유 활동 이외에 이 다양이 주어지는 특정한 방식의 직관이 필요하다"(B157).[20] 이 '특정한 방식의 직관'은 의심의 여지없이 내감과 관련되어 있다. 내감은 우리 자신까지도 우리에게 나타나는 대로만 의식할 뿐, 결코 있는 그대로의 자신을 의식하는 것은 아니다(B152-3). 그런데 내감은 단지 직관의 형식을 따를 뿐 '규정된' 직관을 담고 있지 않다(B154). 이와는 반대로 지성은 '범주'라는 이름 아래 직관의 다양 일반의 지성적 종합에만 관여할 뿐 어떠한 구체적 내용도 가지고 있지 않다

19 여기서 초월적 상상력은 '상상력의 초월적 종합'의 생략형이다. 초월적 상상력은 이미 지성의 종합적 통일과의 연관을 전제하고 있다.

20 물론 이때 자신을 '안다'는 것은 마치 외부 사물에 관한 지식처럼 자신에 대한 정보를 담은 서술로 귀결될 수 있는 앎을 말한다. 이런 의미에서 칸트가 말하는 경험적 자아 인식은 사물 인식의 기본적인 틀을 떠나지 않는다.

(B154). 그러면 어떻게 자기 인식이 가능한가? 칸트는 다음과 같이 말한다.

> 지성은 그러므로 이와 같은 다양의 결합을 내감에서 발견하는 것이 아니라 내감을 촉발함(affizieren)으로써 **산출하는**(hervorbringen) 것이다. (B155) [강조: 인용자]

> 자기를 의식하는 능력이 마음에 있는 것을 찾아내야(포착해야) 한다면, 그것이[마음에 있는 것] 저것[자기의식 능력]을 촉발해야 하고, 그런 방식으로만 자기 자신에 대한 직관을 산출할 수 있다. (B68)

> 그러므로 지성은 **상상력의 초월적 종합**이라는 이름으로 **수동적인** 주체—지성이 바로 이 주체의 능력인데—에 대해 영향을 행사한다(ausüben). 그래서 이에 관해 우리가 이를 통해서 내감이 촉발된다고 말하는 것은 정당하다. (B153) [강조: 인용자]

칸트의 텍스트는 마치 지성이 내감을 촉발하고 자기 직관을 산출하는 것처럼 말하는 것으로 읽힐 수 있다. 하지만 조금 더 주의 깊게 보면 '자기 촉발'은 지성의 영향 아래서 상상력의 초월적 종합에 의해 발생하는 사건임을 알 수 있다. 좀 더 정확하게 말하자면 지성은 초월적 상상력을 통해 자신을 직관의 대상으로 스스로 대상화한다고 해야 할 것이다. 이것은 상상력을 통한 일종의 자기 '투사' 행위이다.[21] 내감을 촉발하는 자기 표상의 정립은 시간 안에서 발생한다(B67–68). 자기 정립은 지성에 따른 초월적 상상력의 활동이고 이 활동을 통해 지성은 내감과 관련한다. 하지만 자발적인 정립 자체로는 자기 인식이 완전히 구성되지 않는다. 내감만으로는 여전히 규정되지 않은 채 남아 있는 자기 직관이 규정되어야만 한다. 그러나 우리의 지성은 직관 능력이 아니기 때문에 감성을 통해 직관이 주어져 있다고 하더라도 자기 직관을 '자기 자신에게' 받아들일 수 없다(B153). 이처럼 자기 직관의 다양한 것들의 포착은 초월적 상상력의 활동에 위임된다. 상상력은 자기 직관을 하나의 일정한 직관으로 규정한다(B154).

바로 여기에서 '자기촉발'(Selbstaffektion)과 '자기규정'(Selbstbestimmung) 사이의 역설적인 관계가 생긴다. 왜냐하면 지성은 다양의 결합을 내감에서 발견하는 것이 아니라 내감의 '촉발'을 통해서 '산출'하기 때문이다(B154). 마치 자기 직관의 다양한 것들의 종합 또는 규정을 통해 자기 촉발이 가능한 것처럼 이것이 보일 수 있으나 칸트의 의도는 '자기 직관'과 '자기 촉발'은 적어도 '자기 규정'에 선행해야 한다는 사실을 말하고자 한 것이다.[22] 왜냐하면 내감의 규정은 자기 인식의 내용이 주어졌을 때, 오직 그때만이 가능하기 때문이다. 자기 촉발과 자기 규정의 관계는 시간의 특성에 연원을 둔다. 시간은, 한편으로는 자기와 관련된 다양의 표상이 그 안에서 주어지는 초월적 지평이다. 그러나 다른 한편으로는 주어진 다양을 통일적으로 표상하기 위해서 시간은 일정한 방식으로 규정되어야 한다. 이와 같이 자기 촉발은 시간 '중에서' 발생하나 자기 촉발로서의 자기 촉발의 확인과 자기 직관으로서의 자기 직관의 확인은, 그 자신 시간을 규정해야 할 상상력이 맡은 일이다. 내감의 형식인 시간을 규정하는 일은 이처럼 이중의 기능을 지닌다. 그것은 자기 직관을 산출한

---

21 '투사'라는 용어는 다발의 글에서 찾아볼 수 있다. Daval, 위의 책, 175면 참조.

22 '자기촉발'과 '자기규정'의 문제와 관련된 치밀한 연구로는 최소인 교수의 학위 논문 So-In Choi, *Selbstbewusstsein und Selbstanschauung*. Berlin & New York: Walter de Gruyter, 1996을 참조하길 바란다.

다. 다시 말해서 한편으로는 대상으로서의 자기가 시간 표상의 규정을 통해 주어지고, 다른 한편으로는 내감의 형식인 시간 규정을 통해 상상력이 내감을 범주, 곧 '대상 개념 일반'과 관련시킨다.

내감의 규정에 관여하는 시간 규정, 곧 '초월적 도식'은 앞에서 말한 대로 상상력의 소산이다. 상상력은 내감 형식(시간)의 조건을 따라서 내감 일반을 규정하는 일에 관계한다(A142/B181). 어떻게 상상력이 초월적 도식을 통하여 내감을 규정하는가? 시간을 통해 자아를 구성하는 일은 다름 아니라 내감의 규정, 곧 경험적 자아를 구성하는 일이다. 앞에서 수학적 구성과 관련해서 인용했던 "우리는 생각 속에서 선을 '그어'보지 않고서는 어떠한 선도 생각할 수 없고 원을 '그려'보지 않고서는 어떠한 원도 생각할 수 없다. 우리는 한 점에서 세 선을 서로 수직으로 세워보지 않고서는 공간의 3차원을 표상할 수 없다"는 구절에 이어 칸트는 곧장 다음과 같이 쓰고 있다.

> 하나의 직선(직선은 시간의 형상적 표상으로 볼 수 있다)을 그을 때, 우리가 내감을 연속적으로 규정하게 되는 다양한 것들의 종합 활동에 주목하지 않고서는, 그리고 내감에 있어서 이 규정의 연속을 주목하지 않고서는 우리는 시간조차 표상할 수 없다. 주체의 활동으로서의(대상의 규정으로서가 아니라) 운동은, 따라서 공간에 있어서의 다양한 것들의 종합은 우리가 공간을 제거하고 내감을 그 형식에 따라 규정하는 활동에만 주의할 때, 비로소 연속의 개념을 산출한다. (B154-155)

이것은 수학적 인식과 관련하여 칸트의 초월적 도식 활동 이론이 지닌 매우 흥미로운 측면을 보여주는 구절이다. 앞에서 보았듯이 수학적 인식, 특히 기하학적 인식은 그 개념에 대응하는 도형의 구성에 근거한다. 수학적 개념은 엄밀히 말하자면 그 자체로 존재하지 않는다. 순수직관 가운데 그것에 대응하는 대상을 제시할 때 그때 비로소 구성된다. 도상을 만들어내는 힘, 곧 그림을 그려내는 상상력은 여기서 수학적 대상을 그리고 구성하는 일종의 '초월적 손'이다. 경험적 자아의 정립에도 이 같은 구성의 특성이 현저하게 나타난다. 초월적 상상력이 공간 가운데서 도형을 구성하듯이 시간 가운데서 주체를 대상으로 구성한다. 그 성격상 여전히 감성적이라고 할 수 있는 경험적 구성과 수학적 구성과 구별해서, 나의 지각 대상으로서의 주체의 순수 구성을 칸트는 '순수 종합'이라고 부른다 (A142/B181).

이런 배경에서 보면, 경험적 자아의 구성은 종합의 활동이다. 수학에의 종합판단이 순수직관 가운데서 개념 구성을 통해서 가능한 것처럼 자아에 관련된 종합판단은 시간 가운데서의 자아 구성을 통해 가능하다. 초월적 상상력을 통한 경험적 자아의 구성은 이중적인 양상을 가진다. 한편으로 그것은, 그 안에서 나 자신의 다양한 표상이 규정될 수 있으며, 다른 한편으로는 나 자신의 초월적 의식과 더불어 그 의식의 사유 형식(범주)이 실제 내용을 얻게 된다. 이러한 사정은 수학적 인식에도 비슷하다. 구성을 통해 수학적 개념은 실제 내용을 얻게 되고 이와 동시에 개념에 대응하는 대상이 규정되고 구조화된다. 생각 속에서 선(線)의 표상(vorstellen)은 그리는 행위를 통하여 '선'이라는 대상을 앞에 드러내 서술(darstellen)할 뿐 아니라 동시에 '선'이란 개념을 앞에 드러내 세우는 일이기도 하다. 동일한 방법으로 자아(내감)의 표상은 시간 가운데 자아를 앞에 드러내 세우는 일이다. 이렇게 자아를 표상하고 앞에 드러내 세우고 규정하는 활동은 다양한 것들의 종합 활동, 곧 초월적 상상력의 종합 활동이다.

상상력의 활동 가운데 가장 근원적이고 원초적인 활동은 시간 의식을 산출하는 일이다. 시간 의식은 두 단계를 거쳐 산출되는 것으로 묘사된다.

첫째 단계는 시간이 도식화되는 단계이다. 시간은 '선'이라는 공간적 유비를 통해 도상적으로 표상된다. 시간은 그 자체로 지각될 수 없으나 '선'을 통해 연속적 흐름으로 그려진다. 연속의 관념은 공간 안에서 다양한 것들의 종합, 곧 점 하나 하나를 연속적으로 더해서 만들어내는 주체의 운동에 의해 생산된다.

둘째 단계는 종합 활동을 공간적 구성으로부터 추상해내는 일이다. "내감의 형식을 따라 내감을 연속적으로 규정하게 되는 다양한 것들의 종합 활동에 주목할 때"(B155) 우리는 시간을 표상한다. 이 활동은 상상력의 운동이다. '연속'의 의식은 상상력의 운동이 산출한다. 대상의 운동이 생산적 상상력의 순수 활동인 공간의 묘사, 곧 공간을 문자로 그려내는 것(die Be-schreibung)이듯이 연속의 의식은 시간과 상상력의 묘사, 곧 상상력을 통해 문자를 쓰는 것이다(B155 각주 참조).[23] '초월적 손'으로서 생산적 상상력의 활동은 원과 선을 그리거나 한 점에서 세 선을 서로 수직으로 세운다(3차원의 공간). 이와 마찬가지로 생산적 상상력은 연속으로서 시간을 묘사하고, 연속적으로 내감을 규정한다. '연속'의 관념의 측면에서 볼 때, 시간과 내감의 묘사는 경험적 자아를 읽을 수 있게 해줄 뿐만 아니라 철자화(綴字化)의 규칙으로서 범주를 적용할 수 있게 해준다. 상상력의 문자 또는 언어는, 경험적 측면에서는 '도상'이요, 선험적 측면에서는 '시간'이다. 우리 자신의 표상뿐 아니라 외감의 표상을 포함하는 내감(A177/B220)은 시간의 관점에서 읽혀진다. 또한 범주(특히 인과성의 범주)는 시간(곧, '연속')의 관점에서 현상에 적용 가능한 것으로 자리 잡게 된다

---

23 "공간의 '서술'(문자로 그려냄)로서의 운동은 외적 직관 일반에 있어서 생산적 상상력이 다양을 연속적으로 종합하는 순수한 활동이다"(B 155 주석). 카울바하는 초월적 도식과 관련하여 명백히 '그려냄'(Beschreibung)로서의 '운동'을 다룬다(Kaulbach, 앞의 책, 289면 이하).

(A144/B183 참조). 범주가 "현상을 경험으로 읽을 수 있도록 철자화"(『형이상학서론』 30절 4:312)하는 규칙으로 기여한다고 할지라도 서술 운동, 곧 쓰고 구성하는 손인 상상력의 구체적인 활동이 있어야 한다. 이런 의미에서 칸트는 초월적 시간 규정을 "순수한 선험적 상상력의 문자"(A141/B181)라고 부른다.[24]

이제 다시 정리해보자. 초월적 상상력은 한편으로 다양의 종합 '운동'을 통하여 자기 직관을 산출하고 다른 한편으로는 초월적 통각을 시간의 영역으로 끌어들임을 우리는 살펴보았다. 내감은 초월적 통각을 통하여 '모든 표상의 총괄'(A177/B220)로서 규정된다. 초월적 상상력의 '운동'은 외적 자연뿐만 아니라 내적 자아도 인간의 언어로 읽어낼 수 있도록 하기 위해 일종의 서술(기술)을 해준다. 상상력의 서술(기술)은 외적 경험의 다양한 표상을 '그림'으로 만든다. 결국 외적 경험들은 자연의 체계로서 구조화된다. 자연을 읽을 수 있도록 하는데 사용되는 '순수 그림'은 수학적 구성이다. 자연은 수학적 구성에 의해 수량화 가능한 것으로 읽힐 수 있게 된다. 초월적 시간 규정, 곧 '초월적 도식'은 시간(연속 · 공존 · 지속)에 의해 경험적 자아를 그림으로 표상한다. 초월적 주체성은 초월적 도식을 통해 현실과 접촉할 수 있고 경험적 현실은 체계와 구조를 얻게 된다. 상

24 우리의 논의는 칸트의 '지속성' 개념으로까지 확대될 수 있다. '지속성'의 개념은 '실체' 범주의 실현뿐만 아니라, 시간 가운데서 '지속적인' 주체로서 경험적 주체를 정립함에 있어서도 중요하다. 그러나 '연속'의 개념에 대한 우리의 논의는 도식화 과정(시간 의식의 산출)을 살펴보는 것으로 충분할 것이다. 각각의 개념의 초월적 도식에 관한 논의 또한 생략한다. 이 점을 참조하려면 페이튼의 『경험의 형이상학』 II권을 보라. 이 책에서 페이튼은 도식의 내용을 범주의 순서에 따라 상세하게 설명해주고 있다(H. J. Paton, 같은 책, vol. II, 42–65면). 김정주 박사의 쾰른대학교 박사학위 논문도 개별 도식을 자세하게 논의한다. Chungjoo Kim, *Die Lehre von den transzendentalen Schemata in Kants "Kritik der reinen Vernunft"*(Koeln, 1997) 참조. 김정주, 『칸트의 인식론』, 서울: 철학과현실사, 2001, 245–305면 참조.

상력의 쓰기와 서술 활동은 아마도 '구성'이란 단어로 요약할 수 있을 것이다. 상상력은, 범주를 따라 체계로서의 자연을 구성하듯이 경험적 자아도 구성한다. 하이데거가 이야기하듯이 세계는 도상(Bild)으로 만들어지고, 인간 지성이 다룰 수 있는 '체계'로 표상된다.[25]

25 '그림'(Bild), '체계', '표상'의 관점에서 근대성의 특성을 조명한 하이데거의 논의는 또한 칸트, 특히 칸트의 상상력 이론과 도식 활동 이론과 꽤 깊이 관련되어 있다. M. Heidegger, "Die Zeit des Weltbildes," in: *Holzwege*, Frankfurt a. M.: Klostermann, 1972, 69–104면 참조.

제6장

칸트의 의미론

도식론은 “어떻게 사유의 형식(범주)이 실제적인 내용을 얻을 수 있는가” 하는 물음에 해답을 주기 위해 구상된 것이다. 이 점에 대해서는 이론(異論)이 있을 수 없다. 이것은 범주의 적용 가능성의 문제이고 동시에 범주의 ‘객관적 의미’ 또는 ‘객관적 실질성’에 관련된 문제인데 ‘포섭’의 문제와 한 짝을 이루는 ‘적용’의 문제로 제시되어 있다. 이 문제를 다루기 전에 ‘초월적 도식’의 세 가지 특징을 다시 상기해보자. 첫째, 초월적 도식은 시간과 관계(‘초월적 시간 규정’)이며 그 자체로는 늘 상상력의 산물이다. 둘째, 초월적 도식은 그를 통해 순수지성 개념에 대응하는 대상이 ‘주어질’ 수 있는 조건이다. 셋째, 초월적 도식은 그것을 통해 지성 개념이 현상에 적용되고(실현되고) 제한되는 규칙이다. 이 규칙은, 찰스 모리스가 정의한 대로 어떤 조건 아래서 기호가 하나의 대상 또는 상황에 적용될 수 있는가를 결정하는 규칙이라는 의미에서 ‘의미론적 규칙’이라고 부를 수 있다.[1]

---

1 Ch. Morris, “Foundations of the Theory of Signs,” in: *Writings on the General Theory of Signs*. The Hague/Paris: Mouton, 1971, 36면 참조.

도식이 일종의 의미론적 규칙이라는 것은 칸트의 초월철학 가운데, 특히 도식 활동 이론과 관련해서 가장 중요하고 흥미로운 점 중의 하나이다. 놀런이 주장한 바와 같이 칸트는 하나의 체계로서의 의미론을 발전시키지는 않았다. 하지만 순수지성 개념에 '객관적 실질성'(『형이상학의 진보』 20:279) 또는 '의의'(Sinn)와 '의미'(Bedeutung)(A155/B194)를 부여하는 절차에 관한 논의로서의 초월적 도식론은 분명히 하나의 의미론이다.[2] 도식 활동을 통해 구성되는 '의미'에 대한 논의는 현상계와 예지계의 구별, 지성과 판단력의 구별에 직접 관련되어 있을 뿐 아니라 선험적 종합판단의 성격을 이해하는데도 중요한 의미를 가진다.

1. 적용의 문제

칸트는 『순수이성비판』 1판(1781) 「초월적 연역」에서 범주가 경험에 대해서 '객관적 타당성'이 있음을 논증한 다음 「원칙의 분석론」 서론과 「지성의 도식 활동에 관하여」 초두에서 범주의 '적용' 문제를 거론한다. 『순수이성비판』 2판에서는 범주의 적용 문제를 「초월적 연역」(24절 이하) 속에 부분적으로 통합하여 다룬다. 이것은 초월적 연역과 도식 활동의 관계를 이해하는 데 매우 시사적이다. 도식 활동 이론은 「초월적 연역」의 부록이나 단순한 반복이 아니라 순수지성 개념의 객관적 타당성과 실질성을 증명하는 하나의 연속 과정임을 1판과 2판의 구성에 나타난 차이를 통해서 알 수 있다. 1판에서는, 순수지성 개념이 객관적 타당성과 실질성을 갖는다는 '사실'을 보여주는 부분과 그것이 '어떻게' 확보되는가 하는 과

2 J. P. Nolan, "Kant on Meaning: Two Studies," in: *Kant–Studien*, 70(1979), 117면 참조.

정을 보여주는 부분이 각각 따로 서술되었는가 하면, 2판 「연역」에서는 이 두 부분이 하나의 연역으로 통합되었다.[3] 이것은 도식론이 칸트의 「연역」의 한 부분임을 보여준다.[4] 다시 말해 범주의 '적용' 문제는 '개념 소유'에 본질적이라는 것이다. 순수지성 개념은 현상에 그것을 적용할 수 있는 가능성이 제시될 때, 오직 그때 그 객관적 실질성과 타당성이 완전하게 보장된다. 말하자면 개념 적용은 실제적인 이해와 인식에 본질적인 요소이다.[5]

왜 개념 적용이 문제되는가, 왜 개념의 '의미' 문제를 칸트가 제기하고 있는가 하는 것을 먼저 따져보자. 만일 '개념 소유'가, 워녹이 주장하는 것처럼 곧 '개념 적용'이라면 칸트의 문제는 하나의 거짓된 문제이거나 아니면 베넷의 주장대로 '잘못 설정된 문제'일 것이다.[6] 워녹은 '개념 적

---

3 카마르틴은, '도식론' 장은 단지 '어떻게' 범주가 현상과 관계되는가 하는 것만을 다룰 뿐이고 범주가 현상에 제한되며 현상과의 관계 바깥에서는 단지 논리적 기능만을 가진다는 사실은 다루지 않는다고 주장한다. 하지만 이 주장은 「연역」 1판과 2판을 구별하지 못한 데서 기인하는 것이다. I. Camartin, *Kants Schematismuslehre und ihre Transformation beim frühen Fichte*(Regensburg-Dissertation, 1971), 62면 참조. 달스트롬 또한 "어떤 것을 아는 것"(Erkennen dass)과 "그것이 어떻게 가능한가를 아는 것"(Erkennen wie)을 구별할 때 도식론의 중요성을 역설한다. D. Dahlstrom, "Transzendentale Schemata, Kategorien und Erkenntnisarten," in: *Kant-Studien* 75 (1984), 50-51면. 데텔(Detel)은 도식론이 '불필요한 것'이 아님은 물론 '초월적 연역의 반복'도 아닐뿐더러 오히려 도식론에 의해 초월적 연역이 완성(Vollendung)되고 마무리(Ausarbeitung)됨을 강조한다. W. Detel, "Zur Funktion des Schematismuskapitels in Kants Kritik der reinen Vernunft," in: *Kant-Studien* 69(1978), 41면 참조.

4 프리차드는 "만약 첫 부분[연역]이 성공적이라면 두 번째 부분[도식론]은 불필요하게 될 것임이 틀림없다는 것은 명백하다"고 말한다. H. A. Prichard, *Kant's Theory of Knowledge*. Oxford: Oxford Universitry Press, 1909, 246면 참조.

5 '적용'을 가다머는 이해를 완전하게 해주는 데 없어서는 안 될 부분으로 간주한다. "적용은 이해 그 자체의 순간이다"라고 말하면서 적용이 없이는 이해가 불가능함을 강조한다. G.-H. Gadamer, *Wahrheit und Methode*. Tübingen: Mohr, 1975, 290면 이하와 323면 참조.

6 G. J. Warnock, "Concepts and Schematism," in: *Analysis*, IX(1948-1949), 78면; J. Bennett, *Kant's Analytic*. Cambridge: Cambridge University Press, 1966, 141면.

용'과 '개념 소유'를 서로 분리하는 일은 허용될 수 없다고 지적한다.[7] 워녹을 따르면 "'희다'는 개념을 내가 가지고 있다"는 것은 "'희다'는 개념을 어떻게 사용할지 내가 알고 있다"는 것과 같은 뜻이다.[8] 워녹은 이렇게 주장한다.

> 내가 개념을 적용할 수 없으면, 나는 개념을 가지고 있지 않다. 내가 만일 어떤 계기(計器)를 가지고 있다면 어떻게 그것을 사용할 것인가, 어떻게 그것을 적용할 것인가 묻는 것은 말이 된다. 하지만 내가 가진 개념을 어떻게 사용할 것인가라고 묻는 것은 마치 어떻게 사용할지 아는 단어를 어떻게 사용할 수 있는가라고 묻는 것과 같다.[9]

그런데, 워녹의 주장에 어떤 문제가 있는가? 워녹은 경험적 개념과 순수 개념의 구별을 무시하고 있다. 워녹은 순수 개념조차도 경험적 개념과 같이 개념 적용을 배움으로써 개념 소유가 이루어지는 것처럼 생각한다. 경험적 개념은 지성의 논리적 기능을 바탕으로 비교 · 반성 · 추상의 3단계를 통해 경험으로부터 형성된 개념이기 때문에 경험적 개념의 소유는 워녹의 주장대로 그 개념을 어떤 상황에 적용할 수 있는가를 안다는 것을 함축한다.[10] 그러나 순수지성 개념은 감각적인 경험과 독립해서 오직 통각의 종합하는 행위에 기초한 개념이고, 가능한 경험 대상을 통일적으로 사고하고 종합할 수 있는 필연적 · 종합적 통일 개념이다. 그러나 이 경우

---

7 G. J. Warnock, 앞의 글, 80면.
8 같은 글, 78면.
9 같은 글, 80면.
10 지성의 논리적 사용에 바탕을 둔 경험적 개념의 형성 과정에 대한 자세한 논의는 J. Han, *Transzendentalphilosophie als Ontologie*, 70–72면, 96–100면 참조.

직관 일반의 다양한 것의 종합은 통각의 통일성에만 관계하기 때문에 지성 안에서 범주를 통한 종합은 단지 '지성적 종합'(synthesis intellectualis)에 지나지 않는다(B150-151). 그런데 지적 종합만으로는 '사유'에 그칠 뿐, '인식'이 성립되지 않는다. 따라서 범주가 적용될 수 있는 대상이 어떻게 선험적으로 주어질 수 있는가 묻지 않을 수 없게 된다.

개념(규칙 · 법칙 등) 소유가 곧 개념 적용은 아니라는 것을 구체적인 예를 통해서도 볼 수 있다. 어떤 이론을 내가 알고 있을지라도 그 이론을 구체적인 상황에서 어떻게 사용할 것인가 모르는 상황이 있을 수 있다. 내가 만일 어떤 이론이나 법률을 어떤 개별적인 경우나 상황에 적용할 수 있다면, 그것은 어떤 이론이나 법률에 포섭될 수 있는 개별적인 경우와 상황이 어떤 것인지 이미 알고 있음을 뜻한다. 칸트가 숙고하고 있는 문제는 개개의 상황이 일반적인 용어 아래 포섭될 수 있는지 없는지 판별하기 위한 일반적 규칙을 어떻게 정립할 수 있는가 하는 것이다. 적용과 포섭의 문제는 사실 법률 해석과 유사한 방식으로 설정된다.

> 지성 일반이 규칙들의 능력이라고 설명된다면, 판단력(Urteilskraft)은 그런 규칙들 아래에 **포섭하는** 능력, 다시 말해 무엇인가가 주어진 규칙 아래에 있는 것(casus datae legis 주어진 법률 사례)인지 아닌지를 판별하는 능력이다. (A132/B171) [강조: 인용자]

> 의사나 재판관 또는 정치가는 그 자신 각자의 분야에서 철저한 교사가 될 정도로 많은 훌륭한 병리학적 · 법률적 · 정치적 규칙들을 머릿속에 가질 수 있다. 그럼에도 그들이 그것들을 적용하는 데 쉽게 과오를 범하게 되는데, 그것은 그들이 (지성을 결여해서가 아니라) 타고난 판단력에 결함이 있어서, 보편적인 것을 추상적으로 통찰할 수는 있지만, 그러나 구체적으로 어떤 한 경우가 그 아래에 속

하는지 어떤지를 판별할 줄 모르거나, 또는 그들이 사례나 실무를 통해서는 이런 판단을 위해 충분히 훈련되지 못했기 때문이다. 사례들이 판단력을 예리하게 해준다는 것은 사례들이 가진 유일하고도 큰 효용이다. [……] 그러므로 사례들이란 판단력을 위한 보행기로서, 판단력의 천부적인 재능을 결여한 사람에게는 없어서는 안 되는 것이다. (A134/B173)

병리학적 원리나 법률에 관한 지식이 개별적인 사례와 상황과 관계해서 해석과 적용이 있어야 하듯이 규칙으로서의 순수지성 개념에 관한 지식도 해석과 적용이 있어야 한다. 이와 같은 지식이 구체적인 상황에 적용되려면 일종의 '통사론적' 규칙으로는 충분하지 않다. 통사론적 규칙이 구체적 상황에 적용되려면 그것의 적용에 관한 '의미론적' 규칙이 있어야 한다. 이렇게 하는 데는 실제로 제시된 '사례'(事例)만큼 좋은 수단이 없다. 그래서 칸트는 '사례'를 마치 걸음마를 배우는 아이가 사용하는 보행기처럼 '판단력의 보행기'라고 말한 것이다. 판단력은 보편적인 것을 개별적인 경우에 적용하는 활동('규정적 판단력')이거나 아니면 개별적인 것 가운데서 보편적인 것을 발견하는 활동('반성적 판단력')이다(『판단력 비판』 5:177-8). 칸트는 구체적인 보기를 제시할 수 없는 사람은 아무리 개념을 가지고 있다고 해도 실제 지식을 소유한 것이 아니라고 어느 강의에선가 말했다고 반퍼슨은 전해준다.[11]

11 C. A. van Peursen, *De werkelijkheidszin der wijsbegeerte. De betekenis van beweging, tijd en geschiedenis voor een deiktische ontologie*, Groningen: Wolters, 1960, 9면 이하. 반 퍼슨은 크리스천 볼프가 이미 그의 '발견의 방법'(ars inveniendi)에서 '사례'의 '발견법적 가치'를 중요하게 여기고 있었다는데 주목한다. C. A. Peursen, "Ars inveniendi in Wolffs Metaphysik," in: *Christian Wolff 1679-1754. Interpretation zu seiner Philosophie und deren Wirkung*, W. Schneiders, ed., Hamburg: Meiner, 1983, 69면 이하 참조.

'적용'의 문제는 최근에 한스 게오르그 가다머의 해석학에서, 그리고 마이클 폴라니의 과학철학에서 칸트와 다른 방식이긴 하지만 매우 중요한 계기로 인정되고 있다. 철학적 해석학과 법률적 · 신학적 해석학을 비교하면서 가다머는 "이해란 보편적인 어떤 것을 개별적인 상황에 적용하는 개별적인 경우이다"라고 말한다.[12] 적용은 이해에 있어서 부차적이고 우연적인 부분이 아니라 처음부터 이해를 함께 규정한다.[13] 이처럼 적용은 이해의 필수적인 부분으로 보편적인 것을 '구체화'하는 데 도움을 준다. 이런 이유에서 칸트는 특히 『순수이성비판』 2판에서 인식(erkennen)과 사유(denken)(B146, 150, 165), 그리고 범주의 '논리적 의미'와 '객관적 의미'를 날카롭게 구분한다. 적용이 불가능한 사유는 그것이 아무리 귀할지라도 인식일 수 없고, 범주는 그 자체로는 의미가 있을지라도 만일 그것이 적용 가능성을 갖지 않는다면 객관적 의미가 결여된 사유의 형식일 수밖에 없다.

한편 폴라니는 다른 맥락에서 '솜씨'(skill)와 '감식력'(connoisseurship)을 과학적 지식의 구성 요소로 강조한다. "과학은 과학자의 솜씨를 통해 이루어지고, 그의 솜씨의 단련을 통해 과학 지식이 형성된다"고 말하면서 폴라니는 솜씨와 감식력은 "오직 실례를 통해 전달될 수 있을 뿐"이라고 강조한다.[14] 예컨대 인간 신체에 대한 보편적인 지식이 있다고 해도 구체적인 사례를 통해 지각하고 식별하고 판단하는 훈련을 받지 못한 사람은 정확하게 주어진 상황에 개입할 수가 없다. 그러므로 과학 지식을 익혀가

---

12 G.-H. Gadamer, 위의 책, 295면; L. D. Derksen, *On Universal Hermeneutics. A Study in the Philosophy of Hans-Georg Gadamer.* Amsterdam: The Free University Press, 1983, 230면 이하 참조.

13 G.-H. Gadamer, 같은 책, 307면.

14 M. Polanyi, *Personal Knowledge. Towards a Post-Critical Philosophy.* London: Routeledge & Kegan Paul, 1958, 54면; 같은 책, 49면 참조.

는 과정에는 몸을 통한 훈련 과정이 반드시 요구된다. 이 훈련은 명시적인 지식을 익혀가는 암묵적 토대를 형성한다. 모든 명시적 지식을 이해하고 적용하는 데는 이렇게 '암묵적 차원'(tacit dimension)이 있음을 여러 사례를 통하여 폴라니는 제시한다.[15]

칸트는, 지성은 교육될 수 있고, 일종의 통사론적 규칙으로 무장할 수 있지만, 판단력은 규칙을 배우듯이 그렇게 배울 수 없는 것이라고 본다. 판단력은 타고난 재능(Mutterwitz)으로 "배울 수 있는 것이 아니라 단지 훈련될 수 있을 뿐"이다(A134/B173). 이 능력이 결여될 때는 학교 교육으로도 어쩔 수 없다고 칸트는 본다. 폴라니가 '인격적 참여'(personal commitment)에 관해서 말하듯이 칸트도 규칙을 올바르게 사용하는 능력이야말로 그 자신의 수련에 달렸다(A134/B173)고 말한다. 폴라니의 솜씨와 전문적 감식력의 규칙이 '암묵적 규칙'이듯이 칸트의 보편적인 것, 곧 범주를 개별적인 경우에 적용하는 규칙인 초월적 도식은 "인간 영혼 깊숙한 곳에 감추어진 기술"(A141/B180–1)이다.[16]

그러면 칸트는 현상에 범주를 적용하는 문제를 어떻게 해결하고 있는가? 반복해서 하는 말이지만 범주는 다양한 것들에 대한 순수 종합적 통일성을 담고 있다. 그러나 다른 한편으로, 시간은 내감의 다양성과 모든 표상을 연결하는 형식적 조건이다. 따라서 상상력에 의한 시간의 초월적 규정은 그것이 보편적이며 통각의 규칙에 근거하는 한, 범주와 동질적이며, 시간이 모든 경험적 표상에 담겨 있는 한, 현상과 동질적이다. 그러므로 순수지성 개념의 도식인 초월적 시간 규정을 매개로 현상에의 범주의 적용이 가능해진다(A138/B178). 현상에 범주를 적용하고 현상을 범주 아

15 폴라니에 관한 자세한 논의는 강영안, 『인간의 얼굴을 가진 지식』, 99–112면 참조.
16 폴라니, 위의 책, 53면.

래 포섭하는 매개자인 초월적 도식은 범주가 '경험적 의미'를 얻을 수 있는 수단이다. 칸트는 「도식 활동」 장에서 이렇게 말한다.

> 이로써 밝혀진 것은, 상상력의 초월적 종합에 의거한 지성의 도식 활동은 다름 아니라 내감에서의 직관의 모든 다양한 것들의 통일에 귀착하고, 그래서 간접적으로는 내감에 (수용성에) 대응하는 기능인 통각의 통일에 귀착한다는 사실이다. 그러므로 순수지성 개념들의 도식들은 이 순수지성개념들에게 대상들과의 관계 맺음, 곧 의미(Bedeutung)를 부여하는 진정한 그리고 유일한 조건들이다. (A145–6/B185)

2. 의미: '대상에 대한 관계'

방금 본 인용문에서 "순수지성 개념들의 도식들은 이 순수지성 개념들에게 대상들과의 관계맺음, 곧 의미를 부여하는 진정한 그리고 유일한 조건"이라는 칸트의 주장은 "내감에서의 모든 직관의 다양의 통일"을 목적으로 하는 도식론에 대한 그의 이해에 근거해 있다. 범주는 상상력의 초월적 종합, 곧 도식 활동을 통해서 경험적 자아('내감')와 관계하게 된다. 시간은 경험적 자아의 형식으로 통각을 통해 종합될 수 있는 다양한 것들이 그 속에 '포함'된다. 초월적 상상력이 활동하는 공간은 마음의 내적 공간, 곧 시간이다.

범주가 초월적 도식을 통해 얻은 '의미'를 칸트는 '대상에 대한 관계'(die Beziehung auf Objekt)로 이해한다.[17] '대상에 대한 관계'는 다시 개념

17 이런 의미에서 스테판 쾨르너는 도식을 '지칭 규칙'이라고 부른다. Stephen Körner, *Kant*.

에 대상을 부여할 수 있는 가능성으로 확인된다. '의미'는 '대상에 대한 관계'로 이해되고 있음이 다음의 진술에도 나타난다. "만일 개념에 어떤 대상이 주어질 수 없으면, 개념들은 모두 불가능하며 아무런 의미(Bedeutung)가 없다"(A139/B178). 범주의 초월적 사용과 경험적 사용을 구분하면서 칸트는 이것을 다음과 같이 더욱더 분명하게 표현한다.

> 어느 개념에서나 개념을 위해서는 첫째로 개념(사고) 일반의 논리적 형식이 요구되고, 이어서 둘째로는 그 개념에게 그 개념이 관계 맺을 대상을 줄 가능성이 요구된다. 이 후자 없이는 개념은 아무런 의의(Sinn)도 갖지 못한다. 곧 그것은 설령 어떤 자료에서 개념을 만들어내는 논리적 기능을 함유하고 있다고 해도, 내용 면에서는 완전히 공허하다. (A239/B298)

이제 어떻게 개념에 대상이 주어질 수 있는가 하는 것이 범주의 의미 가능성의 질문과 밀접하게 연관되어 있다는 것이 분명해졌다. 칸트의 경험 이론 가운데서 우리는 대상이 '주어지는' 방식을 두 가지로 구분할 수 있을 것 같다.

1. 대상은 감성의 작용을 통해서 주어진다.
2. 대상은 경험의 도식 활동을 통해 개념에 주어진다.

첫째 방식이 주어진 것에 대한 감각(Empfindung)과 지각(Wahrnehmung)을 바탕으로 한다면, 둘째 방식은 현상의 다양한 것에 대한 도상을 형성

Harmondworth: Penguin, 1955, 71면; R. E. Butts, "Kant's Schemata as Semantical Rules," in: *Kant Studies Today*. L. W. Beck, ed., Illinois; 1968, 290면 이하 참조.

하고 시간을 규정하는 상상력의 활동을 통한 감각적 경험의 구조화에 바탕을 두고 있다. 감성의 작용을 통해 주어진 대상은 아직 미규정된 '무엇'이고, 상상력이 그 종합 활동을 통해 개념에 '주는' 대상은 시간 지평 가운데서 하나의 '도상'으로 규정되고 구조화된 대상이다. 감성의 작용을 통해 주어진 대상이 인간의 수용성에 바탕을 두고 있다면 상상력을 통해 개념에 '주어지는' 대상은 인간의 자발성 또는 능동성에 바탕을 두고 있다.

'주어짐'의 두 가지 방식의 구별은 '대상에 대한 관계'란 표현을 이해하는 실마리가 된다. 개념에 주어지는 대상은 미규정적인 대상(X)이 아니라 시간 질서 중에서 이미 조직된 대상이다. 따라서 '의미'와 동일시되는 '대상에 대한 관계' 또는 '대상과의 관련성'은 대상의 '직접적' 현존을 뜻하기보다 대상의 매개적 '현전화'를 뜻한다. 대상의 매개적 현전화는 공간적이기보다는 시간적인 성격을 띠고 있다. 이것은 곧 상상력이 개념에 '의미'를 부여하는 과정은 외감보다 내감에 관계해 있다는 말이다. '의미'에 대한 칸트의 관심은 본질적으로 의미의 '초월적' 성격에 관한 것이다. 시간 질서 안에서 대상의 내적 규정의 가능 조건을 찾아내는 데 칸트는 관심을 쏟고 있다.

그렇다고 해서 칸트를 단순한 관념론자로 볼 수는 없다. 개념에 대응하는 대상은 공간 안에서 주어질 수 있는 대상과 관계없이 인간 지성이 만들어낼 수 있는 것이 아니다. 대상은 시간적일 뿐만 아니라 공간적이다. 예컨대 범주의 하나인 '실체'를 위한 초월적 도식, 곧 '시간 안에서의 실질적인 것의 지속성'은 그것이 적용될 수 있는 지속성을 띤 사물이 있어야 한다. 지속적인 '어떤 것'은 '내 속에'(B275 참조) 존재하는 사물이 아니다. 범주의 경험적인 의의(Sinn)와 의미(Bedeutung)는 궁극적으로 경험적 직관에 의해서 주어질 수 있다(B149). 이런 의미에서 궁극적이며 구체적인 도식 활동은 구체적인 일상적 삶에서 이루어진다.[18] 하지만 『순수이성비판』에서 칸트는 자연의 영역에서 구체적으로 실현될 수 있는 외적 도식 활동의 초월적, 주체적 근거를 발견하는 일에 몰두하고 있다고 할 수 있다. 예컨대 '실질적인 것의 지속성'의 관념은 경험적 직관을 직접 지시하지 않고서도 얼마든지 사고될 수 있다. 게다가 '지속성'의 관념 자체는 외부 대상에 자리 잡고 있는 것이 아니라 시간과 공간 속에서 지속적으로 존재하는 어떤 것을 표상하는 주체에 자리를 잡고 있다.[19]

이제 우리는 '대상에 대한 관계'를 '주어짐'의 두 가지 방식을 토대로 해서, 도식화를 통해 '구성된 관계'로 해석할 수 있다. 도식화는 여기서 이중 운동을 수행한다. 한편으로 개념에 대응하는 대상이 주어지는 절차, 곧 대상이 앞에 드러내 세워지는 ('현전화하는') 절차이면서 다른 한편으로는 개념이 대상에 관계하는, 곧 감성화되고 시간화하는 절차이다. 적용에 관한 칸트의 이론에서 보면 대상의 '현전화' 또는 '제시'(Darstellung) 가능성은 개념의 현상에의 적용 가능성이며, 결과적으로 개념의 의미 가능성이다. '대상에 대한 관계'는 경험적 대상의 현실적 직접적 현전을 의미하는 것이 아니라 경험적 대상의 자발적 '현전화'를 의미한다. 그러므로 범주의 의미 가능성을 조건 짓는 초월적 도식은 외연적 의미 조건이라기보다

---

18 『순수이성비판』과 반대로 『자연과학의 형이상학적 원리들』에서는 공간에서의 운동의 문제가 주를 이루는 물리적인 문제들을 다룬다. 『유작』에서 칸트는 "판단력의 도식론은 형식상 물리학으로의 전이를 예비하고 있다"(A. A. XXI, 494-5면)고 말한다. 이미 『순수이성비판』의 「원칙론」 부분에서 공간은 범주를 구체화하는 역할을 한다. '도식론' 장에서 칸트의 주요 관심사는 시간 표상 속에서 범주 구체화의 주체적 근거를 찾는 일이었다. 이런 까닭에 도식론은 칸트의 말대로 '내감에서 다양의 통일'을 목적으로 한다고 말할 수 있다. 공간의 관점에서 본 칸트 도식론의 완성 가능성에 대해서는 Gregg E. Franzwa, "Space and the Schematism," in: *Kant-Studien* 69(1978), 149-59면과 H. J. Paton, 위의 책, 2권, 78면 이하 참조.

19 대상 개념에 대한 비교적 포괄적 이해는 백종현, 『존재와 진리: 칸트 『순수이성비판』의 근본문제』 서울: 철학과현실사, 2000에서 찾아볼 수 있다.

내포적 · 지향적 의미 조건이다. 칸트는 의의와 의미(Sinn und Bedeutung)가 궁극적으로 경험적 직관에서 나온다고 주장하지만(B149 참조) 대상의 실제 현존 자체는 '의미 내용'일 수는 있으나 '의미 조건'은 아니다. 이렇게 볼 때, 칸트는 여전히 형식주의적이다. '감성의 형식적 조건'(A139/B179)에 관심을 둘 뿐, 질료적 재료에 관심을 두지 않는다. 그러나 질료적 조건 자체에 칸트가 완전히 무관심했다고는 말할 수 없다.

칸트의 의미론적 규칙은 외연적 조건이 아니라 내포적 · 지향적 조건이라는 주장을 좀 더 명확하게 하기 위해 칸트가 순수지성 개념이나 이념에 관련해서 자주 사용하는 '객관적 실질성'(die objektive Realität)이란 개념을 검토해보자. 칸트는 개념이 대상과 관계할 수 없다면, 따라서 대상에 적용될 수 없다면 개념은 텅 빈 것이고 '사고의 단순한 형식'에 불과하며 '객관적 실질성'과 '의미'가 없다고 반복해서 말한다(B150 이하; A288/B297 이하 참조). '객관적 실질성'은 '객관적 타당성', '의미', '대상과의 관계', 심지어 '초월적 진리'(A156/B195; A222/B269 참조) 등과 거의 같은 뜻으로 사용된다. 그런데, '객관적 실질성'은 칸트의 고유 개념이 아니라 전통 형이상학에서 빌려온 개념이다. 이 개념은 언제나 사물(res)의 본질(die Sachheit)과 관련하여 쓰였다.[20] 데카르트는 『성찰』 3에서 실제 사물의 현존과 구별해서 우리의 '관념' 속에 주어진 사물의 존재를 일컫는 말로 이 말을 한정해서 사용한다.[21] 마르틴은 '객관적 실질성'이 존재론적 의미를 갖는다는 것을 간파하지만 이 개념과 현존(Wirklichkeit, Existenz, Dasein)을 동일시하는 잘못을 저지르고 있다.[22] 나는 하이데거와 다윈츠르의 제안

---

20 O. D. Duinter, *De vraag naar het transcendentale*, 89면 참조.

21 H. Wagner, "Realitas Objectiva(Descartes–Kant)", in: *Zeitschrift für Philosophische Forschung* 21(1967), 338면 이하 참조.

22 G. Martin, *Immanuel Kant*, 234면.

대로 이 개념을 '대상에 대한 적극적 규정'으로 이해하는 편이 훨씬 나으리라고 생각한다.[23] 일찍이 바움가르텐은 '적극적 규정'이라는 의미에서 '실질성'이란 말을 사용하였다.[24] 칸트는 전혀 새로운 의미로 '객관적 실질성'이란 말을 사용했는데, 그에게서 볼 수 있는 새로움은 이 말을 '의미'와 동일시했고, 시간을 적극적 규정과 규정 가능성의 근거로 보았다는 점이다.

이러한 칸트의 규정은 한편으로 지성과 상상력의 자발적 능력과 다른 한편으로 감성의 수용적 능력을 필요로 한다. 이 둘의 협력은 '구성'을 통해 수행된다. 다시 말해 초월적 규정이 곧 구성이다.[25] 개념의 구성은 감각과 감각을 통해 주어지는 대상의 규정이다. 따라서 의미의 초월론적 조건은 내감, 곧 '표상들의 총체로서의 시간'이라는 선험적 형식의 규정이다. 칸트가 '초월적 도식'이라고 부른 내감의 형식의 규정은 직접적으로 감각 자료와 관계되지 않고, 의미 부여의 주체인 인식 주체와 관련된다. 칸트는 어떤 표상(개념이나 직관)이 대상에 관계할 수 있을 때, 그것을 '실질적'(real)이라고 부른다. 이때, '대상'은 넓은 의미로 아직 규정되지 않았을지라도 표상의 내용 일반을 가리킨다. 좁은 의미에서 대상은 "[객관적으로 규정된] 현상"과 같은 의미이며 가능한 경험의 대상이다. 만일 표상이 가능한 경험의 대상에 관계할 때, 그때 표상은 칸트의 용어로 "실질적"일 뿐만 아니라 "객관적으로 실질적"이다. 여기서 주의할 것은 '객관적 실질성'은 경험적으로 규정 가능한 대상의 현실적 존재(Existenz)를 말

---

23 M. Heidegger, *Kant's These über das Sein*(Frankfurt a. M.: Klostermann, 1963), 10면 이하; 같은 저자, *Die Frage nach dem Ding*. Tübingen: Niemeyer, 1975, 166–67면; O. D. Duintjer, 앞의 책, 89면 참조.

24 M. Heidegger, *Die Frage nach dem Ding*, 166면.

25 "선험적으로 규정할 수가, 곧 구성할 수가 있다"(A179/B221).

하는 것이 아니라 개념에 대응하는 대상의 가능성을 지칭한다. 따라서 개념에 대응하는 대상이 현실적으로 존재할 때가 아니라 "직관적으로 그것이 주어질 수 있을 때"(A220/B268), 그때 개념은 객관적으로 실질적이다. 물론 이때의 '가능성'은 개념의 논리적 가능성(무모순성)이 아니라, 규정 대상으로서의 사물이 주어질 수 있는 실질적 가능성이다. 따라서 순수지성 개념의 '객관적 실질성' 또는 '의미'는 개념에 대응하는 실제 대상의 현실적 존재가 아니라, 그러한 존재가 인식 주체와 관계하고 인식 주체가 그것을 규정할 수 있는 가능성을 통해서 이루어진다.

이런 의미에서 칸트에게 만일 의미론이 있다면 그것은 '경험적 의미론'이 아니라 경험적 · 객관적 의의(Sinn)를 가능케 하는 초월적 근거를 마련하는 '초월적 의미론'이다.[26] 개념의 '대상에 대한 관계'와 '의미'는 경험으로 주어진 것이 아니라 시간 규정을 통하여 '구성된' 의미이다. 다시 말해 보편적 개념에 개별적인 사례를 제공할 수 있는 관찰 대상이 주어져야 하지만 칸트의 초월적 의미론은 그러한 사례가 주어질 수 있는 의미론적 '조건'을 명시한다. 그의 의미론적 조건은 외연적이지 않고 '내포적' 또는 '지향적'이다. 이 조건은 외부로부터 주어진 대상에 근거하지 않고 주체의 인식 활동에 근거한다. 이 조건은 주어진 대상을 규정하며 구

26 초허(R. Zocher)는 칸트철학을 특징짓는 용어로서 '초월론적 의미론'이라는 말을 사용한다. R. Zocher, "Kants transzendentale Deduktion der Kategorien," in: *Zeitschrift für philosophischen Forschung* 8(1954), 190면 이하; 이 주제에 관해서는 호그레베의 다음 책을 참조하길 바란다. W. Hogrebe, *Kant und das Problem einer transzendentalen Semantik*, Freiburg/München: Alber, 1974. 칸트는 '경험적 의미'의 초월적 근거에 관심을 두었다는 주장이 만일 옳다면 "칸트는 의미의 경험적 기준의 발명자다. 그리고 오직 개념의 적용을 위한 경험적 테스트가 있을 때에만 이 기준을 따라 개념은 인식적 의미를 지닌다"는 루이스 벡(L. W. Beck)의 주장은 (약간의 제한은 두어야겠지만) 수용 가능하다. L. W. Beck, *Early German Philosophy. Kant and His Predecessors*, Cambridge, Massachussetts: The Belknap Press of Harvard University Press, 1969, 480면 참조.

성한다. 칸트는, 외연적 의미는 내포적 의미 속에서 찾아질 수 있다고 생각한 듯하다. 범주가 얻는 의미는 미규정된 의미가 아니라, 시간 규정을 통해 규정된 의의(Sinn)이다. 만일 시간 조건('순수하고 형식적인 감성의 조건', 곧 도식)을 제거해버리면 "모든 의미, 곧 대상과의 관계는 없어지고 만다. 그래서 이러한 개념이 어떤 종류의 사물을 뜻하는지 어떤 보기를 통해서도 알 수 없다"(A241/B300)고 칸트는 강조한다. 여기서 칸트의 '보기'는 예시적으로 지적할 수 있는 감각 사물을 뜻하지 않는다. 왜냐하면 순수지성 개념은 어떤 직관 속에서도 찾아질 수 없을 뿐 아니라, 경험적 직관, 그리고 모든 감각적 직관과 이종적이기 때문이다(A131/B176). 오히려 그가 의미하고자 한 바는 범주가 적용될 수 있는 사물의 시간적 조직화와 관련해 있다.

3. 도식의 비판적 기능

초월적 도식론에는 일반적으로 간과되고 있는, '비판적' 기능이 있다. 초월적 도식은 범주의 의미론적 규칙으로서 범주를 '실현'하고(곧, 현상에 적용 가능하도록 만들고) 동시에 범주를 가능한 경험의 영역에 '제한'시킨다(A146/B185-186). 따라서 인간 이성의 범위와 한계에 대한 칸트의 비판적 탐구는 성격상 의미론적이다. 『순수이성비판』은 어떤 것이 대상으로 주어질 수 있는 초월적 지평(시간과 공간)과 대상 구성의 초월 논리적 근거(지성)를 탐구한다. 이러한 초월철학적 탐구는 어떻게 대상이 가능한 경험의 대상으로 구성될 수 있는가, 그리고 어떻게 사고의 순수한 형식이 대상 관련성을 가질 수 있는가 하는 의미론적 질문으로 수렴된다. 시간과 공간, 주어진 대상은 개념적인 이해가 가능하기 위해서 시간 질서 속에서 규정되어야 하고 지성의 순수 개념은 대상과 관련('객관적 실질성', '의미')되기 위해 감성화(시간화)되어야 한다. 초월적 시간 규정의 의미론적 조건에 의해 지성은 경험에 대해서 입법자로서의 기능을 구체적으로 실행할 수 있고, 지성의 순수 개념인 범주는 현상에 대해서 실현되고 동시에 제한될 수 있다. 범주는 가능한 경험의 영역을 벗어나면, 아무런 경험적 의미와 지반(die Haltung)을 가질 수 없다.

우리가 주목해야 할 것은 범주의 '경험적 사용'과 '초월적 사용'은 의미론적 근거에서 엄밀하게 구별된다는 사실이다. 범주는 '객관적 의미'('대상에 대한 관계')가 주어질 수 있을 경우, 오직 그 경우에만 '경험적 사용'의 정당성이 보장된다. '대상에 대한 관계'는 경험의 범위와 한계(가능한 대상의 범위) 안에서 가능하기 때문에 범주는 오직 그러한 대상과 관계해서 합법적으로 사용될 수 있다. 범주의 '초월적 사용', 곧 사물자체에 대한 범주의 사용(A238/B298)은 사용이라고 부르지만 사실은 '오용'(A248/B304)이다.[27] 따라서 범주가 경험적으로 사용될 수 있는 '가능한 경험의 장'(A248/B304) 또는 '진리의 땅'(A235/B294)은 감성적 직관의 대상이 주어질 수 없는 예지계와 분리된다(B307).

---

27 다윈츠르는 칸트의 용어 '초월적'이 전통적 의미를 여전히 함축하고 있다고 말한다(O. D. Duinter, 앞의 책, 90–93면). 하지만 칸트는 이 개념을 늘 전통적 의미와 다르게 사용한다. 범주가 '초월적 의미'(transzendentale Bedeutung)는 가지고 있지만, 경험의 한계를 벗어나 사물 일반과 사물자체에 적용되는 '초월적 사용'(transzendentale Gebrauch)은 배제된다. 이때 '초월적'이란 말을 각각 어떻게 이해해야 하는가 하는 것이 문제가 된다. 앞의 경우, 범주의 '초월적 의미'는 범주가 대상 일반에 관한 선험적 인식의 가능 조건이란 의미(곧 칸트를 통해서 새롭게 쓰인 의미)에서 '초월적'이라면, 뒤의 경우 범주의 '초월적 사용'은 범주가 무시간적인 개념으로 초월적 대상 일반을 규정하는 존재론적 술어라는 의미(전통적인 의미)에서의 '초월적'이라고 하겠다. 후자에 대한 칸트 자신의 용어는 '초재적'(transzendent)이다. 경험을 초월한 대상에 범주를 초월적으로 사용하여 마치 객관적 지식을 이끌어낼 수 있는 것처럼 생각한다면 그것을 범주를 '초재적 사용'한 것이다. 칸트는 이러한 '초재적 사용'의 부당성을 지적하고자 한다.

그러나 범주에는 '경험적 의미'를 떠나 '논리적 의미'(A147/B186)가 여전히 남아 있다. 도식의 감성적 조건을 제거한 뒤에도 범주에는 '논리적 기능' 또는 '사고의 순전한 형식'으로서의 기능이 있기 때문이다(A147/B186; A239/B298; A248/B305). 범주의 '논리적 의미'를 인정한 것은 적어도 두 가지 중요한 함의가 있다. 첫째, 범주는 경험적인 조건을 벗어나 대상 일반을 사고할 수 있는 사고의 형식이기 때문에 이것을 무조건적인 것에도 적용(사용)하고자 하는 경향이 우리의 지성에 내재해 있다. 그러나 이러한 적용은 '오용'이고 모든 형이상학적 오류의 원천이 된다. 왜냐하면 대상에 관한 선험적 인식의 가능 조건인 범주는 인간 인식의 경험적 조건과 연결되지 않고서는 객관적 인식을 생산하는 충분조건이 될 수 없기 때문이다.[28] 둘째, 범주의 '논리적 의미'를 인정하는 동시에 경험적으로 주어진 것이 없을 경우에는 범주 사용을 제한하는 것은 범주의 객관적 타당성의 정당화에 중대한 결과를 가져온다.

특히 「초월적 연역」 2판에서 칸트는 직관의 모든 다양은 통각의 근원적 종합적 통일의 조건 아래 있음을 증명한다(15-20절).[29] 그리고 범주는 가능한 경험의 대상과 별도로는 아무런 객관적 실질성과 타당성도 가질 수 없음을 동시에 보여준다(21절 이하). 그러나 감성의 형식인 시간과 공간과 달리 범주는 "[감성적] 한계에서 자유로우며, 또한 직관 일반의 대상에 미쳐 있다"는 단서가 추가된다. 하지만 개념을 감성적 직관의 바깥까지 확장하는 것은 우리에게는 실제로 아무런 의미가 없다. 범주는 이 경우에 객관적 타당성이 없는 '사유의 형식들'에 지나지 않는다. 왜냐하면 "이런 경우 우리는 저 사고 형식들이 함유하고 있는 통각의 종합적 통일이 적용

---

28 O. D. Duintjer, 위의 책, 91면 참조.

29 R. Zocher, 위의 책, 165 이하; D. Henrich, "The Proof-Structure of Kant's Transcendental Deduction," in: *Review of Metaphysics* 22(1968/69), 640-59면 참조.

될, 그래서 저 사고 형식들이 한 대상을 규정할 수 있을 터인 그런 직관을 전혀 손에 가지고 있지 않기 때문이다"(B148). 범주의 의미 조건은 도식론을 통해 제시된다. 또한 칸트는 범주가 객관적 실질성과 의미를 얻는 절차는 범주 '사용의 한계'를 규정하는 데 '매우 중요'하다고 강조한다(B148 참조). "직관의 다양은 필연적으로 종합의 규칙으로서의 범주 아래 있어야 한다"는 「초월적 연역」에서의 진술만으로는 사실 범주의 객관적 타당성을 증명하기에 부족하다. 왜냐하면 오히려 칸트는 범주가 현상에 대하여 어떻게 '의미'를 가질 수 있는가를 증명하려고 했기 때문이다. 범주의 의미 조건으로서 '적용'을 요청했다는 것은 인간 이성의 '자기 활동성'(B130), 곧 순수 '생산성'은, 도상과 시간 질서 속에서 자연의 체계를 구성하는 초월적 상상력의 '구성적 활동' 없이는, 그 자체만으로는 '텅 빈' 것이 될 수 있음으로 보여준다.[30] 이성의 절대적 자율성은 이와 같은 의미 구성의 가능성 및 불가능성에 따라 실현되면서 동시에 제한된다.

초월적 도식의 비판적 기능은 선험적 종합판단에서 의미 조건으로서 도식이 하고 있는 기능에서도 드러난다. 종합판단에 관한 루이스 벡의 지적을 먼저 들어보자.

> [종합판단은] S와 P의 관계가 단순히 두 개념의 연결에 그치는 것이 아니라, 이 둘의 연결이 S로 지칭되는 '대상'에 적용된다고 주장하는 판단이다. 그러므로 S와 P를 종합판단 가운데서 연결할 수 있는 '제3자', 칸트가 X라고 부른 '제3자'가 있어야 한다.[31]

30 D. Henrich, 같은 글, 648면.

31 L. W. Beck, 위의 책, 475면;『순수이성비판』B12–3; A155/B194 참조.

경험적 판단과 수학적 판단에서 S와 P의 공통 근거로서 '제3자'(X)를 발견하기란 그리 어려운 일이 아니다. 벡이 말하듯 경험적 판단에서 X는 경험적 직관 또는 '경험적 관찰'이다.[32] 예컨대 내가 접시를 보면서 "이 접시는 둥글다"고 말한다고 해보자. 그러면 S(접시)와 P(둥글다)는 경험적 관찰을 통해서 연결될 수 있다. 경험적 종합적 판단은 객관적 실질성과 의미를 경험적 관찰을 통해서 얻는다. 수학의 경우, X는 순수직관, 또는 생산적 상상력을 통해 시간과 공간 안에서 그 도형이나 수를 순수직관 안에서 제시하는 일, 곧 구성이다. 칸트가 항상 종합적이며 선험적이라고 주장한 수학적 판단은 구성, 곧 "순수직관 중에 대상의 선험적 제시"를 통해 객관적 실질성과 의미를 얻는다.

그러나 형이상학적 판단은 수학적 판단과 다르다. 예를 들어 '인과성'을 보자. "발생한 것은 모두 원인을 가지고 있다"고 말할 경우 어디서 S와 P의 공통 근거인 '제3자'(X)를 찾을 것인가? 칸트의 요점은 '원인'이란 개념이 '발생한 것'이라는 개념 속에 담겨 있지 않기 때문에 주어진 개념을 벗어나(hinausgehen) 또는 주어진 개념을 '초월'하여 이 개념과 관계하면서 양자를 관계 지을 수 있는 '제3자'(X)를 찾아야 한다는 것이다. 칸트는 '제3자'를 시간 조건, 곧 도식에서 찾는다. 이것은 "선험적 종합판단이 어떻게 가능한가?"라는 질문이 경험적 내용을 가지면서 동시에 선험적인 판단들의 경험적 유의미성에 관한 질문임을 보여준다. 종합판단의 가능성은 그 판단의 '객관적 실질성' 또는 경험적 의미의 산출 가능성에 달려 있다. 판단의 객관적 실질성은 개념 자체에 있는 것이 아니라 개념 '밖에' 놓여 있다. 따라서 객관적 실질성은 주어진 개념을 단지 분석함으로써 얻어낼 수 없다. 반면, 대상 자체 속에도 객관적 실질성이 놓여 있는

---

32 L. W. Beck, 같은 곳.

것이 아니다. 판단의 객관적 실질성은 오직 주어진 개념과 대상을 '초월하여' 시간 지평으로 초월할 때 비로소 찾아낼 수 있다. 시간 조건들이야말로 판단들을 가능케 하는 근거, 곧 선험적 종합판단에서 '제3자'(X)로 등장한다.[33]

그런데 수학적 종합판단과 형이상학적 종합판단 사이에 모종의 유사성이 있음을 잊어서는 안 된다. 그럴 수밖에 없는 것은 수학적 개념과 순수지성 개념은 둘 다 '대응하는 대상'을 요구한다는 사실에 근거해 있다. 그럼에도 형이상학적 개념은 수학적 개념처럼 '구성'될 수 있는 것이 아니라는 사실도 기억해야 한다. 형이상학적 개념은 순수직관 가운데서 선험적으로 제시될 수 없다. 순수지성 개념과 대응하는 모든 대상 또는 사태는 경험적 직관(감각 · 지각)으로부터 와야 한다. (형이상학적) 종합판단의 선험적 가능성에 관한 절박한 문제는 어떻게 이 판단의 ('대상에 대한') 객관적 실질성이 선험적으로 증명되느냐 하는 것이다. 경험 중에 있는 '제3자'란 늘 후험적이다. 초월적 시간 규정을 범주의 객관적 실질성의 조건으로 해결 본 것은 범주의 선험적 성격을 보존하면서 동시에 범주를 통한 형이상학적 판단의 종합적 성격을 가능케 하기 위한 것이었다. '초월적 시간 규정'은 분명 수학적 구성과 다르지만 여전히 도상의 성격을 띤 일종의 '구성'이다.[34] 철학은 수학을 모방할 수 없음을 경고하지만, 형이상학적 종합판단의 가능성 조건의 해명은 이렇게 본질적으로 '수학적'이다.[35]

---

33 A155/B194; A722/B750 주석 참조.

34 '도상적 표상'(bildliche Vorstellung)이란 표현을 보라(『사유 안에서의 정위』, 8:133).

35 칸트에 있어서 '수학적'이라 함은 학문으로서의 '수학'과 반드시 관련되지는 않는다. '수학적'이라는 말은 일반적으로 '직관 중에서의 구성'을 뜻할 경우가 많다(A160/B199 참조). 수학과 철학의 관계에 대한 칸트의 태도는 좀 애매하다. 한편으로 그는 철학에서 수학적 방법(공리 · 정의 · 증명 등)의 사용을 거부한다. 그러나 그럼에도 불구하고 순수지성 개념의 '감성화'를 요구하는 데는 수학적 사고가 개입되어 있다고 볼 수 있다. 칸트의 이러한 정신을 선

종합판단에서 '제3의 요소'의 요청은 초월적 · 형이상학적 판단에 대해 '비판적인' 의미가 있다. 「대상 일반을 현상체와 예지체로 구별하는 근거에 대하여」(A235/B294 이하) 끝부분에서 칸트는 초월적 · 형이상학적 판단을 가능케 해줄 '제3자'를 찾을 수 있는가, 또는 없는가 하는 물음으로 자신이 주장하고자 하는 논점을 명확히 표현하고 있다.

> 이제 내가 묻는 것은, 개념들은 가능한 경험과의 관계에서가 아니라 사물들 그 자체(예지체들)에 타당해야 하는 것인데, 그는[범주들을 초월적으로 사용하기를 여전히 망설이는 사람] 이 종합적 명제들을 어디서 취해오고자 하는가이다. 이 경우, 이 종합적인 명제에서 전혀 아무런 논리적인(분석적인) 친족성이 없는 개념들을 상호 연결시키기 위해서, 항상 종합적 명제를 위해 필요한 제3자가 어디에 있는가? (A259/B315)

인식적 가치가 있는 판단('종합판단')에 대해서 '제3자'를 요구함으로써 칸트는 『순수이성비판』에서 핵심적인 '선험적 종합판단은 어떻게 가능한가?'라는 질문에 비판적 의도가 있음을 분명히 한다. '진정한 의미의 형이상학'의 가능성 또는 불가능성은 이 질문에 달려 있다(『형이상학서론』 5절 4:275-280 참조).[36] 완전히 다른 형태의 '제3자'를 산출하는 데는 또 다른 종류의 '유비 도식론'이 중요한 몫을 담당하고 있음을 앞으로 보게 될 것이다. '유비 도식론'에 대한 본격적인 논의로 넘어가기에 앞서, 초월적 범주와 그와 관련된 표상적 사유와 관련해서 매개의 문제를 다루어보자.

명하게 드러낸 철학자는 역시 하이데거였다. 그의 『사물에 관한 물음』(*Die Frage nach dem Ding*)은 이 점을 탁월하게 밝힌 책이다.

36 "어떻게 선험적 종합명제가 가능한가? [……] 형이상학의 존립과 패망, 그리고 형이상학의 존재는 전적으로 이 과제의 해결 여하에 달려 있다"(『형이상학서론』 5절 4:276).

제7장
매개의 사상과 표상적 사유

칸트의 '매개'의 개념을 살펴보기에 앞서, 앞 장들에서 논의된 점들 가운데 몇 가지를 다시 한 번 기억해두자. 먼저 기억할 것은 포섭과 적용의 문제는 사유(개념)와 직관의 상호 독립성 때문에 발생한다는 것이다. 칸트를 따르면 인간의 사유는 직관적이 아니며, 인간의 직관은 개념적인 것이 아니다. 이 점에서 칸트는 헤겔과 구별된다.[1] 만일 현상이 개념적 사유나 이념적 세계의 복제에 지나지 않거나 개념적 사유가 감각 경험을 추상하는 능력에 지나지 않는다면 인간의 지식을 형성하는 두 요소(개념과 직관)의 필연적 연관 문제는 문제로서 제기될 필요가 없다. 매개 문제는 현상과 개념적 사고가 서로 다르기 때문에 생긴다.

---

1 헤겔은 칸트의 도식론 속에서 '직관적 지성' 또는 '지성적 직관'의 암시를 찾아볼 수 있다고 생각한다. "이 결합[곧, 도식을 매개로 한 순수지성과 순수감성의 결합]은 칸트철학의 가장 아름다운 면 가운데 하나이다. 절대적으로 서로 대립된 다른 것으로 앞에서는 얘기되던 것이 이것을 통해 하나로 묶어진다. 이것은 직관하는, 곧 직관적 지성이요, 또는 지성적인 직관이다." Hegel, *Vorlesungen über Geschichte der Philosophie III. Werke in zwanzig Bänden*. Frankfurt a. M.: Suhrkamp, 1971, 20권, 347–48면. '직관적 지성' 또는 '지성적 직관'이 인간에게 원래 있는 능력이기보다는 지성과 직관의 매개를 통해 구성된 활동이란 뜻으로 이해될 수 있다면 헤겔의 평가는 아마도 옳을 것이다.

우리가 개념을 가지고 사유할 수 있기 위해서는 '대상'이 주어져야 하고, 주어진 대상과 개념이 '관련'을 맺기 위해서는 개념이 감성화되어야 한다는 것은 칸트의 이론철학의 근간이다. "내용 없는 사유는 공허하고, 개념 없는 직관은 맹목적"이란 표현은 이것을 두고 말한 것이다. 이종적인 인식의 두 요소 사이에는 쌍방 통행이 존재한다는 사실도 기억해야 한다. 한편으로는 현상이 개념화되고, 다른 한편으로는 개념(순수지성개념)이 감성화된다. 쌍방 통행은 초월적 상상력이 펼쳐주는 시간 지평이라는 공통 지반을 통해 가능하다.

시간 규정은 범주의 의미론적 규칙으로 기능한다는 사실도 기억해둘 일이다. 범주는 시간 규정에 의해 가능한 대상들과 관련되며, 이를 통해 '객관적 의미'를 얻게 된다. 시간 규정, 곧 초월적 도식은 순수지성 개념과 가능한 대상 사이의 '제3자'로 개입한다. 이 '제3자'에 의해 개념과 대상의 차이가 극복된다. 초월적 도식은 이종적인 두 표상, 곧 '공통적 표상'(개념)과 '단일 표상'(직관) 사이를 '매개하는(중재하는) 표상'(die vermittelnde Vorstellung)이다. 이제 이 '매개'가 함축하는 바가 무엇이고, 이것이 어떻게 가능한가 하는 것을 생각해보자.

1. 두 종류의 매개

『순수이성비판』 전반부를 통해 우리는 적어도 두 가지 종류의 매개를 발견한다. 하나는 감성과 대상 사이, 그리고 지성과 개념 사이에 발생하는 매개를 들 수 있다. 순수직관의 매개에 의해 대상이 곧장 감성에 주어지고, 지성(자기의식)의 매개에 의해 대상을 사유할 수 있는 개념이 발생한다(A19/B33). 개념은, 직관과는 달리 기호를 통해 매개되는 표상이며, 이런 의미에서 직관적이 아니라 언제나 기호를 통해 둘러가는 추론적 표상이다(A68/B93). 이와 관련해서 칸트는 '적어도 우리 인간에게는'(uns Menschen weinigtens)(B33; A68/B93)라는 제한 조건을 덧붙인다. 지적 직관과 직관적 지성을 통한 현실 인식은 인간에게는 불가능하다는 것이다. 왜냐하면 인간의 직관은 언제나 대상에 의해 촉발되어야 하며, 개념적 사유는 사물의 공통적인 특징을 통해 언제나 둘러서 생각하기 때문이다.

이런 유(種類)의 매개는 '자기지시성'(self-referentiality)이란 특성을 갖는다. 직관과 지성의 자기지시적 매개는 각각 감성과 지성의 독립성의 근거가 된다. 대상의 주어짐을 최초로 규정하는 것은 지성의 기능이라기보다는 감성의 순수 형식, 곧 시간과 공간이다. 그래서 칸트는 "오직 그러한 감성의 순수 형식을 매개로(vermittelst) 어떤 대상이 우리에게 나타나 경험적 직관의 대상이 되기 때문에 공간과 시간은 현상으로서의 대상의 선험적 가능조건을 포함하고 있는 순수직관이다"(A89/B121)라고 말한다. 시공과 달리 "지성 개념은 대상이 직관 중에 주어질 조건을 표상하지 않는다"(A89/B122). 칸트의 이 말은, 감성과 대상 사이에, 순수감성 형식에 의한 자기지시적 매개가 있음을 암시해준다. 자기지시적 매개는 지성 안에서도 일어난다. 지성은 순수지성 개념의 매개를 통하여 감성과 상관없이 대상 일반에 관해서 사고한다.

순수지성 개념은 지성의 자기지시적 매개 속에 근원을 두고 있다. 지성의 특성 가운데 중요한 것은 그것의 논리적 '기능'(die Funktion)이다. 이 '기능'은 "여러 다른 표상을 하나의 공통된 표상으로 정돈하는(ordnen) 활동의 통일"(A68/B93)로 정의된다. 사유와 판단 작용이 곧 여기서 말하는 '기능'이다.[2] 판단이란 대상에 대한 매개적 인식, 곧 "대상 표상의 표상"

2 칸트의 '기능'(Funktion) 개념에 내포된 난점에 대해서는 H. J. Paton, 위의 책, 1권, 245면 이하를 볼 것.

(A68/B93)이다. 이런 의미에서 지성은 대상의 직접적 현전을 초월하면서 그 자체 안에서 오직 자기와 관계하는 가운데서 대상을 통일적으로 사유하는 '반성적' 능력이다. 지성의 이러한 반성적 · 자기지시적 능력은 순수하게 논리적인 성격을 지닐 뿐 아니라 '실천적인' 성격도 지닌다. 이와 관련해서 칸트는 이렇게 서술한다.

> 범주는 사고 안에서는(im Denken) 우리의 감성적 직관의 제한을 받지 않고, 무한한 영역을 가진다. 우리가 오직 사고하는 것을 인식(das Erkennen)하려 할 때, 대상을 규정하려 할 때만이 직관이 요구된다. 직관이 없는 경우에도 대상에 관한 사고가 주체의 이성 사용에 대해서 여전히 진실하고 유용한 결과를 가져올 수 있다. 그러나 주체의 '이성의 사용'은 항상 대상의 규정만을, 곧 인식에만 관여하는 것이 아니라 주체와 주체의 의욕의 규정에도 관계한다. (B166 주석)

지성의 자기지시적 매개는 이론적 인식의 근거이며, 동시에 '실천적 자기규정', 곧 자유와도 관련된다. 지성은 앞 절에서도 보았듯이 도식화된 범주('범주의 경험적 사용')를 매개로 경험적으로 사용된다. 범주의 '논리적 의미'의 가능성 때문에 초월적으로 오용될 수도 있다. 그럼에도 범주는 반성적 사유의 개념적 표현으로서 뿐만 아니라 실천적 관점에서 볼 때 실천적 자아와 그의 의욕의 규정에도 사용될 수 있다고 칸트는 주장한다.

감성과 지성의 자기지시적 매개는 그러나 객관적 인식을 성립시키는데 필요한 형식과 재료를 제공할 뿐 객관적 인식을 산출하기에는 그 자체로 충분하지는 않다. 감성은 아직 규정되지 않은 대상을 감성의 순수 형식을 통해 오직 그 자신에게 관계지울 뿐이고, 직관을 통해 '주어진' 대상은 '주어진' 것일 뿐 지성을 통해 통일된 대상은 아니다. 지성도 마찬가지로 사유의 형식을 제공하는 원천으로 남아 있을 뿐, 개별적인 대상과의 실질적 관계는 빠져 있다. 사유의 규칙은 지성의 절대적 통일 속에서 보편적인 것으로 남는다.[3] 하지만 감성과 지성은 분리되면서도 서로 맞물려 있다. 둘의 분리는, 사실은 각각의 활동을 따로 묘사해내기 위한 방법적 분리이다(A22/B36; A65/B90 참조). 사물에 대한 인간의 인식은, 실제로는, 무엇을 보고 듣고 냄새 맡는 행위(직관)와 무엇을 사유하는 행위(개념)의 결합으로 이루어진다. 칸트의 관심은 객관적 인식의 구조적 통일성을 형성하는 계기가 무엇이며 경험적 사유를 가능케 하는 순수사유와 경험적 직관을 가능케 하는 순수직관이 어떻게 종합되는가 하는 것을 구조적으로 해명하자는 데 있다. 「초월적 연역」과 「도식론」에서 제시된 답은 인식의 서로 다른 두 형식이 초월적 상상력의 매개를 통하여 현실적으로 통합을 이룬다는 것이다. '초월적 매개'는 지성과 감성의 자기지시적 매개와는 달리 초월적 시간 규정을 통해 순수지성 개념을 감성화(시간화)하고 내감 형식의 규정을 통해서 경험적인 다양성을 순수지성 개념과 관계를 지운다(감성의 개념화). 보편과 개별의 매개, 통일과 다양의 매개가 여기서 발생한다. 이런 의미에서 초월적 상상력의 매개는 각각 자기의 영역 안에서 일어나는 자기지시적인 감성적 매개와 지성적 매개와 구별해서 '초월적' 매개 또는 '대상 구성적' 매개라고 일컬을 수 있다.

초월적 매개에 특이한 것은 상상력이 감성과 지성에 의존하면서도 '독립성'을 지닌다는 사실이다. "상상력은 지적 종합의 통일에 관해서는 지성에 의존하고, 그 포착의 다양성에 관해서는 감성에 의존한다."(B164) 이렇게 상상력이 이중으로 의존해 있기 때문에 상상력은 '순수' 사유와 '순수' 직관 사이의 매개자로 기능할 수 있고, 결과적으로 개념과 감성적 직

---

3 "[순수지성]은 자립적 · 자족적인 통일체이고, 외부로부터의 부가에 의해 불어나는 것은 아니다"(A65/B90).

관의 매개자 역할을 할 수 있다. 만일 이 의존성이 없다면 상상력은 하나의 '환상'(Einbildung)이거나 '표상의 놀이'(A156/B195; A194/B239; A239/B298)에 지나지 않는다. 그런데 이러한 이중적 의존성에도 불구하고 상상력은 '근본 능력'(Grundvermögen)(A124)으로서의 독립성을 누린다. 상상력은 지성으로나 감성으로 환원될 수 없다. 하지만 이상하게도, 칸트의 인식 능력의 체계 안에서 상상력은 홀로 거처할 수 있는 일정한—하이데거의 표현을 빌리자면— '집'이 없다.[4] 상상력은 따로 거처할 '집'이 없다. 감성과 지성의 근원적인 두 가지 인식 능력을 상호 매개하는 중간 능력일 뿐이다.

그렇다면 상상력의 독립성은 어디서 오는 것인가? 아마도 이 질문에 대한 해답은 인식의 숨겨진 이념, 곧 인식을 감성적인 것과 지성적인 것의 두 이종적인 요소의 종합으로 보는 칸트의 입장과 관계해서 찾아볼 수 있다. 이종적인 두 요소(지적인 것과 감성적인 것) 사이의 종합은 상상력의 매개 작용을 통해서 이루어지는 동화(同化) 과정이다. 바로 이 동화 작용 가운데 상상력의 자리가 있다고 보아야 하며, 상상력의 독립성은 동화 작용의 활동에서 찾아야 할 것이다. 따라서 상상력의 독립성은 그것이 누리는 절대적 자유에 있기보다는 동화하고 구성하는 활동 가운데 실현된다. 이런 의미에서 상상력의 독립성은 '의존성 가운데서의 독립성'이다. 그래서 칸트는 상상력을 흄처럼 '인상의 힘과 생생함'의 관점에서 보지 않고 오히려 매개하고 구성하는 활동의 관점에서 본다.[5]따라서 상상력은 다

4 감성과 지성의 구별은 초월적 감성론과 초월적 분석론의 구별에 상응하지만 이 구별에는 상상력의 자리는 설정되어 있지 않다. 이러한 사태를 일컬어 하이데거는 "초월적 상상력은 집이 없다(heimatlos)"고 말한다. M. Heidegger, *Kant und das Problem der Metaphysik*, 131면 참조.

5 흄 또한 상상력의 자유와 한계를 알고 있었다. 상상력의 자유는 자유로운 자리바꿈과 관념들의 변경에 있다. 반면 상상력의 한계는 상상력이 인접성 · 유사성 · 인과성이라는 세 가지 법

양을 종합하는 '활동하는'(tätig) 능력이라고 말한다. 상상력의 활동은 도식, 곧 시간 의식의 근원적 현시(exhibitio originaria)를 '산출하는' 활동이다. 칸트는 경험적인 재생산적 상상력과는 달리 도식 활동을 수행하는 상상력을 생산적 상상력이라고 부른다(A141/B181; 『인간학』 7:167 참조). 이렇게 보면 시간 규정이 이종적인 두 요소 간의 '동화'를 가능케 하는 '제3자'로 생각된 것은 그렇게 예상을 벗어난 일은 아니다. 이른바 '이성의 후생 체계'는 이것과 관련이 있다.

2. '이성의 후생 체계'

현상과 순수지성 개념을 매개하는 '제3자'는 "나무와 다리를 끈으로 묶는 것"처럼 그렇게 기계적으로 '바깥으로부터' 개입한 것이 아니다. 이 매개는 오히려 이성 자신의 유기적 성격에 기인한다. 이성의 이러한 성격은 이른바 '순수이성의 후생(後生) 체계'라는 용어 속에 표현되어 있는 것으로 보인다. 칸트는 이를 통해 경험론적 감각주의와 이성론적 생내(生內)주의의 덫을 피해 대상에 대한 인간 경험과 개념적 사유의 상호 작용의 문제를 접근한다. 『순수이성비판』 「초월적 연역」(2판) 27절은 '지성 개념들의 이 연역의 성과'(27절)라는 소제목을 달고 있다. 여기서 칸트는 생물의 발생과 성장을 다룬 당시의 생물학 이론에 견주어 대상과 개념의 필연적 관계를 기술한다. 초두에서 칸트는 대상과 개념의 필연적 통일을 언급하면서 "범주를 통하지 않고서는 우리는 아무런 대상도 사유할 수 없고 개념에 대응하는 직관이 없고서는 우리는 사유된 대상을 인식할 수 없다"

칙에 의존한다는 데 있다. D. Hume, *Treatise of Human Nature*, 1권, 1부, 3절 참조.

(B165)는 그의 주장을 반복한다. 칸트는 대상과 개념의 이러한 통일에 대해서 다음과 같이 쓰고 있다.

> 경험과 경험의 대상에 관한 개념들이 필연적으로 일치한다고 생각할 수 있는 길은 두 가지밖에 없다. 경험이 이 개념들을 가능케 하거나, 이 개념들이 경험을 가능케 하는 것이다. 첫 번째 길은 범주에 관해서나 순수감성적 직관에 대해서도 성립되지 않는다. 왜냐하면 범주는 선험적 개념이며, 따라서 경험에 의존하지 않기 때문이다. 범주가 경험적 근원을 가졌다는 주장은 일종의 이종(異種) 발생(generatio aequivoca)이다. 따라서 두 번째 길만 남게 된다. 말하자면 순수이성의 후생 체계(das System der Epigenesis der reinen Vernunft)이다. 곧, 지성의 측면에서 볼 때 범주가 어떻게 경험을 가능케 하는가, 또 범주가 현상에 적용될 때 경험을 가능케 하는 어떤 원칙을 제공하는가에 대해서는 다음 장의 「판단력의 초월적 사용」에서 더 자세히 알게 될 것이다. (B166–167)

여기서 칸트는 범주의 기원과 사용과 관련해서 당시 생물학에서 통용되던 세 가지 이론인 자연발생설(이종발생설) · 후생설(後生說) · 전성설(前成說)을 언급한다[6](물론 이때까지는 '생물학'이란 용어가 사용되지는 않았다. 생물

---

6 세 가지 생물학(발생학) 이론에 대한 역사적 조망에 대해서는 다음 문헌들을 참고하기 바란다. J. Needham, *A History of Embryology.* Cambridge University Press, 1934; John Farley, *The Spontaneous Generation Controversy from Descartes to Oparin.* Baltimore/London: The Johns Hopkins University Press, 1974. 당시의 독일 생물학과 칸트철학 사이의 관계에 대해서는 다음 문헌을 참고하기 바란다. G. Rabel, "Kant as a Teacher of Biology," in: *Monist* 41(1931), 434–70면; T. Lenoir, "Kant, Blumenbach and Vital Materialism in German Biology," in: *Isis* 71(1980), 77–108면; J. Wubnig, "The Epigenesis of Pure Reason. A Note on the Critique of Reason, B, sec. 27," in: *Kant-Studien* 60(1969), 147–52면; A. C. Genova, "Kant's Epigenesis of Pure Reason," in: *Kant-Studien* 65(1974), 259–73면; R. Löw, *Philosophie des Lebendigen. Der Begriff des*

학이란 용어는 19세기에 와서야 등장한다).

칸트가 말하는 첫 번째 가능성은 이종 발생(異種發生, generatio aequivoca), 곧 오늘날은 대개 자연 발생 또는 무생설(abiogenesis)로 불리는 것이다.[7] 이 이론을 따르면 생물은 모체(母體)나 그와 비슷한 어떤 것의 매개를 거치지 않고 물질로부터 곧장 발생한다.[8] 부브니히는 범주에 대한 경험론자의 해명이 이러한 이론과 유사하다고 말한다. 경험론을 따르면 "생물이 물질로부터 자연스럽게 발생한다는 가정처럼 범주가 경험으로부터 자연스럽게 발생한다는 가정"이 가능하다.[9] 두 번째 가능성은 전성설(preformation theory)이다. 전성설은 현미경을 직접 관찰에 도입한 네덜란드의 안토니 반 레이븐후크, 니콜라스 하르트주커, 샤를르 보넷, 콩트 드 뷔퐁, 라이프니츠 등이 옹호한 이론이다. 난자나 정자 같은 생명체의 '배아'가 앞으로 완성될 생명체의 형태를 완전히 갖추고 있을 뿐 아니라 생물의 성장은 [각 부위의 비례 관계는 변하지만] 크기의 증가에 지나지 않는다는 이론이 곧 전성설이다.[10] 철학적으로 말하자면 경험과 이성은 질적으로 다른 것이 아니라 단지 양적으로 다를 뿐이다. 왜냐하면 이성 자체는 이미 다 형성되어 있고 경험 안에서의 발전은 양적인 것에 불과하기 때문이다.[11] 라이프니츠의 "마음은 각 순간마다 자신의 미래의 사유를 표현하며, 미래에 판명하게 사유될 모든 것에 대해 이미 혼동된 상태로

Organischen bei Kant, sein Grund und seine Aktualität, Frankfurt a. M.: Suhrkamp, 1980 참조.

7 J. Farley, 위의 책, 1면; J. Wubnig, 위의 글, 148면.

8 J. Wubnig, 같은 곳 참조.

9 J. Wubnig, 같은 곳 참조.

10 이 이론에 따라 하르트주커는 정자 안에 태아(이른바 '작은 인간')가 자리 잡고 있는 그림을 그리고 있다. J. Needham, 위의 책, 206면에 수록된 그림 참고.

11 『교수취임논문』, 7절 2:394–5 참조.

사유한다"는 말은 생물학적 전성설과 동일한 입장에서 나온 것이다.[12] 인간 정신이 세계에 대한 지식을 얻을 수 있는 것은 정신과 신체가 독립해 있으면서도 인식이 가능하도록 하나님이 미리 그렇게 조화롭게 창조했기 때문이라고 라이프니츠는 설명한다.[13] 하지만 칸트는 이렇게 미리 모든 것을 조성하였다고 보는 입장에 대해서 다음과 같이 말한다.

> 어떤 이는 언급한 두 개의 길[자연발생설과 후생설] 사이에 중간 길을 제안하고 싶어 할지도 모른다. 곧, 범주들은 우리 인식의 스스로 생각된(selbstgedacht) 선험적인 제일의 원리들도 아니고, 경험으로부터 길러낸 것도 아니며, 주관적인 우리의 실존과 함께 동시에 심어진 사고를 위한 소질(die Anlage zum Denken)이고, 그것은 우리의 창조자에 의해 그 사용이, 경험이 그것에 따라서 진행하는바, 그 자연의 법칙들과 정확히 일치하도록 설정되었다는 생각(순수이성의 일종의 전성[前成] 체계)이다. (B167)

칸트는 생물학적으로나 철학적으로나 전성설이나 자연발생설을 거부한다.[14] 범주는 자연발생설이 함축하듯이, 감각 경험을 통해 자연스럽게 발생한 것도 아니며, 전성설이 함축하듯이, 창조주가 미리 만들어놓은 것도 아니다. 인간의 인식 능력은 본질적으로 범주를 형성하는 고유의 가능

---

12 G. W. Leibniz, *Discours de Métaphysique,* H. Lestienne, ed., Paris: J. Vrin, 1975, sec. XXXVI: "근대의 과학이 우리에게 알려주고 또 이성이 인정하는 바는 다음과 같다. 유기체적 기관이 우리에게 알려진 생물들, 곧 식물과 동물은 고대인들이 생각했던 것처럼 부패 또는 혼돈으로부터 살지 못한다. 그것은 이미 모든 것이 형성된 종자로부터, 따라서 이미 존재하는 생명체의 변형으로 살게 되는 것이다."(Leibniz, *Principes de la Nature et la Grace fondés en Raison*, 6절).

13 J. Wubnig, 위의 책, 150면 참조.

14 칸트는 『순수이성비판』에서는 해충의 발생을 설명하기 위해 자연발생론을 받아들이는 듯하나(A835/B863); 『판단력 비판』에서는 거부한다(『판단력 비판』 80절 주석 5:419-20 참조).

성을 지니고 있지만 그 가능성은 경험적 계기를 통해 비로소 실현된다. 마찬가지로 감각 지각은 경험론자들이 생각하는 것처럼 마치 문자가 인쇄되듯이 인간 마음에 자동적으로 '인쇄'되는 것이 아니라 범주를 통해 변형되고 조직되어야 한다. 그렇지 않고서는 인간의 지식이 성립되지 않는다. 이 점에서 칸트는 카스파르 볼프와 요한 블루멘바하와 마찬가지로 생물학설뿐만 아니라 인식론과 관련해서도 후생설을 지지한다. 후생설은 생명의 배아에 이미 형성된 유기체가 내포된 것이 아니라, 단지 적절한 재료가 주어지면 그 자신을 보다 발전된 유기체로 형성할 수 있는 능력이 있을 뿐이라는 주장을 담고 있다. 모든 생명체는, 후생설을 따르면, 재료를 취하고 그것을 변형시킬 수 있는 힘을 가지고 있다.[15] 이 힘을 카스파르 볼프는 '본질적인 힘'(vis essentialis)이라고 불렀고, 블루멘바하는 '형성 충동'(nisus formativus, Bildungstrieb)이라고 불렀다.[16] 후생설이 옳음을 결국 루이 파스퇴르가 19세기 중반 실험을 통해서 증명한다.

자연발생설과 전성설, 그리고 순수이성의 후생 체계에 대한 이해는 칸트의 비판철학을 이해하는 데 매우 중요한 의미가 있다. 칸트는 전성설을 내세운 사람들과 마찬가지로 인간 이성에는 개념을 형성하고 경험을 조직할 수 있는 '자연적 소질'(die Naturanlage)이 있음을 인정한다. 자연발생설주의자들이 내세우는 것과 마찬가지로 체계적 경험을 위해서는 인식 능력과는 다른 재료가 밖으로부터 주어져야 한다는 사실도 인정한다. 하지만 칸트는 후생설의 옹호자로서 이 두 이론에서 한 걸음 더 나아가 인식 주체가 인식 대상을 자기 것으로 만들어가는 동화와 변형 활동을 강조한다. 이러한 의미에서 '순수이성의 후생 체계'에 대한 이해는 초월적 도

15 T. Lenoir, 위의 책, 78면 이하; J. Wubnig, 위의 글, 151면 참조.
16 T. Lenoir, 위의 책, 83면 참조.

식을 수단으로 한 '매개'를 이해하는 데 결정적인 열쇠가 될 수 있다는 것이 내 생각이다.

3. 매개와 활동

후생설과 매개의 문제를 연결시켜보면 흥미로운 점이 몇 가지 보인다. 이성 자체가 후생적(epigenetic) 활동 체계를 갖는다는 것은, 매개는 무엇보다도 종류가 서로 다른, 곧 이종적(異種的)인 두 항을 연결하는 활동임을 말해준다. 유기체를 에워싼 환경이 유기체의 주체적인 구성과 종류가 다르듯이 경험 대상은 인식 주체의 능력과 종류가 다른 것이다. 인식 대상은 그 최초의 형태에 있어서는 인간 이성이 스스로 산출한 대상이 아닐 뿐더러 경험 세계와 구별되는 이념 세계의 모사(模寫)도 아니다. 따라서 인식 주체와 인식 대상의 관계는 존재론적 분유(分有, methexis)나 '논리적 포섭'으로 얘기될 수 없다. 개념과 대상 사이의 이종성(異種性)은 사유와 존재의 이종성이며 이런 관점에서 볼 때 칸트의 도식론은 두 항 사이의 간격을 극복할 수 있는 방법적 수단을 제공하려는 노력으로 보인다.

후생설에 비추어보면 칸트의 '매개'는 일종의 동화(同化)와 변형(變形)의 활동이란 점을 알 수 있다. 이종성을 전제한 뒤 인식의 두 요소 사이의 필연적 일치를 가능케 하는 조건이 무엇인가 하는 것이 여기서 관심사로 떠오른다. 필연적 일치는 두 항 가운데 어느 한쪽이 일방적으로 우위성을 점유해서 발생하는 것이 아니라 오히려 후생적 성격을 지닌 이성의 활동으로 서로 같은 것으로 동화된다. 동화의 과정은 두 가지 다른 측면에서 볼 수 있다.[17] 인간 이성은 한편으로는 주어진 재료를 "스스로 생각해낸"(B167) 개념 틀에 알맞게 동화시킨다. 그러나 다른 한편으로는 개별적인 경우에(엄격하게 말해서 초월적 시간 조건에) 적응해서 자신을 구체화시킨다. 경험과 개념, 인식과 인식 대상 사이의 '동종성'(同種性)을 요구한 점에서 고대로부터 전승된 "동일자는 동일자를 통해 알 수 있다"는 이념을 칸트도 완전히 벗어나지 못했다고 할 수 있다. 개념과 직관, 그리고 궁극적으로는 사유와 존재의 이질성을 전제하면서도 개념과 대상 사이의 동종성(엄밀히 말해서 동종화)을 요구하는 것은 이러한 이념 때문이 아닌가 생각된다. 초월적 도식을 수단으로 한 매개는 레비나스의 용어를 빌려 표현하자면 타자를 동일자의 그물 속에 끌어들이는 과정이다.[18] 이 과정은 인간 바깥의 자연이 인간의 인식적 관심을 통해 확인될 수 있는 대상이 되는 일종의 '문화적 변형' 과정으로 볼 수 있다.[19]

칸트의 '매개'는, 이미 앞에서도 보았듯이 인간의 '활동'과 밀접히 관련되어 있다. 초월적 매개, 곧 대상 인식을 가능케 하는 매개는 순수직관이나 순수사유 속에서는 일어나지 않는다. 초월적 매개는 초월적 상상력의 구성 활동을 통해 실현된다. 칸트가 본 매개는 후생적 이성에 바탕을 둔 하나의 구성 활동이다. 지성과 감성의 '공통 뿌리'와 '동종성'도 이런

---

17 후생설을 모형으로 인간 인식을 해명한 사상가로는 장 피아제를 들 수 있다. Jean Piaget, *L'épistémologie génétique*(Paris: PUF, 1979)와 *Biologie et connaissance*(Paris: Gallimard, 1967)를 참조하고 '동화'(assilmilation)와 '적응'(accomodation)에 관한 피아제의 독특한 생각에 관해서는 다음 책을 참조하기 바란다. J. Piaget, *La connaissance du réel chez l'enfants*(Neuchâtel/Paris: Delachaux et Niestlé, 1977) 307–39면. 햄린도 동화와 적응의 측면에서 직관과 개념의 상호작용을 해석한다. D. Hamlyn, *Experience and the Growth of Understanding*. London: Routeledge and Kegan Paul, 1978, 47면, 51면 참조.

18 E. Levinas, *Totalité et infini*, Den Haag: Nijhoff, 1962. 타자를 동일자로 환원하는 것과 관련해서는 강영안, 『타인의 얼굴』 참조.

19 반 데르 후븐은 인간의 활동성과 매개, 그리고 문화의 상호 연관관계를 찾아보고자 애쓴다. Jan van der Hoeven, "Kant over midden, middel en doel," in: *Philosophia Reformata* 54(1989), 147–59면 & 55(1990), 16–33면 참조. 이 글에서 반 데르 후븐은 저자의 박사학위 논문 *Schema and Symbol*을 54(1989) 154면과 157면에서 인용하고 있다.

방식으로 이해해야 한다고 나는 생각한다. "동일자는 동일자를 통해 알 수 있다"는 이념과 관련해서 칸트는 예컨대 괴테처럼 인간의 눈과 태양 사이에 어떤 친화성이 있기 때문에 인간의 눈이 태양 빛을 통해 사물을 볼 수 있다고 보는 입장이나 인간 영혼과 신적 혼 사이에 친화성이 있기 때문에 신적 지식이 가능하다고 보는 영지주의적 입장과는 다른 입장을 보인다.[20] 동종성은, 이미 내적으로 주어진 친화성에 근거한 동종성이 아니라 내적인 것과 외적인 것의 상호 접촉을 통한 활동을 통해 구성된 동종성이다. 이렇게 볼 때 '우리에게 알려지지 않은 공통 뿌리'(A15/B29)는 하이데거의 생각처럼 상상력이라는 어떤 특정 인식 능력에 있는 것이 아니라 마치 인간의 몸과 영혼의 일체성을 일상적 삶 속에서의 구체적인 실천을 통해서 찾아볼 수 있듯이 초월적 상상력을 매개로 한 두 인식 능력(감성과 지성)의 구체적인 '상호작용' 가운데서 찾을 수 있을 것이다.[21] 그러므로 구체적인 인식 활동으로 나타나는 이 상호작용은 감성과 지성 사이에 전제된 이원성보다 존재론적으로 우선적이라고 할 수 있다. 다시 말해 매개를 담당하는 중간항으로서 초월적 도식은 범주의 적용을 통한 현

---

20 Aristotle, *De Anima*, I, 404b, 17면 참조. 아리스토텔레스는 엠페도클레스와 플라톤의 『티마이오스』를 언급하면서 동일자에 의한 동일자의 인식(ginoskesthai gar to homoio to homoion)을 말하고 있다. 괴테의 "만일 눈이 태양 같지 않으면, 눈은 태양을 알 수 없을 것이다"는 말도 동일자 사상에 근거를 두고 있다. 도드(C. H. Dodd)는 영지주의자들의 작품집(*Corpus Hermetica*)에서도 '동일자는 동일자에 의해 알려진다'는 사상이 담겨 있음을 지적한다. 누스는 헤르메스에게 이렇게 말한다. "만약 네가 네 자신을 신처럼 만들지 않는다면 너는 이성적으로 신을 파악하지 못할 것이다. 왜 그러냐 하면 동일자는 동일자에 의해 인식되기 때문이다." C. H. Dodd, The Interpretation of the Fourth Gospel. Cambridge: *The University Press*, 1953, 16면.

21 하이데거는 초월적 상상력을 서로 종류가 다른 두 능력의 '공통 뿌리'로 해석하지만 우리의 관점에서는 그의 해석을 쉽게 받아들일 수 없다. M. Heidegger, *Kant und das Problem der Metaphysik*, 129-36면 참조. '공통 뿌리'는 '상상력'이라는 한 능력에서 찾을 것이 아니라 그것의 산물인 초월적 도식을 수단으로 한 매개 '활동'에서 찾아져야 할 것이다.

상의 구조화 과정에서 직관과 개념보다 우선적인 위치에 있다고 할 수 있다.[22]

끝으로, 칸트의 '매개' 개념은 본질적으로 목적론적임을 지적해두자. 매개의 목적은 인간 지성의 체계('범주의 체계', 『형이상학서론』 39절 4:322–6)를 따라 자연의 체계를 구축하는 것이다. 칸트의 '체계' 개념에는 전체성, 목적성, 유기적 연관성, 이 세 가지 요소가 본질적이다. 『순수이성비판』 「이성의 건축설」 부분에서 칸트는 이렇게 쓰고 있다.

> 모든 부분들이 관계 맺고 있는 목적의 통일성, 그리고 또한 그 이념 안에서 부분들 상호간에 관계 맺고 있는 목적의 통일성이, 여타 부분들을 알 때 어느 한 부분이 빠져 있음을 인지할 수 있게 하고, 우연적인 덧붙임이나, 선험적으로 정해진 한계를 갖지 않는, 불확정적인 크기의 완전성이 생기지 않도록 만든다. 그러므로 전체는 분절(articulatio)이 되어 있는 것이지 집적(coacervatio)되어 있는 것이 아니다. 전체는 내적으로(내적 수용에 의해) 성장할 수 있으나, 외적으로는 (첨가에 의해) 성장할 수는 없다. 동물의 신체처럼 말이다. 동물의 신체의 성장은 분절을 덧붙이는 것이 아니라, 균형의 변화 없이 각 분절이 자기의 목적들을 더욱 강화하고 효력 있게 만드는 것이다. (A832/B860–A833/B861)

'체계'의 이념은 여기서 학문으로서의 형이상학의 기초인 이성의 체계('순수이성의 건축술')와 관련하여 언급되어 있다.[23] 하지만 여기에 그려진 '체계'는 방금 우리가 논의한 후생의 의미와 직접 연관되어 있음이 드

22 범주보다 도식이 앞선다고 해서 범주를 "초월적 시간 규정, 곧 도식의 이름"이라고 보는 호그레베의 주장은 쉽게 납득할 수 없다. W. Hogrebe, 위의 책, 122–26면 참조.

23 손봉호 교수는 칸트의 후생설과 체계로서의 학문 이념의 관계를 자세히 논의하고 있다. B. H. Son, *Science and Person*, 2–13면.

러난다. 무엇보다 흥미로운 것은 체계란 유기적 통일체이며 이것이 동물의 몸처럼 자란다고 본 것이다. 통일은 여기서 '기술적'(技術的) 또는 '기계적'인 결합에 의한 연합이 아니라 건축술적 · 유기적 통일이다(A833/B862 참조). '후생적 이성'은 범주에 따라 체계화할 수 있도록 자연의 영역 안에 감성적 재료를 가지고 있지만 순수이성 자체에는 그러한 재료가 결여되어 있다. 자연 체계의 성장은 이러한 후생적 이성의 동화와 변형 활동을 통해 실현된다. 이때 이성은 초월적 도식을 자연 체계를 형성하는 도구로 사용한다. 체계 구축은 '건축'에 비유될 수도 있다. 인간 이성은 자연('경험의 집', 『형이상학서론』 33절 4:315-6)이라고 불리는 '건축물'을 구성하는 '초월적 손'[24]으로서 도식을 사용한다. 이때 이성은 자신의 설계도(범주)에 따라, 쓸모 있는 재료(직관 · 감각)를 사용하여 작업을 진행한다.[25]

그러면 과연 이 체계 구축의 목적은 무엇인가? 이 물음에 대해서 우리는 앞 절에서 언급한 텍스트 비유를 통해 답을 시도해볼 수 있다. 범주는 현상을 경험으로 읽을 수 있도록 '철자화'하는 규칙이다(같은 책, 30절 4:312-3). 두 가지가 여기에 전제되어 있다. 첫째, 현상은 쓰여야 할 하나의 텍스트이다. 둘째, 인간 지성은 현상이라는 텍스트를 읽고 해독할 수 있는 원천이다. 범주는 그 자체로 내용이 없고 단지 사유의 논리적 형식만을 포함하고 있다는 것은 칸트가 지속적으로 주장하는 바이다. 한편 현상은, 그것을 체계로서 질서지우고 조직해줄 규칙이 없이는 그 자체로는 읽을 수도 없고 선험적으로 규정할 수도 없는 거의 무(無)에 가까운 존재

---

24 같은 곳.

25 "사변적인 순수이성의 인식 전체의 총괄을 적어도 우리가 설계한 하나의 건축물로 본다면 우리는 '초월적 원리론'에서 이 건물의 건축 재료를 어림잡고, 어떠한 건물을 얼마나 높이 그리고 얼마나 견고하게 건축할 것인가를 결정하였다고 말할 수 있을 것이다"(A707/B735).

에 지나지 않는다. 현상은, 말하자면 초월적 주체의 의미부여 활동 없이는 그 자체로는 '의미 연관성'이 없다.[26] 초월적 도식을 통한 매개의 기능이 여기에 자리 잡고 있다. 초월적 도식은 '상상력의 문자'로서 철자화의 규칙에 따라 현상이라는 텍스트를 쓰는, 카울바하의 표현을 계속 쓰자면, 하나의 '초월적 손'과 같다. 도식을 수단으로 한 매개와 동화의 활동은 '시간'(시간 규정)이라는 언어를 사용해 현상을 해독 가능한 텍스트로 씀으로써 (대상과 관련하여) 범주(철자화의 규칙)에 의미를 제공한다. 범주와 현상의 의미는 매개 활동 자체에 의해 주어진다. 이 활동을 통해 자연의 체계와 범주의 체계가 일치하게 된다.[27]

---

26 이 점에 대해서는 현실을 '의미연관성'으로 보는 도여베이르트의 철학은 매우 중요한 의미가 있다. 하지만 의미 연관성을 도여베이르트는 칸트처럼 인간 주체가 스스로 부여한 것으로 보기보다는 창조주의 창조 질서와 관련해 본다. H. Dooyewerd, *A New Critique of Theoretical Thought*, vol. II, 25–36면 참조; 텍스트 유비와 도여베르트의 의미 이론의 관계에 대해서는 H. G. Geertsema, "Vrijheid als antwoord," in: B. Voorsluis, J. van der Hoeven et al., eds., *Vrijheid*. Amsterdam: Free University Press, 1984, 261–66면; C. A. van Peursen, "Does 'Meaning' Make Sense?," in: *Christianity and Philosophy, Philosophical Essays dedicated to Professor Dr. Herman Dooyeweerd*. Kampen: Kok, 1965, 157–65면 참조.

27 여기서 논의한 방식과는 구별되지만 인간학적 접근을 통해 사유와 직관의 통합 문제를 다룬 문성학 교수의 연구를 보라. 문성학, 『칸트철학의 인간학적 비밀』 울산: 울산대학교 출판부, 1997, 167–206면.

제8장
표상적 사유를 넘어 사유 안에서의 방향 찾기

도식에는 지금까지 논의한 경험적 도식, 수학적 도식, 범주의 초월적 도식 밖에도 여러 가지 다른 도식들이 있다. 『순수이성비판』이 드러내놓고, 비교적 체계적으로 다룬 도식은 초월적 도식이지만 다른 종류의 도식들도 쉽게 스쳐지나갈 수 없다. '이성의 도식론'은, 도식론 자체를 깊이 살펴본 몇몇 학자를 제외하고는 잘 알려져 있지 않은 부분이다. 하지만 좀 더 깊이 들여다보면 '이성의 도식론'은 경험 체계를 구축하는 일에 중요한 기능이 있을 뿐 아니라 세 가지 초월적 이념(영혼 · 세계 · 신)을 긍정적으로 수용하고 발전시키는 데에도 중요한 역할을 한다는 것을 발견하게 된다. 그럼에도 이 부분이 잘 알려지지 않았고 많은 연구가 되지 않은 것은 체계적으로, 충분히 논의하지 못한 칸트 자신에게 책임이 있다.

첫 절에서 우리는 가능한 경험의 한계를 넘어 오직 사유라는 수단을 통해서 방향을 찾는 문제를 가지고 칸트가 어떻게 고심하는지를 살펴볼 것이다. '이성의 욕구'(die Bedürfnis der Vernunft)라는 개념이 여기서 중요하다. '이성의 욕구'는 최고선에 대한 이성 충동의 적극적인 완성으로서 뿐만 아니라 이념적인 가상의 독특한 원천으로서도 매우 중요한 역할을 수행한다. 두 번째 절에서 우리는 왜 이성 사용의 객관적 정당성이 불가능한 것으로 간주되는지, 그리고 어떤 방식으로 이성의 합법적 사용의 길이 열리는지를 살펴볼 것이다. 이 문제에 대한 해결은 세 번째 절에서 다룰 '이성의 도식론' 문제를 해명하는 일에 도움을 줄 것이다. 이성의 이념이 가질 수 있는 '의미'에 대해서, 그리고 형이상학적 판단의 선험적 종합과 관련해서 '이성의 도식론'이 가진 의미에 대해서는 9장에서 논의할 것이다. 10장에서는 칸트의 '체계' 개념과 '도식' 사이의 관계, 경험을 체계화할 때의 도식의 역할을 살펴볼 것이다. 경험과 이성의 완전한 체계화의 실현이 비록 미래에 대한 희망사항이라고 한다 해도, 인류를 위한 '안전한 집'인 완전한 체계를 향한 끝없는 '형이상학적 욕구'를 보게 될 것이다.

1. 이성의 욕구와 사유 안에서 방향 찾기

인간 이성에는 자연에 대한 과학적인 해석에 만족하지 않고 경험의 한계를 넘어서 초감성의 세계로 확장하려는 욕구가 본성적으로 잠재해 있다. 표상적 사유만으로 만족하지 못하고 감성을 통한 표상이 불가능한 대상 영역으로 이행하고자 하는 욕구가 인간 이성에 본성적으로 내재해 있다는 발견은 칸트를 결국 이성 비판으로 이끈 계기였음을 우리는 안다. 『순수이성비판』의 서문(1판)을 보면, 감각 경험에 의존하지 않고서도 수학적 증명이 성공했기 때문에 이성은 이러한 욕구를 훨씬 더 강하게 스스로 의식하게 되었다. "이성의 힘에 의한 그런 증명[수학적 증명]에 매료되어서 인식을 확장하려고 하는 충동은 그 한계를 모른다."(B8) 수학적 방법을 철학에 도입하고자 했던 철학자들을 칸트는 이렇게 비판한다. 이성의 무제한적 욕구는 진공 속에서 날고자 하는 비둘기의 욕구에 비유된다. “경쾌한 비둘기는 공중에서 자유롭게 공기를 헤치고 날면서 공기의 저항을 느낄 때에, 공기가 없는 공간에서는 훨씬 더 잘 날 수 있으리라는 생각을 할 수 있다”(A5/B8-9). 여기서 말한 ‘비둘기’의 대표적인 경우는 플라톤이다. “이와 마찬가지로 플라톤은 감성 세계가 그렇게 다양한 장애물을 놓는다는 이유로 감성 세계를 떠나 이념의 날개를 타고 피안의 세계로, 곧 순수지성의 허공으로 감히 날아 들어갔다”(A5). 칸트의 서술은 비난이면서 동시에 칭찬이다. 사실 플라톤은 칸트가 보기에는, 이성의 근본적인 욕구를 간파한 철학자였다. 그래서 『순수이성비판』 「초월적 변증론」에서 플라톤은 서론과 유사한 방식으로, 하지만 부정적이기 보다 오히려 긍정적으로 이야기된다.

> 플라톤은 우리의 인식능력이 현상들을 경험으로 읽을 수 있도록, 그것들을 한낱 종합적 통일에 따라 철자화(buchstabieren)하는 것보다도 훨씬 더 고차적인 욕구를 느끼고 있다는 것을 충분히 잘 간취하고 있었다. 또 그는 우리의 이성이, 경험이 제공할 수 있는 어떤 대상이 합치할 수 있는 것보다 훨씬 더 나아가는, 그러나 그럼에도 실질성을 가지며 한낱 환영[幻影]이 아닌 그런 인식들에게까지 자연스럽게 비약해간다는 것도 간취하고 있었다. (A314/B370-1)

앞에서 본 것처럼 ‘철자화’는 텍스트 쓰기와 관련된 비유가 여기에 나타난다. 인간 이성에는, 그런데 현상을 읽을 수 있는 텍스트로 철자화하는 일에 만족하지 않고 그것을 뛰어넘고자 하는 욕구가 있다. 이 욕구를 알아챈 사람으로 칸트는 여기서 플라톤을 지목한다. 플라톤과 마찬가지로 칸트 또한 가능한 경험의 범위를 넘고자 하는 ‘이성의 욕구’를 깊이 인식한다. 이 욕구는 잘못된 욕구가 아니라 인간에게 내재한 진정하고도 본질적인 형이상학적인 욕구이며, 단순히 '지식에 대한 목마름' 이상의 인간에게는 매우 '절박한 욕구'이다(『형이상학서론』 60절 4:367). 인간 이성에 본성적으로 뿌리를 두고 있는 형이상학적 욕구의 경험과 이 욕구를 충족시키고자 하는 다채로운 노력이 사실상 『순수이성비판』의 출발점임을 우리는 기억한다.

만약 인간의 형이상학적 욕구가 잘못된 것이 아닌 진정한 욕구라면, 그리고 인간 이성이 스스로 형이상학적 질문에 답을 할 수 없다면, 도대체 어떻게 인간 이성은 그 자체로 그의 고유한 욕구를 만족시킬 것인가? 이성에 대한 절대 신뢰를 보내는 교의주의(dogmatism)나 절대 불신을 하는 회의론은 각각 그 나름대로 이 물음에 대한 전통적인 해결방안일 수 있다. 형이상학적 문제에 대해서 무관심에 빠지는 것도 하나의 방법일 수 있다(AIX-X). 칸트 자신은 교의주의에서부터 회의론을 거쳐 비판철학에 이르는 성장의 여행을 스스로 체험한 사람이다.[1] 비판철학은 한편으로는 교의주의의 함정으로부터, 다른 한편으로는 학문으로서의 형이상학의 가능성을 부인하는 회의론으로부터 탈출하는 길임을 칸트는 천명한다. 그러나 "가능한 경험의 범위 너머의 빈 공간, 곧 사유 안에서 어떻게 방향을 찾을 것인가?" 하는 것이 역시 문제였다. 다시 말해, 초감성적인 대상에 대하여 우리가 의미 있게 이야기할 수 있는 근거는 무엇인가, 하는 것이다. 필연적으로 변증법적 가상에 빠지는 '자연적 소질로서의 형이상학'에 만족하지 못하기 때문에, 이 물음은 여느때보다 더욱 절박하게 되었다.

1 초기 저술에서(『형이상학의 꿈을 통해 해명한 어느 시령자의 꿈*Träume eines Geistersehers, erläutert durch Träume der Methphysik*』, 1766)는 형이상학의 가능성에 대한 칸트의 회의적 태도를 엿볼 수 있다. 말년에 쓴 『형이상학의 진보』에서 칸트는, 교의주의에서 출발해 회의론을 거쳐 비판 철학('실천적-교의적 형이상학')으로 나가는 형이상학의 도정을 '진보'의 필연적 단계로 간주한다(『형이상학의 진보』 20:281-300 참조).

‘이성의 욕구’와 관련하여 올바른 ‘방향을 설정하기’ 문제는 『순수이성비판』 2판이 출간되기 1년 전 『베를린월보』(1786)에 발표한 칸트의 논문 「사유 안에서 방향 찾기란 무엇인가?」라는 글에서 주제로 등장한다. 이 논문을 쓴 동기는 야코비와 멘델스존에 반대하여 자신의 위치를 분명히 하기 위한 것이었다. 이 두 사람은 당시에 레싱이 스피노자주의자였냐 아니었냐 하는 문제로 서로 논쟁을 벌이고 있었다.[2] 논쟁은 레싱이 스피노자주의자였다는 야코비의 비난으로 시작되었지만 실제로는 이성과 믿음, 이성의 철학(계몽)과 ‘직접 경험의 철학’(낭만주의)의 다툼이었다. 이른바 ‘범신론 논쟁’이라고 알려진 이 논쟁에 칸트는 애초에 거리를 두고 있었다. 그러나 논쟁이 진행되는 과정을 보고서는 이성과 계몽을 변호하기로 칸트는 마음먹게 된다. 이 논쟁에 칸트가 뛰어든 직접적인 이유는 야코비와 멘델스존이 자신의 철학을 잘못 이해하고 있었기 때문이었다. 야코비는 칸트가 이성을 포기하고 믿음을 선택했다고 말한 반면, 멘델스존은 칸트가 사변적 이성과 상식에 호소하고 있다고 생각한다(『사유 안에서 방향 찾기』 8:143 각주 참조). 칸트는 야코비와 멘델스존이 다 같이 자신을 오해했다고 생각한다. 그래서 칸트는 두 사람의 입장을 거부한다. 이성은 단지 윤리와 종교의 근거일 뿐이라고 말하는 것으로 야코비의 이른바 ‘몽매주의’(Schwaermerei)를 반대하고, 증명만으로는 이성의 불충분함을 지적하고 이성의 타당한 영역에 한계를 설정하는 것으로 멘델스존을 반박한다.

칸트는 사유 안에서 방향을 찾을 수 있도록 해주는 안내자로서의 어떤

2 ‘범신론 논쟁’의 발단에 대해서는 L. W. Beck, *Early German Philosophy*, 352–60면과 K. Weinberg, “Pantheismusstreit,” in: *The Encyclopedia of Philosophy*, P. Edwards(ed.), vol. IV, 35–37면과 Frederik C. Beiser, *The Fate of Reason*, 44–3, 98–105, 113–18면을 보라. 이 논쟁에서 칸트의 역할에 대해서는 필레넹코의 다음 저서에서 자세하게 볼 수 있다. A. Philonenko, *Emmanuel Kant: Qu'est-ce que s'orienter dans la pensée*. Paris: J. Vrin, 1978.

'준칙'이 필요하다는 점에서 멘델스존 편에 선다. '사유 안에서 방향 찾기'는 멘델스존이 먼저 쓴 표현이다. 하지만 멘델스존이 말하는 '상식'이나 '건전한 이성'이 사유 안에서 방향 찾기의 준칙이라고 칸트는 보지 않는다(『사유 안에서 방향 찾기』 8:133–4). '상식'이나 '건전한 이성'을 내세운 멘델스존의 사고방식에 심지어는 이성 파괴의 위험이 있다고 칸트는 생각한다. "이런 고백[상식을 사변 이성의 준칙으로 내세우는 것]이 신학적 문제를 다룰 때의 사변 이성의 능력에 대한 그의 고견을 파괴시킬 뿐 아니라, 사변과 구분되는 것으로서의 건전한 상식의 능력을 행사할 때 개입되는 애매성을 통해서, 건전한 상식이 몽매주의와 이성의 완전한 전복의 발판으로 사용될 위험에 빠지게 되었다는 것을 누가 생각이나 했겠는가?"(『사유 안에서 방향 찾기』 8:133–4).[3] 칸트는 "확장되고 보다 정확하게 정의된 방향 찾기의 개념이 초감성적인 대상들에 관한 인식을 얻기 위해 노력하는 건전한 이성의 준칙을 명확히 제시하는 데 도움을 줄 것"이라는 희망을 표명한다(『사유 안에서 방향 찾기』 8:134).

방향 찾기란 무엇인가? '방향 찾기'의 근본 구조를 찾아내기 위해 칸트는 다방면으로 방향 찾기의 의미를 분석해본다. 칸트는 언제나 그렇게 했던 것처럼 '방향 찾기'의 의미를 찾을 때도 일상적 경험에서 출발해서 추상적이고 은유적인 층위로 그 의미를 넓혀간다.[4] 이러한 과정에서 '방향 찾기'는 세 가지 층위의 의미로 구별된다. 지리학적 · 수학적 · 논리적 방향 찾기가 그것이다.

---

3 멘델스존의 상식 철학에 대한 칸트의 비판에 대해서는 『형이상학서론』 60절 4:370–1 이하 참조.

4 칸트는 이 분석의 방법을 '도식론' 장(경험적 그림, 수학적 도식, 초월적 도식)에서도 사용하며 '지평' 개념의 분석을 위해서도 사용한다. 『순수이성비판』의 A758/B786–A759/B787에서 지리학적 의미의 지평, 곧 지구의 지평은 접시로(곧, 원형으로) 표상된다. E. Cassirer, *Philosophie der symbolische Formen*, vol. II, 116면 참조.

방향 찾기의 서양말(orientation, Orientierung)이 "해가 뜨는 동쪽(oriens)을 향한다"는 뜻을 가졌듯이 방향 찾기란 "세계 속에 주어진 한 방향(지평을 네 개의 방위로 나눈 것 중 하나)으로부터 다른 방향들, 특히 동쪽을 찾아내는 것"을 의미한다. "내가 하늘에 뜬 해를 보고 지금이 정오임을 안다면 나는 어떻게 동서남북을 찾아낼지 알 수 있다"(『사유 안에서 방향 찾기』 8:134)고 말한 것은 이를 염두에 둔 것이다. 낮의 해나 밤의 북극성은 방향 찾기의 '객관적인 준거점'이다. 그러나 방향 찾기에는 왼쪽과 오른쪽을 '구별하는 능력'이 필요하다. 이런 구별의 '주관적' 근거를 칸트는 '나의 오른손과 왼손 사이를 구별하는 느낌'(『사유 안에서 방향 찾기』 8:134–5)이라고 부른다. 이 구별의 '느낌' 없이는 세계 안에서의 방향 찾기는 불가능하다.

칸트는 지리학적 의미에서의 방향 찾기 절차를 '순수 수학적 방향 찾기', 곧 "주어진 공간 일반 안에서의"(in einem gegebenen Raum überhaupt) 방향 찾기로 확장한다(『사유 안에서 방향 찾기』 8:135). 여기서 우리는 우리의 눈길을 끄는 예를 만난다. 칸트는 우리가 어두운 방에 있다고 가정하자고 제안한다. 그의 제안은 이렇게 계속된다.

> 그 방 안에서 내가 위치를 기억하고 있는 단 하나의 물건을 붙잡을 수 있을 때, 어둠 속에서 나는 친숙한 방 안에서의 방향 찾기에 성공한 것이다. 여기서 나를 도와준 것이라고는 구별의 주관적 근거를 통해 위치를 규정하는 능력 말고는 아무것도 없다. (『사유 안에서 방향 찾기』 8:135)

그리고 이어서 이렇게 제안한다.

> 만약 어떤 사람이 장난으로 오른쪽에 있던 것을 왼쪽에 두었다고 하자. 물론 이

때 이들의 관계는 여전히 그대로라고 상상해보자. 나는 모든 점에서 똑같아 서로 구별할 수 없는 벽들로 둘러싸인 방 안에서 방향을 찾을 수 없을 것이다. 그러나 나는 곧 나의 오른쪽과 왼쪽의 차이에서 오는 단순한 느낌만으로 방향을 찾는다. (『사유 안에서 방향 찾기』 8:135)

수학적 방향 찾기에는 두 가지 면이 있다. 첫째, 공간과 사물은 아직 규정되지 않은 상태일지라도 이미 '주어져' 있다.[5] 둘째, 주체는 단지 오른쪽과 왼쪽의 서로 다른 느낌(구별의 능력)을 수단으로, 주어진 '어두운' 공간 안에서 방향을 찾는다. 사물을 식별하고 비교하는 판단력을 지닌 '주체' 안에 원리가 이미 주어져 있다. '객관적인' 준거점이 여기에는 없다. 우리가 그 안에서 방향을 찾는 공간이란 공간 일반이다. 주어진 공간을 구성하는 주체의 능력이 여기서 강조된다.

우리 인간의 방향 찾기는, 공간 일반 안에서의 '수학적인' 방향 찾기뿐 아니라 사유 안에서도(곧, 논리적인 방향 찾기) 주관적 느낌을 통해 방향을 찾는 능력에 성패가 달려 있다. 인간 이성은 알려진 경험의 대상으로부터 출발해 경험의 모든 범위를 넘어 확장하려는 경향을 가지고 있다. 그러나 거기서 이성은 아무런 직관의 대상도 찾지 못하며 단지 빈 공간을 발견할 뿐이다(『사유 안에서 방향 찾기』 8:136). 초감성적인 것의 공간은 우리에게 '측정할 수 없으며' '헤아릴 수 없는 어둠으로 가득 찬' 곳이다(『사유 안에서 방향 찾기』 8:137). 만약 '직관의 대상'이 (이 말은 '객관적 실질성' 또는 개념

5 하이데거는 칸트가 방향 찾기에서 공간성을 고려하지 않고 있다고 비판한다. "내가 이미 어떤 세계 안에 존재하고 있다는 것은, 방향 찾기의 가능성을 위해서 오른편과 왼편에 대한 느낌 못지않게 구성적인 것이다"(Heidegger, *Sein und Zeit*, 23절). 칸트가 '준거점'으로서 '공간의 주어짐'에 대해 분명하게 말하고 있지는 않지만, 방향 찾기에 있어, 인간은 이미 '세계 안에' 있음을 제대로 인식하고 있다는 것은 부정할 수 없다. 만약 그렇지 않다면 방향 찾기 자체가 무의미하다.

의 '의미'를 표현하기 위한 칸트의 용어이다) 불가능하다면 사유 안에서 초감성적인 것의 방향 찾기를 가능케 해주는 단 하나의 근거만이 남는데, 그것이 바로 '자신의 욕구들에 대한 이성의 느낌'(das Gefühl des Vernunft eigenen Bedürfnisses)(『사유 안에서 방향 찾기』 8:136)이다.

'이성의 욕구'가 순전히 임의적인 것이 아니라면, 그리고 초감성적인 문제에 대해서 우리가 여전히 판단을 내려야 한다면, 어떻게 이 판단은 가능한가? 칸트는 이렇게 대답한다. "그를 따라 우리가 판단을 내릴 수 있는 준칙은 필연적이다. 왜냐하면 이성은 만족을 추구하기 때문이다"(같은 곳). 이미 말했듯이 상식이나 건전한 이성은 준칙이 될 수 없다. 준칙은 오직 인간 이성 안에 있을 뿐이다(『사유 안에서 방향 찾기』 8:140 참조). 그러나 만약, 우리가 초감성적인 것의 개념에 대해 적절한 대상을 제시(darstellen)할 수 있도록 해주는 대상에 대한 직관도, 그런 직관과 유사한 어떤 것도 없다면, 무엇을 해야 할 것인가? 칸트의 답은 이렇다.

> 우리에게는 우선 그 개념이 모순이 없는지 알아보기 위해서 모든 가능한 경험을 감히 넘어설 수 있게 하는 개념을 테스트 하고, 최소한 경험의 대상들과 이러한 대상(초감성적인 대상)과의 관계를 순수이성 개념 아래로 가져가는 것 말고는 할 일이 없다. 이 작업을 통해 우리가 대상을 감각적으로(versinnlichen) 만드는 것이 아니다. 초감각적인 것을 이성의 경험적인 사용 안에서 사유에 적합하게 할 뿐이다. 왜냐하면 이러한 주의를 하지 않고서는 우리는 그러한 개념을 사용할 수 없고, 사유하는 대신 공상적인 몽매(schwärmen)에 빠지기 때문이다. (『사유 안에서 방향 찾기』 8:136-7)

여기서 초감성적인 것의 개념에 관한 두 절차는 정확하게 『순수이성비판』의 「초월적 변증론」에서 시도한 것과 동일하다.

이성의 실천적 욕구는 이론적 욕구와 구별된다는 점에 대해서 우리는 주목해야 한다. 이성의 이론적 욕구는, 우리가 모든 우연적인 사물들, 특히 목적들의 조직 속에서 세계 안에서 현실적으로 출현한 우연적인 사물들의 제1원인에 관해 판단하기를 원할 때, 신의 현존을 가정하는 (annehmen) 것이다(『사유 안에서 방향 찾기』 8:138–9). '가정'이나 '수용'(die Annehmung)의 주관적 근거는 사유 안에서의 방향 찾기에 필요한 이론적 준칙이다(『사유 안에서 방향 찾기』 8: 139). 이론적인 욕구는, 그러나, 여전히 조건지워져(bedingt) 있다. 이성의 실천적 욕구가 더욱 중요한데, 그 까닭은 세계 안에서 가능한 최고선의 이념을, 자유를 통해서, 곧 도덕성을 통해서, 이끌어낼 수가 있기 때문이다. 이성은 그런 독립적인 최고선을 '가정'하는 것을 필요로 한다. 그렇게 해야 최고선의 개념이 단지 하나의 이상으로 남지 않도록 '객관적 실질성'을 부여해줄 수 있기 때문이다(같은 글, 8:139). 최고 지성, 곧 신의 가정을 칸트는 기독교의 '역사적 신앙'과 구별해서 '이성신앙'(die Vernunftglaube)이라고 부른다(『사유 안에서 방향 찾기』 8:140; 『실천이성비판』 5:93–4; A828/B856 참조).[6] 이성 신앙은 최고 존재의 경험을 (증명하는 것이 아니라) 전제(voraussetzen) 하기 위한 이성의 욕구이다(『사유 안에서 방향 찾기』, 8:141). 이성의 이론적 사용에서 이성의 욕구는 '이성의 가정(假定)', 곧 이성이 '참된 것으로 받아들이기'(fürwahrhalten) 위한 주관적 근거에 기초하는 의견에 지나지 않는다. 그 이유에 관해서 칸트는 다음과 같이 쓰고 있다.

6 『형이상학의 진보』에서 칸트는 철학적 신앙고백(Credo)을 다음과 같이 정식화한다. "순수 실천이성의 고백을 세 항목으로 담고 있는 신앙 고백(Credo)은 이것이다. 나는 세상에 있는 모든 선의 원천으로서, [그리고] 최종 목적으로서 유일한 하나님을 믿는다. 나는 이 최종 목적에, 그것이 사람의 능력 안에 있는 한, 세상에서의 최고선에 합치할 가능성을 믿는다. 나는 세상 안에서 가능한 최고선으로 지속적으로 접근할 수 있는 조건으로서 미래의 영원한 세계를 믿는다"(『형이상학의 진보』 20:298).

왜냐하면 우리는 '결과들을 설명'하기 위해 주관적인 것 외에 어떤 근거도 기대할 수 없기 때문이다. 그런데도 이성은 여전히 어떤 설명의 근거를 필요로 한다. 반면 실천적 의미에서 이성 사용의 욕구에 의지하는 '이성 신앙'은 '이성의 요청'이라고 부를 수 있다. (『사유 안에서 방향 찾기』 8:141)

이제 초감성적인 대상에 관한 '사유 안에서 방향 찾기'가 무엇을 의미하는지 명확해졌다. 지리적 방향 찾기와 수학적 방향 찾기가 각각 오른편과 왼편을 구별하는 '주관적' 느낌에 근거하듯이 논리적 방향 찾기, 곧 사유 안에서의 방향 찾기는 이성의 '주관적' 욕구에 근거한다. 이성의 주관적 욕구는 이론적 측면에서는 '이성의 가설'로, 실천적 측면에서는 '이성 신앙'으로 분화된다. 그런데 궁극적으로는 초감성적인 것들이 자리 잡고 있는 '빈 공간' 속에서의 인간의 방향 찾기란 단지 이성신앙을 통해서만 가능하다. 칸트의 말을 들어보자.

순수한 이성신앙은 그러므로 안내자(Wegweiser) 또는 나침판이다. 이것을 통하여 사변적 사유는 초감성적인 대상들의 땅에서 이성적 여행을 하는데 방향을 찾을 수 있다. 이것은, 일상적이며 (도덕적으로) 건전한 이성을 지닌 인간에게, 이론적 의미와 도덕적 의미에서 그가 향하는 목적에 완전히 부합한 방식으로 길을 열어준다. 또한 이 이성신앙은 모든 다른 신앙들, 참으로 모든 계시의 근거가 되어야 한다. (『사유 안에서 방향 찾기』 8:142)

이성에 대한 칸트의 신앙은 매우 확고부동하다. 따라서 '숨겨진 진리감(感)', '초월적 직관' 또는 '내적 계시'와 같은 주장을 모두 거부한다(『사유 안에서 방향 찾기』 8:134). 그럼에도 칸트의 '이성신앙'은 인간의 유한성과 초월을 향한 이성의 무한한 요구 사이의 팽팽한 긴장을 보여준다. 인간은 인식에 있어서는 유한하지만, 이성의 자율성에 의거한 행위와 자유의 실현에 있어서는 무한하다! 이제 우리는 이론적 층위에서의 '이성의 욕구' 개념을 다시 한 번 자세히 살펴볼 것이다. 그런 후에, 경험 대상에 대한 초감성적인 대상의 관계가 어떻게 성립 가능한지, 이성의 '가정'은 이성 자신의 요구 속에서 어떻게 정초될 수 있는지를 살펴볼 것이다.

2. 이념 비판

『순수이성비판』의 「초월적 변증론」은 위에서 이야기한 두 가지 기준을 사용한다. 첫째, 가능한 경험을 넘어서는 개념들은 모순으로부터 자유로운가, 아닌가?(논리적 무모순성, 일관성의 기준) 둘째, 가능한 경험의 대상들에 대해 이 개념들은 어떤 '관계'를 가질 수 있는가?(현실 연관성, 토대 유관성의 기준) 이성의 이러한 기준을 적용하는 일 또는 이성 자신과의 이러한 '실험'을 수행하는 일은 본질적인 것이나 이성 비판 가운데서도 매우 어려운 과제에 속한다. 왜냐하면 이 개념들은 이성 밖의 어떤 대상과도 관련되지 않고, 이성 그 자체와 이성 자신의 산물, 곧 전통 형이상학으로부터 전승된 이성의 이념들과 관계되어 있기 때문이다. 이 이념들은 임의적인 것이 아니라 '필연적인 개념들'(『형이상학서론』, 40절 4:328)이요, 이 '필연적인 개념들'은 '이성의 본성' 자체에 뿌리를 두고 있다(A327/B384).

우선 매우 초보적인 얘기부터 먼저 정리해두자. 칸트가 말하는 '초월적 이념들'은 이성의 세 가지 논리적 기능, 곧 정언적 판단, 가언적 판단, 그리고 선언적인 판단 형식과 관련된다. 이성의 이 논리적 판단 형식들에서 전체성의 세 가지 초월적 이념들이 '추론'된다. 1) 사고하는 주체의 절대적(무제약적) 통일: 영혼. 2) 현상의 조건들의 계열의 절대적 통일: 세계.

3) 사고 일반의 모든 대상들의 조건의 절대적 통일: 신(A334/B391; 『형이상학서론』 43절 4:330). 이 세 가지는 각각 심리학적, 우주론적 · 신학적 이념들이다.

앞에서 말했듯이, 인간 이성은 현상을 경험으로 읽을 수 있도록 '철자화' 하는 데만 만족하지 못하고, 세 가지 초월적 이념들을 통해서 한정된 경험적 인식을 완전하게 하려는 더 높은 욕구를 가진다. 단순 '실체로서의 영혼'이라는 이념은 자아의 모든 경험적 표상을 완전하게 하기 위해 객관적으로 사용되며, '세계'라는 이념은 조건지워진 것들의 계열을 완전하게 하기 위해 사용되며, 마지막으로 '신'이라는 이념은 자연을 설명하기 위한 근거로서 객관적으로 사용된다. 이 세 가지 사용은 완벽하게 '이성의 욕구'와 일치한다. 그러나 이 이념들을 객관적으로 사용할 때 이념의 사용은 변증법적이 되는 것을 모면할 수 없다. '단순 실체'로서 영혼이라는 이념은 오류 추리에 빠지고, 세계라는 이념은 이율배반을 피할 길 없으며, '신'이라는 이념은 이상(개별자 속에서의 이성 이념의 제시)을 면치 못한다. 변증법적 가상은 칸트를 따르면 "마치 우리가 바다를 볼 때 수평선이 바닷가보다 높아 보이는 것처럼 불가피하다"(B354). 불가피한 까닭은 자신의 가능한 경험의 땅을 벗어나려는 자연적 성향을 이성이 내면적으로 가지고 있기 때문이다(A297/B354-A298/B355; A642/B670).

이성의 변증법적 가상은 인간의 문화에 해(害)를 주는 유물론 · 무신론 · 숙명론의 원인이 된다(Bxxxiv; 『형이상학서론』 60절 4:363-4). 그래서 이성의 '자연적 사용' 대신 '학문적 비판'을 통한 훈련이 이성에게 필연적으로 요구된다(『형이상학서론』, 4:362). 이처럼 칸트의 이성 비판의 목적은 본질적으로 '치유적'이다. 이성이 인간의 최종 목적을 위해 제대로 섬길 수 있도록 병든 이성을 치료하는 작업이 곧 이성 비판이다. 따라서 칸트의 비판의 궁극 목표는 '파괴'가 아니라 '세움'을 위한 것이다. 한편으로는 변증법적 가상의 원천을 폭로함으로써 새로운 형이상학을 구축하고, 다른 한편으로는 초월적 이념들을 안전하게 사용할 수 있는 길을 제시해 준다. 이 작업을 위한 전략을 우리는 형이상학의 '해체' 또는 '이념 비판'이라고 부를 수 있을 것이다.[7] '이념 비판'으로서의 이성 비판에는 다음과 같은 특색이 있다.

첫째, '이성의 욕구' 자체 속에서 '이념'의 근원을 찾아낸다. 인간 이성은 본성상 이념적이다. 왜냐하면 이성은 사실에 대한 기술과 축적에 만족하지 못하고 이념, 특히 전체성의 세 가지 이념의 실현에서 비로소 완전한 만족을 얻기 때문이다. 그런데 이성의 이념적 성향은 반드시 부정적이지만은 않다. 이성의 이론적 · 실천적 욕구에 관한 논의에서 보았듯이 이념을 만들어내는 이성의 이념적 성향은 오히려 긍정적이다. 만일 이 성향을 자아내는 욕구가 없다면 실천적 행위에서 최고선을 찾는 일뿐 아니라 모든 조건지워진 것들을 완전하게 체계화하고자 하는 욕구도 불가능하다. 그럼에도 자기 검열과 자기 훈련 없이는 이성이 가진 욕구는 이성을 모순에 빠뜨린다.

둘째, 칸트의 '이념 비판'은 그 방법에서 볼 때 의미론적이다. 장 라드리에르의 주장처럼 칸트의 이성 비판은 두 종류의 언어 비판, 곧 물리학의 언어와 형이상학의 언어 비판과 관련되어 있다.[8] 여기서 문제는 형이상학적 언어가 '의미'를 가지는가, 가지지 않는가 하는 것이다. 형이상학적 이념들은 그에 대응하는 '대상'이나 '내용'이 있는가? 다시 물어보자

7 이런 의미에서 칸트를 현대 철학에서의 '해체'의 거장들(예를 들면, 하이데거, 비트겐슈타인, 데리다)의 선구자로 지목할 수 있다. 장 라드리에르는 칸트의 이성 비판을 '해체'의 문제와 두 종류의 언어(물리학과 형이상학의 언어) 사용 문제와 연관시켜 논의한다. J. Ladrière, "Le langage théologique et le discours de la représentation," in: *Miscellanea Albert Dondeyne*, Leuven: Leuven University Press, 1974, 149면 이하 참조.

8 같은 곳.

면, 형이상학적 이념들은 감성화될 수 있는가?(『형이상학서론』 44절 4:331-2; A339/B397) 이 물음은, 칸트가 말하는 형식적인 감성화의 조건(초월적 도식, 시간 규정)이 초월적 이념들에 적용될 수 있는가 하는 문제로 이해될 수 있다. 칸트의 답은 부정적이다. 변증법적 가상은 명백하게도 주관적 원칙들(세 가지의 초월적 이념)이 객관적으로 사용될 수 있다는 가정에서 생긴다. 그렇다면 어떻게 세 가지의 초월적 이념들이 합법적으로 사용될 수 있는가? 이 문제는 본질적으로 초감성적인 것을 취급하는 형이상학에서의 선험적 종합에 관한 문제이다. 앞에서 우리는 종합판단의 가능성을 위해서는 제3자가 언제나 요구된다고 말했다. 그렇다면 영혼 · 세계 · 신에 관한 형이상학적 판단을 위해서 그런 제3자를 어떤 방식으로 찾을 수 있는가? 이것이 문제다.

셋째, '이념 비판'은 칸트적인 의미에서가 아니라 오히려 헤겔적인 의미에서 '변증법적'이다. 칸트의 경우, 이성의 자연적 소질에 뿌리를 두고 있는 이념적 가상은 비록 부정적이기는 하지만 형이상학을 학문으로 성립시키기 위해서는 필연적이다(『형이상학서론』 60절 4:362-5 참조). 다시 말해 이성의 '자연적 소질'의 소산으로서의 현금의 형이상학, 곧 그 자체로는 착오이지만, 그것을 실마리로 삼아 형이상학적 체계의 가능 근거를 분석할 수 있다. 이렇게 부정의 긍정성을 수용하는 변증법은 궁극적으로 인간 이성의 선성(善性)에 관한 굳은 믿음에 근거한다. '인간 이성의 자연적인 변증법의 궁극 의도'라는 제목을 붙인 「초월적 변증론」의 마지막 절 초두에서 칸트는 이렇게 말한다.

> 순수이성의 이념들은 결코 그 자체로는 변증적일 수 없다. 이념들의 순전한 오용(Missbrauch)만이 그것들로부터의 기만적인 가상이 우리에게 생기도록 하는 것이 틀림없다. 왜냐하면, 이념들은 우리 이성의 자연 본성에 의해 우리에게 부

> 과되는(aufgegeben) 것이고, 우리 사변의 모든 권리들과 권리 주장들에 대한 최고 법정이 그 자신 근원적인 가상과 환영(幻影)들을 지닌다는 것은 있을 수 없는 일이기 때문이다. 그러므로 짐작컨대 이념들은 우리 이성의 자연 소질(Naturanlage) 중에 그것들의 좋은 합목적적인 사명(die zweckmässige Bestimmung)을 가질 것이다. (A669/B697)

칸트에게는 '이성 사용의 위기'는 있어도 '이성 자체의 위기'는 없다는 사실을 이 구절은 잘 보여준다. 칸트의 이성 비판은 이성 자체의 비판이 아니라 이성의 불법적 사용에 대한 비판이다. 이념의 오용과는 별도로, 칸트는 세 가지의 초월적 이념이 이성의 '자연 소질'을 통해 규정된 '좋은 합목적적인 사명'을 가진다고 믿는다. 여기에 또 다른 칸트의 이념, 곧 인간 이성에 대한 절대 신뢰가 자리 잡고 있다. 그러면 어떻게 이 이념들의 합법적인 사용을 보이는 것이 가능한가? 이 물음은 칸트적 의미에서 이념의 '연역', 곧 이념 사용의 정당성을 증명해야 할 요구와 관련된다.

3. 순수이성의 이념들의 초월적 연역

그런데, 초월적 이념의 객관적 연역이 불가능하다고 칸트가 누차 강조하는 모습을 우리는 「초월적 변증론」 곳곳에서 찾아볼 수 있다(A333/B393; A664/B692; 『형이상학서론』 44절 4:331-2 참조). 「초월적 분석론」은 가능한 경험의 대상들에 대해 범주들이 필연적임을 보임으로써 범주의 '객관적 타당성'을 정당화한다. 범주 자체는 단지 '사유의 형식'에 불과하지만, 현상에 적용될 수 있도록 도식화된다. 이를 통해 가능한 '지성의 원칙들'은 자연 탐구를 위한 객관적 원칙들로 수립된다. 그러나 초월적 이념들에게 '객관적 실질성'을 부여하려는 노력은 모두 변증법적 가상에 빠진다. 변증법적 가상은 이성의 이념들에 대응하는 대상들이 주어질 수 있다는 생각에서 비롯된다(A339/B397 참조). 초월적 이념들의 '객관적 실질성', '객관적 타당성' 또는 '의미'는 이성의 사변적 사용을 통해서는 주어지지 않는다(A573/B601; A548/B576; A562;B590; A567/B595 참조). 초월적 이념들은, 칸트를 따르면 실천적으로 사용될 때만 의미를 가진다(A328/B384-5; 『실천이성비판』 5:3 이하). 그런데 문제는, 이성의 이념들의 객관적 연역이 불가능하다면, 이성의 자연적 소질 중에 '자리'하고 있는(A614/B642) 이 이념들을 합법적으로 사용할 수 있는 길이 무엇인가 하는 것이다.[9]

객관적 연역의 불가능성은, 이성의 사변적 사용의 범위 안에서는 '특수 형이상학'의 선험적 종합판단이 불가능함을 의미한다. 다시 말해, 영혼 · 세계 · 신에 대한 판단은 그것들을 감성화시킬 수 있는 조건이 주어지지 않는다면 선험적 종합판단일 수가 없다. 이 이념들의 대상이 마치 지성에게 주어지는 것으로 오해해서 나온 주장들, 예컨대, "영혼은 실체이다", "세계는 시초가 있다" 또는 "세계는 시초가 없다", "신은 존재한다"와 같은 모든 형이상학적 판단들은 변증법적인 가상에 빠진 것들이다. 이런 의미에서 전통적인 형이상학적 판단은 선험적 종합성을 성취할 수

9 1978년 Rudolf Zocher는 칸트철학의 해석자들 사이에서 '순수이성의 이념의 초월적 연역'은 매우 소홀히 취급되고 있다고 지적했다. "칸트 전문가들조차 이 문제[곧, 이념의 연역]에 거의 익숙하지 않으며, 칸트 연구에도 전혀 어떤 역할이 없다." R. Zocher, "Zu Kants transcendentaler Deduktion der Ideen der reinen Vernunft," in: *Zeitschrift für philosophische Forschung*, 12(1978), 43면. 하인츠 하임죄트는 이 문제에 관련된 텍스트에 대해서 폭넓은 주석을 제공해준다. H. Heimsoeth, *Transzendentale Dialektik. Ein Kommentar zu Kants Kritik der reinen Vernunft*. Berlin: Walter de Gruyter, 1969, vol. III, 602면 이하.

없다. 왜냐하면 객관적 대상을 가능케 해줄 '제3자'가 없기 때문이다. 그럼에도 칸트는 초월적 이념은 공허한 사유의 산물이 아니기 때문에 어떤 방식으로든 그것의 타당성을 증명하는 일이 가능하고, 또한 가능해야 한다고 생각한다(A669/B697-A670-B698 참조). 그래서 칸트가 시도한 것이 일종의 '이성 이념의 초월적 연역'이다. 이것이 얼마나 중요한가 하는 것은 "이것[이념들의 초월적 연역]은 순수이성의 비판 작업의 '완성'(Vollendung)이 될 것이다"(A670/B698)라는 말에 잘 반영되어 있다.

그러면 이념의 초월적 연역이 어떻게 가능한가? 이 문제를 생각해보기에 앞서, 연역과 판단력의 기능이 어떤 관계에 있는지 잠시 살펴보자. 칸트를 따르면 모든 개념의 초월적 연역은 판단력의 두 가지 다른 기능에 기초한다. 『판단력 비판』에서 칸트는 규정적 판단력과 반성적 판단력을 구별한다. 만약 보편자(규칙 · 원칙 · 법칙)가 주어진다면, 판단력은 규정적, 곧 대상에 대해 구성적이다. 그리고 그 판단력에 의해 개별자는 보편적 규칙 아래 포섭된다. 그러나 만약 보편자를 그 안에서 찾아야만 하는 개별자가 주어진다면, 판단력은 반성적일 뿐이다(『판단력 비판』 5:179; 『제1서론』 20:201-216). 보편자를 찾기 위한 반성의 규칙을 필요로 하는 반성적 판단력과 반대로, 규정적 판단력은 반성의 특정한 규칙을 필요로 하지 않는다. 왜냐하면 초월적 도식론이 보편 아래로 개별자가 포섭될 수 있기 위한 규칙을 제공하기 때문이다(『제1서론』 20:201-216).

동일한 생각이 『순수이성비판』에는 다른 용어로 표현되어 있다. 칸트는 여기서 규정적 · 반성적 판단력 대신에 이성의 '필연적 사용'과 '가설적 사용'이라는 말을 사용한다(A646/B674-A647/B675). 그런데 내용을 들여다보면 『판단력비판』이나 『순수이성비판』에서 칸트가 의도한 것은 거의 같다고 볼 수밖에 없다.[10] 이성의 '필연적 사용'은, 규정적 판단력과 마찬가지로, 개별자(현상)를 범주의 보편적 규칙 아래 포섭하여, 현상 세계에 관한 객관적 지식을 정립한다. 반면 이성의 '가설적 사용'은, 반성적 판단력과 마찬가지로, 전체성의 이념들을 따라 지성을 규제함으로써 현상 세계의 완성으로 '다가간다'(nähern)(A647/B675). 이렇게 보면 이성 사용의 두 가지 구분이나 두 종류의 판단력은 사실상 동일한 것이라고 보아야 한다.

이로부터 우리는 「변증론」 마지막 부분에서 칸트가 선보인 '순수이성 이념들의 초월적 연역'은 현상(감각적 대상들)에 대해서 이념들이 '객관적 실질성'을 가졌음을 증명하려는 것이 아니라 지성에 대해서 그렇다는 사실을 증명하려는 것이라고 추론할 수 있다. 이성은 원리들 아래에서 지성 규칙을 안전하게 통일시키는 능력이며 그 자체로는 어떤 대상과 직접 관계하지 않고, 대상을 다루는 지성과 관계한다. 이성이 지성과 스스로 관계하는 까닭은 이성 개념[이념]들을 매개로 경험의 다양한 내용의 인식에 선험적 통일을 주기 위함이다(A302/B359). 경험에 대한 초월적 이념의 관계는 이처럼 항상 지성의 순수 개념을 매개로 하는 간접적 관계이다. 그래서 칸트는 경험을 '구성하는' 원리들로서의 이성 이념들의 연역 가능성을 처음부터 배제한 것이다. 이념들의 연역은, 만일 이 연역이 가능하다고 해도, 지성에 대하여 이 이념들이 '규제적으로' 사용됨을 정당화하는 데만 관여한다고 보아야 한다.[11]

이성은 지성이라는 특별한 대상에 관여한다. 지성의 대상이 감성이듯이 이성의 대상은 지성이다(A664/B693). 현상의 다양한 것들을 연관 짓고

---

10 M. Liedtke, *Der Begriff der reflektierenden Urteilskraft in Kants Kritik der reinen Vernunft*. Hamburg-Dissertation, 1964, 131면 이하 참조; K. Jaspers, "Kant," in: *Die Grossen Philosophen*. München: Piper, 1957, Bd. I, 477면 참조.

11 페이튼은 이렇게 말한다: "칸트에서는 구성 요소가 되려면 언제나 구성 가능성을 함축해야 한다"(H. J. Paton, *Kant's Metaphysics of Experience*, vol. II, 179면).

경험적 법칙 아래로 가져오는 것이 지성의 임무이듯이 지성의 모든 가능한 경험적 활동을 '체계적으로' 통일시켜주는 것은 이성의 임무이다(A664/B693). 지성과 이성의 관계에 대한 칸트의 관점은 '주체와 대상'이라는 도식뿐만 아니라 근본적으로는 인간 이성의 반성성에 근거한다. 이성은 그 자신 외에는 다른 대상을 갖지 않는다(『형이상학서론』 40절 4:327). 이성의 일종의 '자기 몰두'는 지성 사용에 규칙과 방향을 제공하기 위한 것이다.

앞에서 자세하게 보았듯이 지성 자체는 초월적 도식이라는 감성화 조건을 통해 규정된다. 지성의 개념들(범주들)은 이 도식을 매개로 현상에 대한 객관적 실질성과 의미를 얻는다. 반면 이성과 이성의 이념들의 경우에는 이에 견줄 만한 감성화 조건이 없다. 만약 초월적 이념들을 지성에 대해 '표상할 수' 있고 '적용할 수' 있도록 해주는 '실행 수단'이 없다면(A567/B595 참조), ["조건지워진 것들의 계열 속에서 무조건적인 것에 이르기까지 올라가"(A336/B394)도록 해주는 "조건지워진 것들의 편에서의 종합의 절대적 전체성"(A336/B393)이라는 이념으로서] 초월적 이념들은 단지 공허한 원리들로 머무를 것이다. 만일 이렇게 될 경우, 초월적 이념들을 정당화하고자 하는 칸트의 시도는 여전히 '형이상학적 연역'('초월적 연역'이 아니라)으로 남아 있으며 어떻게 이 이념들의 합법적 사용이 현실적으로 가능한지 보이지는 못한다.[12] '순수이성의 이념들의 초월적 연역'을 위하여 칸트는 초월적 이념들의 객관적 실질성을 보여주는(darstellen) '응급조치'(Nothülfe)를 시도한다(『형이상학의 진보』 20:279). 여기서 응급조치란 바로 초월적 이념들을 '상징화'시키는 것이다. 다른 자리에서, 칸트는 '대상-규정의 도식론'과 구분하여 이 상징화의 절차를 '유비의 도식론'

12 R. Zocher, 위의 글, 44–45면 참조.

이라고 부르기도 한다(『종교론』 6:65, 주석). 이제 장을 바꾸어 이 문제를 집중적으로 다루어보자.

제9장

표상을 넘어 다시 표상으로: 칸트의 유비 도식론

칸트가 볼 때, 이성의 욕구와 관심의 요구가 있더라도 지성 혼자서는 자연에 관한 인간 인식의 완전한 체계를 성취하지 못한다. 지성은 그저 직관을 통해 주어진 재료를 개념을 사용하여 결합시키는 일에 관여할 뿐, 주어진 재료와 조건들의 전체성에는 도달할 수가 없다. 왜냐하면 전체성의 이념 자체는 부분들 속에 나타날 수 없기 때문이다. 전체성이란 늘 주어진 부분들을 단지 쌓아놓은 것 이상이다. 이런 맥락에서 칸트는 조건들의 계열을 완전하게 하기 위한 이성의 합법적 규칙을 제시한다. 말하자면 이성은 지성의 개념들을 질서 지워주고 통일시켜준다. "지성이 개념들에 의해 다양한 것들을 대상으로 통일시키듯이 이성은 이념들에 의해 개념들의 다양한 것들을 통일시킨다. 왜냐하면 지성은 오직 분배적 통일에만 몰두하지만 이성은 지성 활동의 목표로서 어떤 집합적 통일을 정립하기 때문이다"(A644/B672).

1. 이성의 도식론

개념을 사용한 지성의 분배적 통일은, 한편으로 개념을 감성화하고 다른 한편으로는 현상의 주어진 재료를 조직화하는, 초월적 도식을 통해 가능하게 된다. 그런데 만약 이념들이 감성화될 수 없다면, 다시 말해, 이성의 이념들에 대응하는 대상이 주어질 수 없다면, 과연 어떻게 가능한 이념들을 수단으로 한 이성의 체계적 또는 전체적 통일이 가능하겠는가? 칸트는 경험적 지식의 체계화를 위한 '규제적 원리'로서 이성의 이념들을 합법적으로 사용할 수 있음을 보이기 위해 자기 철학의 체계적(건축술적) 틀 속에서 '이성의 도식론'을 제시한다.

> 감성이 지성에 대하여 그러한 것과 똑같이, 지성은 이성에 대하여 대상을 이룬다. 지성이 현상들의 다양한 것들을 개념들에 의해 연결하고 경험 법칙들 아래 포괄하는 것과 마찬가지로, 모든 가능한 경험적 지성활동들의 통일을 체계적으로 만드는 것이 이성의 업무이다. 그러나 감성의 도식들이 없으면, 지성활동들은 **미규정**(unbestimmt)이다. 마찬가지로 **이성의 통일**도 그 아래서 지성이 자기의 개념들을 체계적으로 결합해야 할 조건들에 관해서는, 그리고 지성이 어느 정도까지 그렇게 해야 하는가에 관해서는 그 자체로는 **미규정**이다. 그러나 비록 모든 지성 개념들의 일관적인 체계적 통일을 위한 도식이 **직관**에서 발견될 수 없다고 하더라도, 그러한 도식의 **유사물**은 주어질 수 있고 주어져야만 하는데, 한 원리에서의 지성 인식의 분할과 통합의 **최대치**(Maximum)라는 이념이 바로 그것이다. (A664/B692–A6565/B693) [강조: 인용자]

인용문을 통해서 우리는 '이성의 도식'이 지닌 특성 가운데 몇 가지에 주목할 수 있다. 첫째, 이성의 도식, 곧 이념의 도식은 범주의 도식과 유사한 성격을 가진다. 이성의 도식에는 시간적 성격이 없지만 경험적 인식을 결합하고 구분하는 '최대치'라는 이념이 여기에 있다. 둘째, 이성의 도식은 모종의 방법을 통해 이성의 통일을 규정하는 규칙이다. 다시 말해, 이성은 지성의 경험적 사용에 대해 어떻게든 '적용'될 수 있다. 여기서의 적용은 범주의 현상에의 적용과는 성격을 달리한다. 이성의 도식의 이러한 일반적인 특성을 받아들이더라도 우리는 하나의 어려움에 직면하게 된다. 그 어려움은 우선적으로 이 '유사 도식'(quasi-schema)이 지닌 의미의 애매함에서가 아니라 이념 자체가 몇 가지 서로 다른 의미를 지닌다는 데서 생긴다.[1]

『순수이성비판』에서 우리는 적어도 세 가지 다른 종류의 의미를 가진 이념을 추적할 수 있다.[2] 1) 형이상학의 세 가지 초월적 이념(영혼 · 세계 · 신의 이념), 2) 학문의 이념(A834/B862), 그리고 3) 이성의 이념으로서 자연에 대한 학적 탐구의 세 가지 초월적 원리들(동질성의 원리, 특수화의 원리, 연속성의 원리)이 바로 그 세 종류의 이념들이다(A658/B686).[3] 이 세 종류의 이념 모두에 대해서 '이성의 도식'이 이야기되고 있다. "하나의 원리 아

---

1 R. Zocher, 위의 글, 54면 참조.

2 칸트는 또한 '실천적 이념' 또는 '도덕적 이념'에 대해서 이야기하고 있다(B385 이하, 426, 496, 840).

3 야스퍼스는 『순수이성비판』에서 이념의 세 가지 다른 의미를 지적한다. 그 세 가지란 방법론적 · 심리학적 · 객관적 의미이다. 야스퍼스가 말하는 이념의 방법론적 의미란 체계적 정합의 원리로서의 이념을 뜻한다. 또 심리학적 의미를 통해 나타내고자 한 바는 '인식 주체의 능력' 또는 '발전될 씨앗'으로서의 이념이다. 마지막으로 이념의 객관적 의미가 나타내는 것은 이념 속에 나타난 사물의 근원으로부터 오는 어떤 것이다(Jaspers, 앞의 책, 468-71면). 어떤 의미에서 내가 위에서 이야기한 세 가지 다른 종류의 이념들은 그 자체 야스퍼스가 말한 세 가지 의미를 지닌다. 그러나 야스퍼스는 세 가지 초월적 원리(형식의 동종성 · 특수성 · 연속성)를 방법론적이고 객관적인 이념이라고 생각하고 형이상학의 세 가지 초월적 이념(영혼 · 세계 · 신의 이념)은 방법론적 이념으로만 생각한다. 그러나 칸트가 씨앗으로서 인간 이성 속에 있다고 생각한 '학의 이념'을 '심리학적' 이념이라고 부를 수 있을 것인지는 여전히 문제가 된다.

래서 지성의 인식을 구분하고 결합하는 '최대치'의 이념"(A665/B693)은 (자연에 관한) 세 가지의 학문적 원리를 규제적으로 사용하기 위한 도식이다. '최고 지성'의 이념은 이른바 "최대의 이성 통일의 조건에 따라 구성된 도식"(A670/B698)이다. 그리고 마지막으로, "이념은 그 자신의 실현을 위해 도식을 요구한다. 곧, 목적의 원리에 의해서 선험적으로 규정된 부분의 다양성과 질서가 필요하다"(A833/B861).

이 세 종류의 이념과 그것들의 도식은 모두 체계화에 관여한다. 형식들의 동질성 · 특수화 · 형식들의 연속성의 이념은 자연을 체계적으로 통일하기 위한 규칙들이다. 마찬가지로 형이상학의 이념들(영혼 · 세계 · 신의 이념)은 이 형이상학적 대상들의 경험적 표상을 체계적으로 통일하기 위한 규칙들이며, 학문의 이념은 이론적으로, 또 실천적으로 사용할 때의 이성을 최상으로 체계적으로 통일하기 위한 규칙이다. 이러한 체계화를 해나갈 때의 점진적 차이를 따라 그 이념들 각각에 대응하는 도식들은 서로 다른 의미와 기능을 갖는다.[4] 형이상학의 세 가지 초월적 이념에 대해서 칸트는 '유비'라는 말과 상대적 가정과 절대적 가정의 구별을 도입하며, 특히 신의 이념에 대해서는 '상징'이라는 말을 사용한다. 이런 모든 차이에도 불구하고 '최대치'라는 이념은 칸트가 이념의 도식을 통해 의미하고자 한 바의 가장 일반적인 성격을 나타내준다. 따라서 이 이념과 관련해서 좀 더 논의해보자.

형이상학의 세 가지 초월적 이념이 경험을 체계화하는데 합법적으로 사용될 수 있는 방법을 다루기에 앞서, 칸트는 이성을 체계적으로 통일하

4 하임죄트도 다음과 같은 지적을 한다. 이념이 현실화되기 위해서 필요로 하는 '도식'은 처음 두 가지 종류의 도식과는 다른 기능을 한다. 왜냐하면 후자는 이념의 규제적 사용에 관여하고 전자는 이성의 전제 체계의 예비적 설계도(Vorentwurf)에 관여하기 때문이다(H. Heimsoeth, 앞의 책, 4권, 791면).

는 논리적 원리들(형식들의 동종성 · 특수화 · 연속성의 원리)을 자세하게 다룬다.

1) 제1원리(칸트는 '법칙'이라고도 부른다)는, 자연 안의 다양한 종들은 소수의 유(類)들의 서로 다른 규정으로서만 다루어진다는 가정 속에서 나타난다. 종들의 모든 다양성 뒤에는 단지 소수의 유들만이 있다. 이 유들은 궁극적으로는 가장 높은 하나의 유로 환원된다. 이것이 동종성의 원리이다. 이 원리에 의해 이야기되는 규칙은 이렇다. "존재자를 불필요하게 늘려서는 안 된다"(Entia praeter necessitatem non esse multiplicanda)(A652/B680).

2) 유(類)의 논리적 법칙은 사물들의(그 사물들이 동일한 유 아래 있음에도 불구하고) 다수성과 다양성을 요구하는 원리와 균형을 이룬다. 모든 유는 종들의 다양성을 필요로 하고 또한 종들은 하위 종들의 다양성을 요구한다. 우리는 결코 어떤 종이든 최하위의 것으로 간주해서는 안 된다. 이것이 특수화의 원리이며 다음과 같은 말로 표현된다. "존재자의 다양성은 함부로 줄여져서는 안 된다"(Entium varietates non temere esse minuenda)(A654/B683–A656/B684).

3) 세 번째는 연속성의 원리이다. 어떤 것도 독립적으로 서로 분리될 수 없다(형식들 사이에는 공허가 없다, Non datur vacuum formarum)는 원리이다. 다양한 유는 유일의 최상의 보편적 유의 분화에 지나지 않는다. 종들의 차이는 비약에 의한(per saltum) 한 종에서 다른 종으로의 이행을 허용치 않고, 도리어 둘 사이의 이런 매개는 점차로 작아지는 정도의 차이를 통해서만 행해진다(형식들 사이에는 연속성이 있다, Datur continuum

formarum)(A659/B687).[5]

이들 이성의 체계적 통일의 논리적 원리들은 초월적 원리들을 전제하는데, 그 초월적 원리들에 의해서 체계적 통일은 선험적으로 대상 자체에 필연적으로 내재하는 것으로 가정된다(A650/B678–A651/B679 참조). 더구나 이 원리들은 객관적으로 타당하다(A651/B679 참조). 이 원리들, 곧 "이 이념들은 선험적인 종합 명제로서 객관적이기는 하지만 미규정적인 타당성을 지니며, 가능한 경험의 규칙으로 사용된다"(A663/B691). 이 말은 형식들의 동질성 · 특수화 · 연속성의 원리들은 이중적인 의미에서 초월적임을 뜻한다. 이 이념들은 경험적이거나 논리적인 것이 아니라 초월적이다. 다시 말해 인간 이성 안에 선험적으로 있으면서 대상들의 본성과 관련되어 있다(B676참조).[6] 이 원리들은 유기적인 자연에 대한 경험적 탐구를 통해서는 발견될 수 없고 항상 주어진 다양을 발견하고 체계적으로 조직화하는 규칙들로서 전제된다. 이 원리들은 "그에 합치하는 대상이 경험 가운데서 발견될 수 없는"(A661/B689) 이념들일 뿐이다.

이런 맥락에서 칸트는 '이성의 도식론'을 제시한다. 칸트를 따르면 이성의 체계적 통일 자체는 감성적이 아니며 따라서 구체적으로 표상될 수

5 원리들에 대한 이 요약은 카시러에게 힘입은 바 크다. H. W. Cassirer, *A Commentary on Kant's Critique of Judgment*, London: Methuen, 1938, 47–48면 참조. 이 세 가지 원리는 『판단력 비판』에서의 반성적 판단력의 원리들과 밀접하게 관련되어 있다. 이 세 원리와 반성적 판단력의 원리들 사이의 체계적인 비교는 M. Liedtke, 앞의 책, 109면 이하를 참조할 것.

6 이런 이유로 야스퍼스는 이념이 '객관적 의미'를 가진다고 지적하면서 다음과 같이 말한다. "심리학적 · 방법론적 · 객관적 의미를 가진 이념을 살펴볼 때, 우리는 다음 사실을 알게 된다. 우리가 이념의 본질을 파악하고자 할 때 우리는 이념을 무엇보다도 우선 이 세 가지 의미에서 각각 이해한다. 그러나 한 의미를 정확히 파악하고자 하면 곧바로 다른 의미로 넘어가야 하고 따라서 이 의미를 저 의미로부터 분리할 수 없다는 것을 알게 된다. 하나의 의미를 이해하고자 하면 세 의미를 함께 이해해야 한다. 이념은 주관적인 동시에 객관적이다"(K. Jaspers, 앞의 책, 471면).

없다. “이성의 통일은 그 자체로는 미규정적이다”(A665/B693). 이성의 (체계적) 통일은 지성에 대해 그것을 실현시키기 위한 어떠한 조건이든 갖추어지지 않는다면 여전히 ‘공허’할 뿐이다. 구체적인 예시의 규칙 없이는 범주가 공허한 사유의 형식에 지나지 않는 것과 같다. 이성의 통일을 어떻게든 규정할 가능한 길을 모색하기 위하여 이성의 이념들은 어떤 방법으로든 도식화될 수 있어야 한다. 그런 도식, 범주 도식의 유사물을 칸트는 ‘최대치의 이념’이라고 부른다. ‘최대치의 이념’은 하나의 원리 아래 지성의 인식을 구분하고 결합한다(A665/B693). 이 이념은 체계적 통일의 원리들이 자연에 관한 경험적 탐구에 어떻게 적용되는지 그 적용의 절차를 일종의 도상적(圖象的) 현전화를 통해 보여준다. 이것은 체계적 통일의 완전한 전체는 생각할 수 없다고 하더라도 ‘최대치’와 ‘최소치’라는 이념을 매개로 가능한 한 가장 큰 체계에 대한 상대적인 근사치는 생각할 수 있음을 뜻한다.

‘최대치’의 이념이 이념의 도식이라는 생각은 영혼 · 세계 · 신이라는 세 가지 초월적 이념들에도 마찬가지로 적용될 수 있다. 초월적 이념들(첫째, 완전한 주체의 이념[영혼], 둘째, 조건들의 완전한 계열들의 이념[세계], 셋째, 가능적인 것의 완전한 총괄[Inbegriff]의 이념[신][『형이상학서론』 43절 4:329–330])은 ‘그 자체’ 전체성의 이념들이다. 이 전체성의 이념들과 무조건자는 주어진 것(gegeben)으로 받아들여질 수 없다. 왜냐하면 그 이념들에 해당하는 직관이 없기 때문이다. 반대로 이 이념들은 이성의 체계를 따라, 주어진 것을 완전하게 체계화하기 위한 이상적 목표로서 우리에게 과제로서 주어진(aufgegeben) 것들이다. 각각 심리학적 · 우주론적 · 신학적인 이 이념들은 모든 조건지워진 것들의 가능한 가장 큰 통일이라는 ‘최대치’의 이념으로 도식화할 수 있다. 이념의 이런 도식화를 통해 신은 ‘최고 지성’으로 사유될 수 있다. (최대치 이념의 변형인) ‘최고 지성’의 이념이 “가능한 가장 큰 이성 통일의 조건에 따라 구성된 도식이며 사물 일반의 개념의 도식”(A670/B698)이다. “이 도식은 오직, 우리 이성을 경험적으로 사용할 때 가능한 한 가장 큰 체계적 통일을 확고하게 해주는 데 사용될 뿐이다”(A670/B698). ‘영혼’에 대해서도 마찬가지로 이야기할 수 있다. 인식될 수는 없을지라도, 영혼의 이념이 ‘최대치’의 이념으로 도식 활동됨으로써 ‘영혼’은 인격 동일성을 소유한 실체로 사유될 수 있다. 동일한 방법으로, 조건들의 계열의 가능한 가장 큰 전체로서 ‘세계’가 도식화되어 사유될 수 있다.

그러나 이 모든 ‘사물 자체’의 표상들은 종합적 인식의 출발점이 될 수 없고 단지 목적지(目的地)가 될 뿐이다. 따라서 ‘전진적’ 종합, 곧 절대적 조건인 이념에서 출발하여 조건지워진 것들의 계열로 내려가는 종합은 인간 이성에게는 허락되지 않는다. 칸트를 따르면, 조건지워진 것들의 계열에서 출발해서 목적지로서의 절대적 조건으로 오르는 ‘역진적’ 종합만이 절대적 전체성과 관련해서 이성이 취할 수 있는 유일하고도 합법적인 절차이다.[7] 여기서 ‘최대치’의 이념은 ‘상승하는 이성’[8]의 역진적 종합을 위한 실행 규칙(operational rule)의 역할을 담당한다.

칸트의 ‘이성의 도식론’은 ‘최대치’의 이념에 제한되지 않는다. 서구 형이상학의 전통과 관련된 보다 뿌리 깊은 바탕이 이성의 도식론과 관계되어 있다는 점에 주목을 해보아야 한다. 그 바탕이란 ‘유비’와 ‘상징’,

7 칸트는 『순수이성비판』(A411/B438)에서 처음으로 ‘역진적 종합’과 ‘전진적 종합’을 구별한다: “나는 조건들 편에서의 종합, 곧 주어진 현상에 가장 가까운 조건으로부터 먼 조건에 이르는 종합을 역진적 종합이라 부르고, 조건지워진 것의 편에서 가장 가까운 결과로부터 먼 결과로 향하여 진행하는 종합을 전진적 종합이라고 부를 것이다.” 그러나 『교수취임논문』(1770)에서는 ‘전진적’이냐 ‘역진적’이냐의 관점에서 ‘종합’과 ‘분석’을 구별한다.

8 ‘상승하는 이성’(ascending reason)은 조너던 베넷의 표현이다. J. Bennett, *Kant's Dialectic*, Cambridge University Press, 1974, 260면 참조.

그리고 두 가지 서로 다른 사고방식으로서의 상대적 가정(suppositio relativa)과 절대적 가정(suppositio absoluta)을 구별해 보는 관점이다. 이들 모두는 초감성적인 대상들을 겉으로 표현하고 표상하는 수단, 곧 앞에 드러내 세우는 현전화(Darstellung)의 방법이다. 이제 이 점들을 살펴보자.

2. 유비와 상대적 가정, 절대적 가정의 구별

『순수이성비판』을 보면 '유비'라는 개념이 몇 가지 다른 문맥에서 사용됨을 발견한다. 「초월적 감성론」은 시간의 1차원적 무한성을 공간적 표상이라는 유비로 표현한다. 시간을 눈으로 볼 수 있도록 표상한다는 의미에서 공간(점과 선)을 시간의 '전형'(Typus)이라고 보았던 1770년의 교수 취임 논문에서의 관점이 그대로 이어진다.[9] 예컨대 일직선으로 그은 선은 과거 · 현재 · 미래의 시간 흐름을 표상하는 수단으로 사용할 수가 있다. 이때 공간은 시간 표상을 위한 유비로 사용된다. 「초월적 분석론」은 경험의 종합적 원칙들[예컨대 직관의 공리, 지각의 예취들] 가운데 하나에 대해서 '유비'라는 말을 쓴다. 그것이 곧 '경험의 유비'(B218 이하)이다. '경험의 유비'는 다음과 같이 정식화된다. "경험은 지각들의 필연적 결합이라는 표상을 통해서만 가능하다"(B218). 시간 관계의 세 가지 양상, 곧 지속성 · 연속성 · 동시성(상호성)은 '경험의 유비'의 근거로 작동한다(B219 이하 참조).[10] 이 맥락에서 유비의 철학적 의미와 수학적 의미가 명백하게 구

---

9 칸트는 이런 의미로 '전형'(Typus)이란 말을 사용한다. 예를 들면 시간의 '전형'으로서의 공간(점과 선)에 관해서 칸트는 『교수취임논문』 15절 보충 부분 2:405–6에서 언급한다. '전형'은 『실천이성비판』에서 다시 사용된다.

10 이 문제에 관한 깊은 논의는 H. J. Paton, 앞의 책, vol. II, 178면 이하; B. Lakebrink, "Der Kantische Begriff einer Transzendentalen Analogie," in: *Philosophisches Jahrbuch*

별된다. 철학에서의 유비는 두 관계항의 양적인 면보다는 질적인 면에서 관계의 동등성을 말한다(A179/B222). 또한 관계는 경험을 구성하는 네 번째 요소를 찾는 규칙들에 종속된다. '경험의 유비'는 지각으로부터 경험의 통일이 발생하도록 규제하는 규칙들을 일컫는다. 이 규칙들은 경험을 조직화할 때 구성적으로 쓰이기보다는 규제적인 원리들로 쓰인다(A180/B222-223 참조). 「초월적 변증론」에서도 '유비'라는 개념이 사용된다. 하지만 이때는 이념들에 대응하는 대상들을 일정한 방식으로 '규정'하기 위한 수단으로 도입된다. 「변증론」 마지막 부분인 '인간 이성의 자연적인 변증성의 궁극 의도'의 한 구절을 읽어보자.

> 우리는 이념의 대상에서 우리의 지성 개념을 제한하는 조건들을 제거한다. 그러나 이 조건만이 실은 우리가 여느 대상에 대해 일정한 개념을 가질 수 있도록 해주는 것이다. 그리고 이제 우리는 그것이 그 자체로 무엇인가에 대해 전혀 아무런 개념도 갖지 못한 어떤 무엇인가를 생각하며, 그것에 대해 현상들의 총체와의 관계를 생각한다. 이 관계(Verhältnis)는 현상들이 상호적으로 갖는 관계와 유비적이다. (A674/B702)

칸트의 유비 개념의 모든 요소가 이 구절에 담겨 있다. 그 자체로는 우리에게 알려지지 않는 어떤 것(대상 자체), 우리의 경험과 관계있는 것(우리에 대한 대상), 그리고 이러한 관계를 유비로 규정한 것 등이 그것이다.[11]

『형이상학서론』은 부모의 사랑과 자녀의 행복 증진이라는 예를 통하여 유비 개념을 좀 더 구체적으로 설명한다. 우리는 하나님을 그 자체로는

68(1960), 244-57면; L. Bruno Puntel, *Analogie und Geschichtlichkeit I*. Freiburg/Basel/Wien: Herder, 1969, 303-64면을 볼 것.

11 L. B. Puntel, 같은 책, 310면 참조.

누구인지 모르지만 자녀의 행복 증진(a)과 부모의 사랑(b)의 관계를 통해서 인류의 복지(c)와 우리가 알 수 없는 (그러나 우리가 흔히 사랑이라고 부르는) 하나님의 속성(x) 사이에 어떤 관계가 있음을 유비를 통해 알 수 있다(『형이상학서론』 58절 각주, 4:358 참조). a : b = c : x라는 공식이 성립된다. '유비'는 여기서 '두 사물 간의 불완전한 유사성'을 의미한 것이 아니라 '완전히 다른 사물들 간의 두 관계의 완전한 유사성'을 의미한다(『형이상학서론』 58절, 4:357). 예컨대 지상의 아버지와 천상의 아버지 사이의 유비는 두 아버지 사이의 유비('불완전한 유비')가 아니라 아버지와 자녀 사이에 존재하는 관계와 하나님과 인류 사이에 존재하는 관계 사이의 '완전한 유사성'이다. 칸트의 유비는 존재 유비(analogia entis)가 아니라 관계의 유비(analogia relationis)임을 이를 통해 알 수 있다. 앞에서 논의했던 '최대치'의 이념이 미적분학에서 유래한 개념이라고 한다면 여기서 말하는 '관계의 유비'는 대수학에서 유래한 것이라고 보아도 될 것이다. 칸트의 사상에 줄곧 작동하는 수학적 사고의 면모가 여기서도 엿보인다.

존 디스터는 칸트가 『형이상학서론』에서 예를 들어 설명한 이 관계들의 등식을 규제적 이념의 문제에 적용해서, "우리는 그것이 그 자체로 무엇인가에 대해 전혀 아무런 개념도 갖지 못한 어떤 무엇인가를 생각하며, 그것에 대해 현상들의 총체와의 관계를 생각한다. 이 관계는 현상들이 상호적으로 갖는 관계와 유비적이다"(A674/B702)는 말의 의미를 다음과 같이 해명한다.

> 첫 번째 관계(a와 b 사이의 관계)는 가능한 경험 중의 현상들 사이의 범주적 관계이다. 두 번째 관계(c와 x의 관계)는 발견법적으로 경험을 통일하는 '모형'의 관계이다. 다시 말해, 전체로서 경험과 근거에 관한 단순한 이념 사이의 관계이다. 관계는 양쪽 다 동일하다. 그러나 가능한 경험 속에서 상호 관계하는 현상들의 복

합적 '사물'과 이념 안에서 생각된 근거와 관련된 가능한 경험의 복합적 '사물'의 경우, 이 사물들은 완전히 다르다. 간단히 말하자면, 두 개의 서로 다른 관계 사이에는 동등한 관계가 있다. 다시 말해 차이는 다음에서 기인한다. 이념은 단지 '이념 중의 대상'(B698)을 뜻하는 것이고, 그러므로 명백히 알려지지 않은 것이며 여기서는 알 수 없는 것이다. 이것이 비례의 네 번째 구성원[(x)]이다.[12]

칸트가 유비적 사유, 곧 초월적 이념들의 도식 활동을 매개로 범주를 초감성적 대상들에도 적용할 수 있도록 한 것은 매우 주목할 만하다. 칸트에게서 사유란 늘 범주와 관련되어 있다. 범주는 '사유의 형식'이다. 이 사유의 형식은 '형식적이며 감성적인 감성화의 조건', 곧 도식을 매개로 가능한 경험의 영역 안에서 현실화되지만, 이 조건이 충족되지 않을 경우에는 그야말로 텅 빈 형식에 지나지 않는다. 초월적 이념들의 경우, 그에 대응하는 아무런 감성적 대상들도 주어질 수 없기 때문에 범주들은 직접적으로 그 세 개의 이념들에 적용될 수 없다. 그러나 이념의 도식화, 곧 유비를 통해서 이념에 대응하는 대상을 표상할 수 있는 가능성은 이념적 대상에 관해 생각하고 말할 수 있을 뿐 아니라 범주를 이념과 관련해서 적용할 수 있는 가능성을 터준다. 예컨대 신과 세계의 관계를 부모의 사랑과 자녀의 행복 사이의 관계를 통해서 표상할 수 있다는 말은 인과성의 범주를 초감성적 대상에 대해서 유비적으로 적용할 수 있게 해준다(『형이상학서론』 58절 주석 4:358–360참조). 이성의 도식을 수단으로 이성의 이념들이 도식화되고 이성 이념들의 도식화 덕분에 범주를 이념들에 적용할 수 있다. 단, '경험의 가능한 가장 큰 통일의 기체(substrata)'(A678/B706)로서

12 J. E. Dister, "Kant's Regulative Ideas and the 'Objectivity' of Reason," in: L. W. Beck, ed., *Proceedings of the Third International Kant Congress*. Dordrecht: Reidel, 1972, 265면.

이념들이 경험의 세계에 대해서 '상대적으로 가정'(suppositio relativa)되는 (A677/B705) 한에서 그렇다는 말이다. 다시 말해, 유비적 사유는, 예컨대 영혼이 '절대적인 실체'인 것 '처럼'(als ob), 세계가 자유라는 원인을 가진 것 '처럼', 신이 모든 존재의 전체인 것 '처럼' 범주를 사용하도록 해준다 (A682/B710; A686/B714). 이성의 도식에 범주를 적용하는 유일한 목적은 그 자체로는 알 수 없는 '어떤 것 일반'(ein Etwas überhaupt)에 대해서 상대적으로 가정을 함으로써 이념을 '현전화'하고 '실현'시키고자 하는 것이다(A677/B705).

이념의 도식화를 위해서 우리에게 필요한 것은 태도 변경, 곧 사고방식(Denkungsart)의 변경이다. 만약 신을 그 자체로만 있는 존재로, 그리고 그 자체로 알려질 수 있는 존재로 생각한다면 유비적 표상이 필요하지 않을 뿐 아니라 가능하지도 않다. 그러나 신을 세계와 우리에 대한 관계 속에서 찾아볼 수 있다면 신의 이념은 경험 세계의 가장 큰 체계적 통일을 위해 합법적으로, 그리고 유용하게 사용할 수 있다. 형이상학의 초감성적인 대상에 대한 칸트의 태도는, 두 개의 다른 사고방식인 '상대적 가정'과 '절대적 가정' 사이의 구별이라는 관점에서 표현될 수 있다. 이 구별은 "초월철학에서 매우 중요하다"(A676/B704)고 칸트는 말한다. 중세의 스콜라 논리학에서 빌려온 이 구별을, 칸트는 단지 가설로서 어떤 것을 '받아들이'거나 '가정하는' 방식을 나타내기 위한 재래의 쓰임과는 달리, 비교적 자유롭게 사용한다.[13]

애쉬워스를 따르면 '상대적 가정'과 '절대적 가정'은 원래는 문법적인 구별이었다. 상대적 가정은 '누구', '그것', '~와 동일한 것' 등의 상대적인 단어와 구의 기능에 관여하며, 이런 말들의 지시체의 동일성과 차이성

13 H. Heimsoeth, *Transzendentale Dialektik*, 3권, 613–14면 참조.

의 문제, 또는 예컨대, "피터는 학식이 있고 그는 논증을 한다"(Peter is learned and he argues)와 "피터는 논증하고 다른 사람은 말한다"(Peter argues and another talks)의 차이 문제를 다룬다. 절대적 가정은 상대적이지 않은 낱말들과 구들에 관여한다.[14] 칸트는 이 두 가지를 완전히 서로 다른 문제를 표현하기 위해 사용한 것처럼 보인다. '가정'은 받아들임, 가설 또는 전제를 나타낸다. 그럼에도 불구하고 상대적 가정과 절대적 가정, 곧 지시적인 것과 비지시적인 것의 문법적 · 논리적 사용과 칸트가 말하는 초월적 사용 사이에는 연속성이 있는 것 같다. 이것은 칸트의 용어로 구분하자면, '그 자체'(an sich)와 '우리에 대한'(für uns) 사이의 차이이다. 사물 자체는 비지시적 · 비관계적(non-referential)이다. 반면에 세계와 우리와 '관계를 가지는 것'으로 생각되는 사물들은 유비 도식을 매개로 지시적인 것이 된다. 이렇게도 말할 수 있다. 사물들은 사물 자체로 간주되는 한 규정될 수 없지만 '세계와 우리에게 상대적으로, 관계를 지어' 생각되는 한 규정될 수 있다(『형이상학서론』 58절 4:357-360 참조).[15]

상대적 가정과 절대적 가정의 구별은 칸트의 말처럼 초월철학에서 중요한 함축을 지닌다. 첫째, 초감성적인 대상이 세계와의 '관계 속에 있는 것'으로 여겨지는 한에서, 그 대상들에 대해서 범주는 술어로 사용될 수 있다. 범주적 술어는, 그러나, 술어로 서술하는 대상 자체(예컨대 신이나 영

14 E. J. Ashworth, *Language and Logic in the Post-Medieval Period*, Dordrecht/Boston: Reidel, 1974, 82-83면 참조; E. J. Plat, "Symbolisme en analogie in onze kennis van God bij Kant," in: *Miscellanea Albert Dondeyne*, Leuven University Press, 1974, 188면 이하 참조.

15 "이런 유비에 의해 최고 존재의 개념을 단적으로, 곧 그 자체로 규정할 수 있는 모든 것을 제거하더라도 우리에 '대해'(für) 충분하게 규정된 최고 존재의 개념이 여전히 남는다. 왜냐하면 우리는 최고 존재의 개념을 세계와 관계해서, 그리고 우리와도 관계해서 규정하고, 그 이상은 우리에게 필요하지 않기 때문이다"(『형이상학서론』 58절 4:358). 푼텔은 칸트의 유비 이론을 분명하게 규정의 관점에서 해석하고 있다. L. B. Puntel, 위의 책, 304면 이하 참조.

혼)의 성질에 대해서 아무것도 말해주는 바가 없고 다만 세계와의 관련 속에서 유비적으로 그렇게 말해줄 뿐이다(『형이상학서론』 58절 4:359). 관점의 변화는 한편으로 가능한 경험의 영역과 관련하여 초감성적 대상을 규정할 수 있도록 해주며(위에서 아래로의 운동), 다른 한편으로는 범주적 술어를 초감성적인 대상으로 옮겨(übertragen)(『형이상학서론』 58절 4:359) 사용할 수 있도록 해준다(아래에서 위로의 운동). 현상 세계를 그려내고 표상하는데 만족하지 않고, 현상 세계를 초월해서, 세계를 총괄하고, 자아를 설정하고, 세계의 모든 것들의 기초요, 총체로서의 신을 생각하고자 하는 이성은 이렇게 하여 만족을 얻게 된다(『형이상학서론』 58절 4:358). 왜냐하면 유비 도식을 통해 신과 세계와 무조건적인 자유를 '상대적으로', 곧 '세계와 관계해서' 가정할 수 있게 되므로 새로운 형이상학의 가능성이 열리기 때문이다. 형이상학에서의 '사고방식의 혁명'으로 칸트가 얻고자 했던 것은 바로 이것이라고 나는 생각한다. 만약 초월적 이념에 상응하는 대상들을 그 자체로 인식 가능한 것으로 생각한다면 그것들에 대해 합법적으로 말할 수 있는 가능성은 전혀 없다. 그러나 그 대상들을 '세계'와, 또는 '우리'와 관련된 것으로 생각할 경우, 그 대상들은 인간의 인식 지평을 넓혀주는데 유용한 수단이 된다. 다시 말해 초월적 대상들을 감각적 세계와 관련된 것으로서 상대적으로 가정할 경우 그 대상들이 다른 방식으로는 불가능했던 '지시적 의미'(물론 유비적이고, 상징적이긴 하지만)를 얻을 수 있는 길이 트인다는 말이다.

둘째, 절대적 가정에서 상대적 가정으로의 태도 변경은 주관적 관점의 태도 변경이다. '마치 그런 것처럼 보는 것'(Als-ob-Betrachtung, as-if-view)이다. 이런 의미에서 세계와 관련하여 초월적 대상을 사유하는 것은 진정 인간 주체의 관점에서 사유하는 것이다. 인간 이성은 세계의 중심에 서 있다. 그것은 열려 있거나 닫혀 있는 지평에 서 있는 '입각점'이다. 이념은 "관점"(Gesichtspunkt)(A681/B709) 또는 "헛초점"(focus imaginarius)(A644/B672)으로 정립된다. 관점 또는 헛초점이 구체적인 것으로 오인될 때는 변증적 가상을 면할 수 없다. 그런데 이념을 관점 또는 헛초점이라고 부른다고 해서 이념이 단지 허구라는 뜻은 아니다. 오히려 초월적 이념은 경험적 주체와 자연에 대한 학문적 탐구를 위한 필수적인 전제(가설)이다.[16] 초월적 이념이 '지도적 규칙'으로서 방법론적 의미를 가진다는 생각은 초월적 이념이 '객관적' 의미를 가진다는 사실에 위배되지 않는다. 객관적 의미가 객관적으로 규정되지는 않더라도 말이다. 이 점에 대해서 칸트는 위에서 말한 용어, 곧 '대상 자체'와 '우리에 대한 대상'이라는 용어를 사용해 분명하게 명시하고 있다.

셋째, 절대적 가정에서 상대적 가정으로의 태도 변경은 목적론적 관점에 도달한다는 점을 언급해야 할 것이다(A686/B715 참조). 여기서 이성의 이념들은 가능한 한 최고의 단계에 도달하기 위한 목표점으로 정립된다. 영혼의 이념은 우리 마음의 현상 규정에 관한 체계적인 이성 사용에만 관계된 이념으로 간주된다(A638/B711). 세계의 이념은 조건들의 계열을 다룰 때 우리가 어떻게 처리해야 하는가를 처방하는 이념으로만 사용된다. 마찬가지로 자유의 이념은 현상 계열이 절대적인 원인(자유의 인과성)을 가진 것처럼 생각할 때 사용된다(A685/B713). 신의 이념은 세계 안의 모든 결합이, 일체를 충족시키는 최상의 원인으로서 모든 것을 포괄하는 유일한 존재 속에 그 원천을 두고 있다고 가정하는 이념으로 사용된다(A686/B714).

정리하면 유비로서의 이념의 가능성은 절대적인 가정에서 상대적인 가정으로의 태도 변경에 달려 있다. 초월적 대상들을 세계와, 또 우리의 표

16 M. Wundt, *Kant als Metaphysiker*, Stuttgart: Enke, 1924, 258면 참조.

상 능력과 관련된 것으로 볼 경우 우리는 완전히 서로 다른 두 가지 사이에 나름대로 관계를 정립할 수 있게 된다. 『순수이성비판』에서 칸트가 이야기하는 유비는 여전히 '개념적'인 것이지 직관적 유비는 아니다.[17] 감각적 대상의 유비적 표상에 대해서 칸트는 범주적 술어—전체성 · 실체 · 인과성 · 실질성 · 필연성 등—를 사용한다(A676/B706). 마치 범주적 술어가 적용된 듯, 영혼은 실체로 표상되고, 신은 '가장 실질적 존재자'(ens realissimum)요 '필연적 존재자'(ens necessarium)로, 세계는 총체로서 표상된다. 그러나 이 표상들은 현상에 관해 이성을 규제적으로 사용하기 위한 이념의 도식들일 뿐이다. 이렇게 볼 때, 우리가 이념들을 의미 있게 사용할 때, 그때 이념들은 사실은 유비적 표상을 통해 도식화된 이념, 다시 말해 이념의 도식임을 알아야 한다. 앞에서도 말했듯이 유비적 표상을 통해 이념의 도식화는 범주를—비록 유비적이긴 하지만— 가능한 경험의 영역을 벗어나, 확장적으로 사용할 수 있는 길을 터준다. 이런 의미에서 유비적 표상은 이념의 안내에 따라 경험의 구성과 결합을 규정할 수 있는 길을 안내해준다고 말할 수 있다(A671/B699).

다음 절로 넘어가기 전, 여기서 잠시 한 가지 언급해두어야 할 것이 있다. 그것은 다름 아니라 『순수이성비판』의 유비 도식론은 이념들에 아직 완전한 직관적 내용을 부여해주지 못하고 있다는 것이다. 유비는 『순수이성비판』에서는, 개념적이지 직관적인 것이 아니다. 우리가 논의하는 맥락과 관련해서 칸트는 『순수이성비판』에서 아직 '상징'이라는 말을 사용하지 않는다. 그러나 『형이상학서론』을 거쳐 『판단력비판』, 『형이상학의 진보』로 가면서 칸트의 유비는 훨씬 더 직관적 내용을 얻게 된다. '상징'

17 J. D. Glenn, Jr., "Kant's Theory of Symbolism," in J. R. Andrew, ed., *Knowledge and Value. Essays in Honor of Harold N. Lee.* Tulane Studies in Philosophy 21(1972), 13–21면.

이란 개념이 이 맥락에서 도입된다. 따라서 칸트가 이해한 '상징'이 무엇인지, 범주의 도식론과 이성 이념의 도식론이 서로 어떻게 관계하는지 살펴보는 것이 표상적 사유와 비표상적 현실과 연관해서 중요한 일이라고 생각한다. 이제 이 문제를 다루어보자.

3. 도식과 상징

『순수이성비판』에서 칸트는 범주의 도식과 이념의 도식 사이에 분명한 개념적 구분을 하는 데 있어 완전히 성공했다고 하기 힘든 면이 있다. 그 예로 『순수이성비판』에서는 이념의 도식을 범주 도식의 '유사물'(Analogon)이라고 하면서도 여전히 '도식'이라고 부른다. 그러나 『판단력비판』(59절, '도덕성의 상징으로서 미에 관하여' 5:351-4)에 이르러서는 이성 이념의 도식을 '상징'이라고 부르면서 그것을 지성의 범주 도식과 대조된 것으로 본다.[18] 그러나 분명히 이 두 가지는 그 절차는 다르지만 감성화(Versinnlichung) 또는 현전화(Darstellung)의 방법이라는 점에서 비슷하다. 경험을 규정할 경우에나 규정은 아니지만 그것을 두고 반성할 때, 우리의 정신은 모두 구성적 역할을 담당한다는 생각을 칸트는 유지한다. 다음 구절을 읽어보라. 여기에 칸트의 이러한 생각이 잘 드러나 있다.

> 우리 개념의 실질성을 제시(Dartun)하기 위해서는 직관이 늘 요구된다. 이때 개념이 경험적 개념일 경우, 해당하는 직관은 '실례'(實例)이다. 만약 개념이 지성

18 어떤 의미에서 미(美)가 '도덕성의 상징'인가 하는 것에 대해서는 폴 가이어의 논의 참고. Paul Guyer, *Kant and the Claim of Taste*, Cambridge, Massachussets & London: Harvard University Press, 1979, 352면 이하 참조.

의 순수 개념이라면 직관은 '도식'이다. 나아가 우리가 (이념에 대한 이론적 인식을 얻기 위하여) 이성의 개념, 곧 이념의 객관적 실질성을 구하고자 한다면 우리는 불가능한 것을 희망하고 있는 것이 된다. 왜냐하면 이념에 주어질 수 있는 적합한 직관이란 절대로 없기 때문이다. (『판단력 비판』 5:351)

우리가 이념의 객관적 실질성을 구하고자 하여 불가능한 것을 희망하게 된다하더라도, 그렇게 할 수밖에 없게 하는 근원은 다름 아닌 이성의 욕구이다. 그렇기 때문에 칸트는 '이념에다 적합한 직관'을 주고자 한다. 이 경우 직관은 경험적 개념의 경우처럼 실제로 손가락으로 가리키면서 예시될 수 있는 것이 아니라 상징적인 방식으로 제시될 수 있음을 칸트는 시사한다. 다음 구절을 읽어보자.

감성화(Versinnlichung)를 의미하는 모든 표현(hypotyposis)(현전화, subiectio sub adspectum)은 **도식적**(schematisch)이든가, **상징적**(symbolisch)이든가 두 가지 중 하나이다.[19] **도식적**일 경우, 지성이 가진 개념에 대하여 대응하는 직관이 선험적으로 주어진다. 그러나 **상징적**일 경우 개념은 단지 이성만이 사유할 수 있으며 어떤 감성적 직관도 그 개념에 적합한 것이라곤 없다. 따라서 그런 개념에 대하여 제공되는 직관에 대한 판단력의 절차는 도식화할 때 관찰될 수 있는 판단력의 절차와 단지 유비적(analogisch)일 뿐이다. 곧, 이 절차의 규칙과 일치할 뿐이지 직관 자체와 일치하는 것은 아니다. 따라서 반성의 형식을 따라 일치할 뿐 그 내용을 따라 일치하는 것은 아니다. (『판단력 비판』 5:351) [강조: 인용자]

19 'hypotyposis'와 'subiectio sub adspectum'이란 말의 칸트의 용법에 관한 자세한 철학적 고찰은 B. H. Hafner, *Darstellung: Die Entwicklung des Darstellungsbegriffes von Leibniz bis Kant und seine Anfang in der antiken Mimesis und der mittelalterischen Repraesentatio*, Düsseldorf, 1974, 90–107면을 볼 것.

상징적 현전화를 설명하기 위해서 칸트는 헌법으로 통치되는 군주 국가를 살아 있는 유기체에 비유하고, 개인의 절대적인 권력에 의해 통치되는 군주 국가를 예컨대 맷돌 같은 기계에 비유한다. 이 두 경우, 표상은 상징적일 뿐이다. "왜냐하면 하나의 군주 국가와 하나의 맷돌 사이에는 아무런 유사성도 없지만 반면 이들 양자와 이들의 인과성을 반성하는 규칙들 사이에는 유사성이 있기 때문이다"(『판단력 비판』 5:352). 상징적 지각에서 판단력(Urteilskraft)은 두 가지 기능을 한다. 첫째, 감각적 직관의 대상(곧, 살아 있는 유기체나 맷돌)을 포착하는 것과 둘째, "그 직관에 관한 반성의 규칙만을 완전히 다른 대상[곧, 군주 국가]에 적용하는 것이다. 이때 처음의 대상은 이 대상의 상징일 뿐이다"(『판단력 비판』 5:352). '군주 국가'의 상징적 현전화는 군주 국가와 살아 있는 유기체 또는 맷돌에 관한 우리의 감각 경험을 관계 짓고 전자에 대해 반성의 규칙을 적용함으로써 가능해진다. 그러면 상징을 통해 표상하고 그것을 앞에 드러내는 절차는 어떤 특징을 지니고 있는가?

첫 번째 특성으로 우리는 직접적으로 눈앞에 제시하는(demonstrative) 도식적 현전화와 구별해서 '유비를 따른 현전화, 곧 눈앞에 드러냄'(Darstellung nach Analogie)을 들 수 있다.[20] '유비를 따른 현전화'는 직관과 반성 두 가지를 함축한다. 반성적 판단력은 경험으로부터 유래하는 직관에 반성의 규칙을 적용한다. 따라서 상징적 현전화는 직관과 직접적으로

20 칸트에게서 '제시함, 보여줌'이란 기하학적 방법에서의 증명과는 달리, 예컨대 해부학 수업 시간에 하듯이 '예시적인 보여줌'을 뜻한다. 다음 구절은 이런 의미에서의 보여줌이 무엇인지 말해준다. "지성 개념은 그 자체로 언제나 보여줄 수 있는(demonstrabel) 것이 아니면 안 된다(보여준다는 것은 해부학에서처럼 앞에 드러내 보여줌[Darstellen]을 의미할 경우). 곧, 개념에 대응하는 대상이 직관 가운데 늘 주어질 수 있지 않으면 안 된다"(『판단력비판』 5:342).

관계하는 것이 아니라 반성 활동을 통해 간접적으로 관계한다. 칸트는 영혼과 세계의 이념에 관한 상징에 대해서는 구체적으로 이야기하지 않지만 신의 이념에 대한 상징에 관해서만은 여러 곳에서 구체적으로 언급한다. 우리는 모종의 규정 방법을 통해 신의 유비로서 지상의 '건축가', '군주' 또는 '아버지'에 대해 생각할 수 있다(A627/B655; 『형이상학서론』 4:357; 『형이상학의 진보』 20:280 참조). 중요한 것은 '아버지'나 '건축가'와 같은 상징은 단지 반성의 규칙일 뿐 객관적 규정의 규칙은 아니라는 것이다. '아버지'나 '건축가' 같은 상징은 신에 대해서 생각할 수 있는 일종의 직관을 우리에게 제공한다(『제1판서론』 20:211-216).

상징적 현전화, 곧 상징적으로 이념의 대상을 앞에 드러내 세움은, 예컨대 라이프니츠에게서 보듯이 직관적 인식과 대립되는 개념적 인식이 아니다. 칸트는 상징을 직관적 인식으로 본다. 이것이 상징의 중요한 특징이다. 라이프니츠와 볼프를 포함해서 '상징'을 표상의 개념적 양식으로 이해한, 이른바 근대의 '새 논리학자들'을 칸트가 비판한 까닭이 바로 이 때문이다. 칸트를 따르면 상징적 표상은 직관적 인식이지, 결코 개념적 인식이 아니다. 따라서 이들의 용법은 "상징의 진정한 의미를 파괴한다"고 칸트는 단언한다(『판단력 비판』 5:352).[21]

21 Leibniz, *Meditationes de cognitionis, veritate et ideis*(1684), in: G. W. Leibniz, *Philosophical Papers and Letters*, L. E. Loemker, ed., Dordrecht: Reidel, 1969, 291-95면 참조. 라이프니츠를 따라 칸트도 『교수취임논문』(1770)에서 똑같은 구별을 하고 있다. "[인간의 경우] 지성적 대상들에 관해서는 아무런 직관이 없고 단지 상징적 인식만이 있을 뿐이다. 여기서 사유는 추상적인 보편 개념을 통해서만 우리에게 허용될 뿐 구체적인 개별적 지각을 통해서 허용되지 않는다"(『교수취임논문』 10절 2:396). 칸트는 대수학과 관련하여 여전히 '상징'이라는 말을 사용한다(A717/B745). 볼프의 '상징적 인식'에 관해서는 C. A. van Peursen, "Cognitio symbolica bij Chr. Wolff," in: *Flores debitorum, opstellen over ethiek en recht aangeboden aan R. A. V. van Haersolte*, Zwolle: W. E. J. Tjeenk Willink, 1984, 49-54면을 볼 것.

직관적 인식 방식은 추론적인 것(개념적인 것, 논증적인 것)과 대립되지 않으면 안 된다. 전자[직관적 인식 방식]는 증명에 의하여 '도식적'이든가, 유비를 따를 뿐인 표상으로서 '상징적'이든가, 둘 중 하나다." (『판단력 비판』 5:352 각주; 『인간학』 7:191 참조)

상징적 현전화가 개념적 · 논증적 표상이 아니라 직관적 표상이라는 사실은 적어도 두 가지 사실을 함축한다. 첫째, 예컨대 신에 대한 상징적 인식은 결코 '근원적 직관'(intuitio originarius)이 아니다. 신의 이념은 일상의 경험적 직관의 유비를 매개로 표상될 수 있다. 그럼에도 만약 상징적 표상이 표상의 직관적 양태에 대립된다면 상징적 표상은 지적 표상으로 취급될 위험이 있다. 둘째, 상징적 현전화는 직관적 인식, 곧 지각될 수 없는 사물에 대한 직접적 지각으로 전이되거나 '전환'될 필요가 없다. 왜냐하면 상징적 표상은 유비를 사용하기는 하지만 직관적이기 때문이다. 따라서 "상징적 인식은 마치 직관적 인식처럼 전환된다"(cognitio symbolica convertitur quasi in intuitivam)는 볼프의 말이 보여주듯이 다시 직관으로 전환될 필요가 없다. 다시 강조해서 말하자면 상징 자체가 반성의 규칙을 제공해주는 직관적 요소를 이미 갖추고 있기 때문이다.[22]

이와 관련해서 상징을 기호(Zeichen) 또는 논리적 · 수학적 표시나 기호(Characterismen)와는 선명하게 칸트가 대립시키고 있다는 사실을 아는 것이 좋을 것이다. 기호와 표시는, 대상의 직관과 내적인 연관이 없이 감각적 기호의 도움을 통해서 개념을 표시할 뿐이다. 이들의 기능은 상상력의 연상법칙에 따라 개념을 다시 환기시키는 수단을 제공하는 것이다. 그런

22 C. A. van Peursen, 같은 글, 50면 참조.

표시는 단순히 개념을 표현하는 낱말일 수도 있고—대수학의 경우나, 심지어 몸짓이나 음성을 모방하는 행위에서— 가시적인 기호일 수도 있다(『판단력 비판』 5:352). 상징은 어떤 의미에서 그것이 상징하는 대상과 유비적인 관계, 곧 비슷한 관계를 가진다. 반면 기호에는 상징의 경우에 볼 수 있는 유사한 관계가 없다. 기호와 기호화하는 것 사이에는 어떤 내적 관계가 없다.[23] 이 점에서 상징과 기호는 다르다.

여기서 잠시 괄호를 치고 한 가지 언급을 해두자. 예컨대 알파벳이나 음표 같은 '인공적 기호'와 화재의 징표로서의 연기와 같은 '자연적 기호' 사이의 구별을 칸트가 소홀히 하고 있지는 않다. 이 사이에는 분명히 구별이 있다. 인공적 기호는 사물을 일컫는 이름으로 쓰일 뿐, 대상과는 유사성이 없다. 그러나 연기와 같은 자연적 기호는 지금 무엇인가가 타고 있다는 사실을 보여주는 기호로서, 무엇이 타고 있다는 사실과 연기가 난다는 사실에는 모종의 유사성(인과적 관계)이 존재한다(『인간학』 7:191 참조). 상징과 기호를 굳이 구별하는 이유를 우리는 다음과 같이 설명할 수 있을 것이다. 문자나 음표 같은 기호는 그 자체로는 의미가 없는 물리적인 표식일 뿐으로 그저 그것이 지시하는 것과 관련되어 있다. 물론 이 경우에도 한번 지시와 지시체 관계가 성립되면 임의적으로 바꿀 수 없다. 그런데 이런 기호와는 달리 상징은 그것이 상징화하는 대상과 본질적인 연관을 갖는다는 것이다. 예컨대, 집이나 도시를 설계하는 '건축가'라는 말을

23 글렌은 칸트의 상징과 기호의 구별이 카시러의 경우와 다르다고 말한다. 카시러에게서 '기호'(sign)와 '신호'(signal)는 존재의 물리적 세계의 부분들이다. 반면 '상징'은 인간 세계의 의미의 부분이다(*An Essay on Man*, New Haven: Yale University Press, 1962, 31–36면 참조). 칸트의 용법은 이보다 그 범위가 훨씬 좁다. 글렌을 따르면 칸트의 경우에는 확실히 '인간 세계의 의미'에 속하는 수학적 '상징'조차 '기호'일 뿐 상징에 속하지 않는다. 왜냐하면 수학적 기호들이 의미하는 것과 기호 자체에는 아무런 본질적 연관이 없기 때문이다. John. D. Glenn, 위의 글, 16면 각주 1 참조.

우리는 신의 이념을 유비적으로 표상하는 상징으로 사용할 수 있다. 이 경우, '건축가'라는 명칭은 설계도를 그리고 집을 짓는 어떤 사람을 나타내기 위한 기호에만 국한되지 않고 세계를 설계하고 창조하는 신의 상징으로 사용할 수 있기 때문이다. 건축가가 하는 작업의 유비를 통해 신은 '세계를 만드는 건축가'로 표상될 수 있다(A627/B655 참조).

그러나 여기서 다시 한 번 지적해두자. 우리가 가진 건축가로서 신의 표상은 직접적으로는 신이 누구이며 무엇인지 말해주지 않는다. 유비를 통한 신의 표상을 직접적 인식으로 보게 되면 우리는—칸트가 『형이상학서론』에서 언급한— '교의적 의인론'(dogmatic anthropomorphism)에 빠지게 된다. 칸트가 뜻하는 상징은 신과 관련해서 어디까지나 '상징적인 의인론'(symbolic anthropomorphism)을 정당하게 가질 수 있다는 것을 말해준다. 상징은 오직 세계에 대한 신의 관계만을 말해줄 뿐이다. 여기서 중요한 것은 우리의 상징은 '대상' 자체에 관여하는 것이 아니라 우리의 '언어', 곧 우리가 대상에 관해서 말하고 서술하고 얘기하고 표상하는 방식에 관계한다는 것이다(『형이상학서론』 57절 4:357). 따라서 상징과 실제물(대상)의 혼동, 상징을 '실제적'인 것으로 보려는 경향에 대해서 칸트는 끊임없이 경고한다(『인간학』 7:194 참조). 우리의 언어에는 유비를 토대로 해서 나온 것들이 수없이 많다. 예컨대 철학에서 자주 쓰는 '근거 짓는다', '정초한다'는 말은 건축과 관련해서 땅을 파고, 건물을 지탱해줄 수 있는 터전을 마련하는 것과 관련해서 일종의 유비로 사용하는 말이다. 무엇에 '의존한다'는 말로 번역되는 서양 말의 경우도 '위에서부터 붙잡아주는' 일과 관련해서 유비적으로 쓰이는 말이다. 흔히 우리가 '실체'라고 번역해서 쓰는 말도 '아래에서 떠받혀주다', '아래에 서 있다', '아래에 놓여 있다'는 동사와 관련이 있다. 이렇게 칸트는 많은 낱말이 상징적인 방식으로 사용되고 있음을 지적한다(『판단력 비판』 5:352 참조). 그러나 이 말들은 칸트의 전문적인 구별을 따르자면 '도식적'인 표현, 곧 대상을 규정하는 방식의 표현이 아니라 상징적인 표현, 곧 대상을 반성하고 관계를 설정하는 표현 방식이다. 이 말들은 직접적 직관에 의해서가 아니라 단지 그런 직접적 직관과의 유비 관계를 통해서 곧, 직관의 대상에 대한 반성을 전혀 새로운 개념으로 변형시킴으로써 표현된 것들이다(『판단력 비판』 5:352 참조).

마지막으로 상징은 우리의 경험을 초월하는 것에 대한 '사유'를 가능하게 해주고, 경험의 한계 '너머의' 현실을 어떤 방식으로 규정하고 그 현실에 참여할 수 있도록 해준다. 바로 이러한 사실이 상징이 가진 중요한 특징으로 지적되어야 한다. 이렇게 보면 칸트의 유비와 상징 개념은 두 가지 기능을 가진다고 할 수 있다.

첫째, 우리는 경험의 유비인 상징을 수단으로 초감성적 대상에 관해 사유할 수 있다. 이를 통해 이성은 경험의 영역 밖으로 초월하고자 하는 본질적인 욕구를 만족시킨다. 동시에 영혼 · 세계 · 신에 관해 우리가 가질 수 있는 인식이 단지 상징적일 뿐이라는 자각을 통해 이성의 범위와 한계가 정해진다. 수학과 자연과학에서는 범위는 있어도 한계는 없다. 왜냐하면 이 두 학문은 현상 세계에 제한되며, 현상의 범위 안에서 자신들의 한계를 부단히 확장하려 하기 때문이다(『형이상학서론』 57절 4:352-3). 반대로 형이상학에는 한계가 분명하게 있다. 이 한계를 규정하는 것이 형이상학이 지닌 임무 가운데 중요한 것이다(같은 책, 57절 4:353). 우리가 아는 것과 알지 못하는 것, 우리가 알 수 없는 것 사이의 연관을 짓는 것이다. 그리고 알지 못하는 것(das Unbekannte)에 대해서 아는 것(das Bekannte)이 어떻게 실제로 연관을 갖는가 하는 물음에 대한 답을 찾는 일도 형이상학의 과제 가운데 들어간다(같은 책, 57절 4:354). 알지 못하는 것을 상징을 통해 앞에 드러내 세움은 알지 못하는 것을 유비를 사용해서 아는 것과 연결시키는 방법이다. 상징은 우리 경험을 초월해 있는 것을 비록 객관적으로 알지 못한다고 해도 그것에 대해서 사유할 수 있는 가능성을 열어준다. 상징인 것을 마치 실재 대상으로 볼 경우에 초월적 가상이 시작된다.[24]

둘째, 상징적 인식은 이론적인 가치뿐 아니라 실천적인 가치도 가지고 있다. "신에 관한 우리의 모든 인식은 상징적일 뿐이다"라고 말함으로써 칸트는 한편으로는 교의적 유신론(dogmatic theism)을, 다른 한편으로는 회의적 이신론(sceptical deism)을 거부하고 실천적 유신론(practical theism)의 길을 열어준다.[25] 우리가 신에 관한 우리의 상징적 인식을 도식적인 것으로, 곧 대상 규정적인 것으로 볼 경우 우리는 교의적 의인론을 면치 못한다. 우리가 모든 직관적 요소를 부정했을 때 우리는 "어떠한 인식도, 심지어 실천적 관점에서조차 어떤 인식도 주지 못하는"(『판단력 비판』 5:353; 『종교론』 6:65–6 참조) 이신론에 빠지게 된다. 그러나 "만약 상징적 표상이 대상을 그 자체로서 이론적으로 규정하는 원리가 아니라 그 대상의 이념이 우리에게, 그리고 그 이념의 합목적적 사용에 대해 무엇이어야만 하는가를 실천적으로 규정하는 원리라면"(『판단력 비판』 5:353) 상징적 표상을 아마도 지식이라고 불러도 좋을 것이다. 칸트가 말한 이런 식의 지식은 문제없이 수용 가능하다. 상징적 인식은 이론적 영역에 머무르지 않고 그 영역을 넘어 우리로 하여금 도덕적 행위를 통해 초감성적인 영역을 결

24 손봉호 교수는 다음과 같이 말한다: "칸트 비판 철학에서 이념의 도식의 '상징적' 본성을 항상 염두에 두고 있는 것은 근본적으로 중요한 일에 속한다. 초월적 가상의 진정한 원천은 이념의 도식이 단순히 상징이나 모형이라는 것을 잊고 그것을 실재적인 것으로 간주하는 데 있다"(B. H. Son, 위의 책, 6면). H. Heimsoeth, *Transzendentale Dialektik*, 3권, 593면 참조.

25 이신론과 유신론 사이 칸트를 어디에 위치시킬 것인가 하는 논쟁은 아직도 끝나지 않았다. 2000년 이후 이 논쟁은 과거보다 훨씬 더 중요한 의미를 갖게 되었다고 말할 수 있다. 이와 관련해서 Stephen R. Palmquist, *Kant's Critical Religion*. Aldershot, Burlington USA, Singapore, Sydney: Ashgate, 2000; John E. Hare, *The Moral Gap*. Oxford: Clarendon Press, 1996; Peter Byrne, *Kant on God*. Aldershot, Burlington USA: Ashgate, 2007 참조.

정하고 그에 참여할 것을 종용한다. 이런 의미에서 "신이 존재한다", "세계 안에는 자유라는 인과성이 있다", "영혼은 불멸한다" 등의 가정(Annahme)은 이론적인 수락일 뿐 아니라 실천적 결단이며 믿음이기도 하다(『형이상학의 진보』 20:297 참조).[26]

26 형이상학적 판단의 선험적 종합의 가능성을 위해 상징이 수행하는 중요한 역할은 다음 장에서 다룰 것이다.

제10장

표상적 사유와 형이상학

이제 앞의 논의를 좀 더 간략하게 정리해보자. 상징을 통해 앞에 드러내 세움은 유비에 기반을 둔 직관적 표상 방식이라는 것을 무엇보다 강조해두어야 한다. 상징은 반성적 판단력의 반성적 활동으로 만들어진 것이다. 반성적 판단력은 반성의 규칙을 감각적 직관에 적용한다. 그리하여 이성의 이념은 규정된 방법으로 사유될 수 있도록 상징을 수단으로 감성화된다. 상징적 현전화의 방법과 지성을 통한 범주 도식화를 비교해볼 때 상징을 통한 방법은 하나의—칸트가 말한 것처럼— '응급조치'일 수 있다. 그러나 상징이 반성적 판단력의 소산임을 주목한다면 우리가 이념과 관련해서 표상할 때 상징을 통해 앞에 드러내 세움은 매우 정상적인 방법이라고 할 수 있다.

1. 이성 도식의 여러 얼굴

자세히 들여다볼수록 우리는 칸트의 '이성 도식론'이 매우 놀라운 특성을 가지고 있음을 발견하게 된다. 이성의 도식은 하나의 얼굴이 아니라 많은 얼굴을 지니고 있다는 사실이 바로 그 특징이다. 이성의 도식은 여러 가지 다른 방식으로 얘기된다. 이성의 도식은, 예컨대, '최대치'의 이념, 감성 도식의 '유비', '이념 속의 대상', (그리고 『순수이성비판』 이후의 저서에서는) '상징' 등으로 표현된다. 경험의 체계적 통일을 위해 고안된 이성의 도식은 '최대치'의 이념이다. 감성 도식의 유비로서 '최대치'의 이념은 자연의 세 가지 체계적인 원리(형식의 동종성 · 특수화 · 연속성의 원리)와 세 가지 초월적 이념(영혼 · 세계 · 신의 이념)에 적용된다. 이 이념들은 근본적으로 규제적 원리, 곧 가능한 한 최대의 전체 속에서 부분들의 상호 의존성과 부분들이 차지하는 체계적인 장소를 찾기 위한 '발견법적' 원리로 사용되는 방법론적 이념들이다. 그러나 '유비 도식'으로서의 '최대치'의 이념은 어떻게 초월적 이념이 미규정적임에도 객관적 실질성을 가질 수 있는지 보이기에는 충분하지 않다. 그렇다면 이에 대한 칸트의 해결책은 무엇인가?

칸트는 어떻게 이성의 이념이 변증적 가상으로 전락하지 않고 합법적으로 적용될 수 있는지를 입증한다. 태도 변경에 대한 요청, 곧 '사물'에 대한 우리의 관점 변경의 요청은 이를 위해 고안된 것이다. 관점의 변경에서 중요한 것은 '사물'을 두 종류로 나눈다는 것이다. '사물 자체'와 '우리에 대한 사물'이 그것이다. 영혼 · 세계 · 신 같은 '사물'은 '그 자체' 알 수 없는 것이고 경험의 영역 너머에 있는 것이다. 그러나 그것들은 여전히 '한계 지워진 개념들'이다. '한계'라는 개념 자체가 두 측면으로 양분하는 선을 분명하게 해준다. 한계의 '저쪽' 면은 ('그 자체') 알려질 수 없고 규정될 수 없는 반면, 한계의 '이쪽' 면은 ('우리에게') 모종의 방법으로 규정될 수 있다. 왜냐하면 경험을 초월한 것들은, 그것에 대한 우리의 인식이 경험적 인식과는 완전히 다르기는 하지만 경험과 비슷한 수단을 통해서 우리들에게 생각할 수 있는 대상으로 주어질 수 있기(dabile) 때문이다(A512/B540 참조).

칸트의 초월철학은 여기서 두 가지 상반된 위험에 대해 극도의 경계를 표시한다. 두 가지 위험이란, 한편으로는 초월적 이념들을 감성적으로 주어진 것으로 간주함으로써 이 이념들에 대응하는 대상을 구체화시키는 것이고, 다른 한편으로 이 이념들이 직접적 경험 또는 내적 계시의 일종으로 직관될 수 있는 것으로 간주함으로써 이념들을 마치 유령처럼 만들어버리는 것이다. 절대적 가정에서 상대적 가정으로의 태도 변경은, 말하자면 이 위험에 빠지지 않도록 우리를 치료해준다. 상대적 가정은 그 자체 객관적으로 알 수는 없지만 여전히 경험적 세계의 궁극적인 근거로서 전제해야 한다는 의미에서 초월적 존재 자체의 필연성을 받아들이는 사고방식이다. 이러한 사고방식을 갖는다면 우리는 이성에 의해 세계와 관련하여 받아들인 초월적 대상은 앞에서 말한 위험에 걸려들 수밖에 없는 단순한 대상(Gegenstand schlechthin)이 아니라 '이념 속의 대상', 곧 '도식'일 뿐이라고 말할 수 있다(A670/B698 참조).

상대적 가정을 토대로, 초월적 대상이 세계에 대해 갖는 관계를 경험세계와의 유비를 통해 생각할 수 있다. 예컨대 신을 그 자체로는 우리가 전혀 알지 못하지만 설계를 하고 집을 짓는 현세의 건축가와 비슷하게 생각해볼 수 있다. 신과 세계 사이의 인과적이고 목적론적 관계가 이런 방식으로 마련될 수 있다. 범주와 유비적 인식 사이에는 이처럼 이중적 관계가 존재한다. 한편으로 유비적 사유는 그것이 사유인 한, 사유의 선험적 형식인 범주를 사용할 수밖에 없다. 범주는 여기서 말하자면 이념에 대해 '섬기는 일'을 하게 된다. 다른 한편으로는, 감성적 조건이 결여되었을 경우, 단지 공허한 사유 형식에 지나지 않는 범주는 이성의 도식, 곧 유비를 통해서 이념에 대응하는 대상에 적용될 수 있다. 이성의 도식을 수단으로 범주는 적용의 발판인 일종의 '감성적' 조건을 얻게 된다. 이런 식으로 이성의 도식은 범주를 가능한 경험의 영역 밖으로 확장하게 해줌으로써 범주 사용에 '섬기는 일'을 하게 된다.

『순수이성비판』에서 유비란 우선적으로 지성 개념과 이성 개념 사이의 개념적 유비를 일컫는다. 그밖에 칸트는 '건축가' 같은 유비, 특히 '합목적적 생산 활동'(A626/B654)으로부터 빌려온 유비를 사용하기도 한다. 『판단력 비판』에서 유비 개념은 보다 직관적인 것이 된다. 이미 말했듯이 칸트는 여기서 지성의 '도식'과 이성의 '상징'을 명확하게 구분한다. '이성의 도식'으로서의 상징은 분명히 표상의 직관적 양식이라고 말할 수 있다. 그러나 상징적 직관은 직접적 직관이 아니라 반성적 판단력 속에서 반성되는 간접적 직관이다. 여기서 '유비' 개념의 기능은 처음의 직관과 반성적 직관을 결합시키는데 있다. 이처럼 칸트는 상징적으로 앞에 드러내 세움, 곧 상징적 현전화를, 유비를 따른 현전화로 규정한다. 상징을 통해 우리는 경험을 초월한 것에 대해 '사유'할 수 있고 도덕적 세계에의 참여와 실천적 결단을 할 수 있게 된다. 상징은 이론이성의 영역 안에서는 '사유 안에서 방향 찾기'를 가능하게 하기 위한 '응급조치'이지만 초월적 이념에 대해서 '객관적 실질성'과 '의미'를 부여해준다.

지금까지의 논의의 결론으로 우리는 두 가지 점을 지적할 수 있다. 첫째, 유비 도식이 지닌 다면성 때문에 "도식의 정체성은 이것이다"라고 이성 도식을 손에 쥘 수 있도록 쉽게 정의할 수 없다는 것이다. 이성의 도식은 '이념'('최대치'의 '이념')이기도 하고, 실제로 존재하는 사물에서 빌려온 유비일 경우에는 '대상'이기도 하다. 또한 이성 원리의 실현을 위한 '규칙'(자연에 관한 모든 인식을 체계적으로 통일하는 규제적 원리의 도식)이기도 하다(A674/B702). 이성 도식의 이런 여러 가지 얼굴은 우연적인 것이 아니라 도식의 기능상 본질적인 것이다. 그 기능은 이성 도식의 두 가지 근본적인 목적, 곧 초월적 이념에 대응하는 대상을 생각할 수 있는 가능성을 열어주는 것과 경험을 체계화할 수 있도록 이성(이성의 이념)을 사용할 수 있도록 하기 위한 목적과 관련이 되어 있다. 초월적 대상에 대해 말할 경우, 그 도식은 상징 또는 모형인 '유비 대상'이다. 발견법적 규칙으로서 적용 가능한 이념에 대해 말할 경우, 도식은 이념을 경험에 적용하기 위한 방법을 지시해주는 '실행 규칙'으로 나타난다. '최고치'나 '최고 지성', 또는 '최고로 실질적인 존재', '필연적인 존재'와 같은 '도식화된 이념'이 '이념'이라고 지칭된 것은, 어떤 객관적 수단에 의해서도 신은 우리가 마음대로 통제하고 이용할 수 있는 대상이 될 수 없기 때문이다. 이를 미루어볼 때, 칸트가 생각한 신은 우리의 직관이나 개념의 손아귀, 곧 진정한 의미에서의 표상의 권역 안에 포섭될 수 없는 신이요, 그렇게 하고자 할 때는, 언제나 우리의 손아귀를 벗어나는 신이다.

둘째, 이성 도식은 구체적인 내용을 지닌다는 것이다. 칸트는 이 사실을 부정하고자 할 것이다. 왜냐하면 칸트는 이성의 도식에서 모든 감성적 요소를 제거했기 때문이다. 그럼에도 불구하고 유비와 상징의 이념은 감성적 요소를 갖지 않을 수 없다. 유비는 반성적 개념의 일종이다. 유비는 대상과 사태 사이의 관계를 찾아낸다. 예컨대 '경험의 유비'는 인과율을 기반으로 부모의 사랑과 자녀의 행복 사이의 관계를 마련해준다. 또한 유비는 시간 계열의 필연적 결합 속에 뿌리 내리고 있다. 이 '경험의 유비'는 인류의 복리 증진과 신의 알 수 없지만 우리가 사랑이라고 부르는 성격 사이의 관계를 가능케 하는 데 사용된다. 요컨대 경험의 유비를 통해 부모의 사랑(a)과 자녀의 행복(b)이라는 관계와, 무엇인지 객관적 인식의 측면에선 알 수 없지만 우리가 신의 사랑이라고 부르는 것(x)과 인류의 복리의 관계(c)는 $a : b = c : x$라는 등식으로 표현될 수 있다. 두 번째 층위의 유비는 첫 번째 층위의 유비에서 찾아진 반성의 규칙을 경험 속에 주어진 직관에 적용하는 반성적 유비이다. 이런 방식의 유비에서 바로 상징 개념이 발생한다. 부모는 세계의 원인으로서 세계와 관련된 신에 관해 사유하기 위한 상징이 될 수 있다. 칸트가 이성의 도식에서 모든 경험적 요소를 부정했을지라도 그 부정이 일관된 전면적 부정은 아닐 것이다. 왜냐하면 이성의 도식은 그 궁극적 근거를 우리의 일상 경험에 두고 있기 때문이다. 이런 점에서 명백히 상상력은 직접적으로 지각할 수는 없는 것을 현시하기 위한 상징을 찾아내는 생산적 역할을 수행한다.

2. 이성과 형이상학의 체계와 상징

『형이상학서론』과 『순수이성비판』 2판에서 칸트는 초월철학의 핵심을 이루는 네 가지 질문을 던진다. "어떻게 순수 수학이 가능한가?", "어떻게 순수 자연과학이 가능한가?", "어떻게 (자연적 소질로서의) 형이상학 일반이 가능한가?" 그리고 "어떻게 학문으로서의 형이상학이 가능한가?" (『형이상학서론』 5절 4:280; B20-22). 이 모든 질문은 초월철학의 중심 질문인 "어떻게 선험적 종합판단은 가능한가?"라는 물음으로 집약된다. 하지만 학문(예를 들면 순수수학 · 순수물리학 · 형이상학)의 가능성을 논하는 질문들이 선험적 종합의 가능성을 묻는 하나의 질문으로 환원된다는 것이 학문들이 동일한 종류의 선험적 종합을 가지며, 또 가져야 한다는 것을 의미하지는 않는다. 수학 · 물리학, 그리고 형이상학에서의 선험적 종합은 동일한 것이 아니라 각각 다른 성격을 띠고 있기 때문이다. 그럼에도 수학이나 물리학의 가능성을 먼저 탐구한 것은 형이상학적 판단의 선험적 종합성의 특성뿐 아니라 학문의 공통 근거를 그와 같은 탐구를 통해 밝혀내려고 했기 때문이다.[1]

'체계' 개념을 통해 학문이 규정된다는 것을 다시 한 번 잠시 살펴보자. 칸트를 따르면 철학은 인간 이성의 본질적 목적들(teleologia rationis humanae)에 관한 모든 인식들의 관계를 보여주는 학문(A839/B867; 『논리학』 16:24-5)이다. 이런 철학이 단순히 '인식의 논리적 완전성'(A838/B866)에 도달하는 것만으로, 혹은 어떤 통일의 원리 없이 경험적 사실의 단순한 집적(A836/B864 참조)만으로는 학문이 될 수 없다. 철학이 학문이 되기 위해서는 서로 분리된 부분들이 관계를 이루어야 할 뿐만 아니라 하나의 전체를 이루는 체계이어야 한다. 그렇지 않으면 철학은 학문일 수 없다. 체계는 지식을 총합하여 '학문'을 성립케 해준다.[2] 이런 의미에서 칸트는 형이상학을 "순수이성의 체계, 곧 체계적 연관을 이룬 순수이성에서의 (참된 것과 사이비한 것의) 철학적 인식 전체를 현시하는 학문"(A841/B869)으로 이해한다.

형이상학이 체계적인 학문이 되기 위해서는 수학과 물리학에서의 선험적 종합과는 아주 다른 종류의 선험적 종합이 요구된다. 그런데 칸트의 '종합' 개념에는 적어도 세 가지 요소가 포함되어 있다. 첫째가 지성(범주)의 (통일하는) 종합적 규칙이고, 둘째가 초월적 상상력을 통한 다양의 종합(도식화)이고, 그리고 세 번째가 종합되기 위해 주어지는 재료가 그것이다. 그런데 수학의 경우에는 개념과 명제가 순수직관을 통해 구성된다. 다시 말해, 지성의 자발적 활동은 시간과 공간을 선험적으로 규정함으로써 개념에 대응하는 직관을 제공한다. 물리학에서는 범주라는 개념 틀이 자연

1 "이 두 학문[수학과 자연과학]은 자신을 위해서가 아니라 다른 학문, 곧 형이상학을 위해서, 위에서 말한 연구를 필요로 한다"(『형이상학서론』 40절 4:327).

2 "모든 학설들이 하나의 체계, 곧 원리들을 따라 질서 지워진 인식의 총체를 형성할 때 학문이라고 불린다"(『자연과학의 형이상학적 원리』 4:467); B. H. Son, 위의 책, 3면 이하 참조; F. O. Farrell, "System and Reason for Kant," in: *Gregorianum* 62(1981), 5-49면 참조.

을 경험 가능한 대상으로 규정하고, 이를 통해 자연에 관한 객관적 인식을 정립한다. 범주는 시간 질서 속에서 도식화됨으로써 '객관적 의미'를 얻는다.

그렇다면 형이상학에서 선험적 종합은 어떻게 가능한가? 형이상학에서는 수학에서의 구성이나 물리학에서 볼 수 있는 대상 규정이 성립되지 않는다. 순수직관과 경험적 직관 두 가지가 모두 형이상학에는 결여되어 있기 때문이다. 형이상학적 개념은 수학이나 물리학에서 개념과 명제가 가질 수 있는 것과 같은 의미에서의 '객관적 실질성'과 '의미'를 가질 수 없다. 반복되는 얘기지만 형이상학적 개념들은 구체적으로 직접 제시될 수 없기 때문이다. 그러면 어떻게 형이상학에서의 선험적 종합이 가능한가? 그리고 어떻게 학문으로서의 형이상학이 가능한가? 이 문제에 답하기 전에, '학문'은 언제나 '체계'여야 하며 형이상학에서의 '종합'은 수학과 물리학에서의 종합과는 다른 성격을 지녀야 한다는 요구를 늘 염두에 두어야 한다.[3]

『순수이성비판』에는 궁극적으로 순수이성의 포괄적인 체계 아래 포섭되는 많은 체계들이 등장한다. 포괄적인 체계를 위한 원리로서의 범주 체계(A82/B108; 『형이상학서론』 39절 4:322–6 참조), 순수이성의 원칙들의 체계(A158/B198), 초월적 이념들의 체계(A333/B390), 이성의 체계(A738/B766), 순수이성 철학의 완전한 체계(A12/B26, A841/B869) 등이 그것이다. 이성의

3 코플스톤 같은 유능한 철학사가조차 이 문제를 잘못 이해한다. "그러나 학으로서의 형이상학은 불가능하다. 말하자면, 사변적 형이상학은 순수이성의 초월적 이념에 대응하는 대상들에 관한 학으로 가정된다. 그러나 그런 대상들이란 존재하지 않는다. 그러므로 그런 대상들을 다루는 학문이란 있을 수 없다"(F. Copleston, *A History of Philosophy*, vol. VI: Wolff to Kant. Westminster/Maryland: The Newman Press, 1961, 304면). 사변적 형이상학에 대한 코플스톤의 논급은 정확하지만 '학문으로서의 형이상학'에 대한 이해는 옳지 못하다. 왜냐하면 '학문으로서의 형이상학'은 형이상학에 대한 칸트의 부정적인 태도보다는 오히려 긍정적인 태도와 관련되어 있기 때문이다.

체계는 모든 다른 종류의 체계들을 하위 체계로 가지면서 모든 다른 하위 체계 전체를 총괄하는 체계이다. 그런데 이런 명목적인 목록보다 중요한 것은 '하나의 이념 아래서의 다양한 인식들의 통일'(A832/B860)이라는 칸트의 체계 개념에는 두 가지 주목할 만한 것이 있다는 것이다. '체계' 개념이 이성의 본성으로부터 정의된다는 것이 하나이고, 체계는 반드시 구성될 수 있어야 한다는 생각이 다른 하나이다.

이 맥락에서 하이데거는 "칸트에게서 우리는 진정 처음으로 체계의 본성에 관한 명백히 체계적인 숙고와, 이성의 본성으로부터 체계 개념을 규정하는 모습을 찾아볼 수 있다는 것은 우연한 일이 아니다"라고 말한다.[4] 하이데거가 이렇게 말하는 까닭은 인간 이성 자체가 본성적으로 하나의 체계(A680/B766 참조)이며 본성상 건축술적(A474/B502)이라고 칸트가 보았기 때문이다. 인간 이성은 칸트를 따르면 하나의 목적을 지향하고 전체를 형성하고자 애쓴다. 하나의 집합이나 축적이 아니라 상호 조직화되고 연관된 통일 구조가 이성 안에 있다. 따라서 이성은 마치 동물의 몸이 유기적으로 상호연관되어 있고 바깥 물질을 안으로 섭취하는 일을 통해서 내적으로 성장하는 것처럼 그 자체 유기적이고 통일된 하나의 조직체이다(A832/B860–A833/B861). 그러므로 이성은 조직의 원리를 내포하며 그 원리를 따라 주어진 재료를 조직하고 이성의 목적에 적절하게 동화할 수 있도록 변형시키는 힘을 발휘한다(B167 참조). 이성의 이러한 성격을 앞에서 우리는 이미 '후생적'이란 말을 붙여 설명하였다.

철학적 방법 또한 칸트를 따르면, 이성의 본성을 따라 체계적이 되어야 한다. 수학적 · 교의적 방법의 부적절함을 보인 다음, 칸트는 이렇게 서술

4 M. Heidegger, *Schellings Abhandlung über das Wesen der menschlichen Freiheit*(1809). Tübingen: Niemeyer, 1971, 43면.

한다.

> 그럼에도 불구하고 그 방법은 항상 **체계적**일 수 있다. 왜냐하면, 우리의 이성은 (주관적으로는) 그 자체가 하나의 체계이기 때문이다. 그러나 우리의 이성은 순수한 사용에서는 순전한 개념들에 의거한 단지 통일의 원칙들에 따르는 탐구의 체계일 뿐이며, 이 통일을 위한 재료는 **경험**만이 제공할 수 있는 것이다. (A738/B766) [강조: 인용자]

체계적 방법이란 기하학적 방법의 대안으로 제안된 것이다. 체계적 방법이 철학의 방법으로 제안된 이유는, 무엇보다도 철학에는 그로부터 개념이 구성될 수 있는 아무런 직접적 직관도 없기 때문이다. 철학적 인식은 '개념으로부터의 인식'이지 수학처럼 '개념의 구성으로부터의' 인식은 아니다(A713/B741 이하). 그래서 칸트는 논리적 기능의 측면에서 인간 이성을 분석하여 이성의 체계적 원리들, 곧 범주와 이성 이념을 '발견한다.' 이 두 가지 중 첫 번째 원리는 현상을 종합하는 원리이며, 두 번째는 경험을 체계화하는 일에 합법적으로 사용된다.

그런데 분명한 것은 체계 구축에는 이념이 필요하다는 것이다. 통일 원리로서의 이념이 없다면 학문은 학문이 될 수 없다(A834/B862 참조). 자연을 탐구할 때 사람에 따라 다양성에 관심을 둘 수도 있고 통일성에 관심을 더 둘 수도 있다. 그런데 다양성과 통일성은 '이성의 관심'에 뿌리를 둔 이념이다. 만일 이런 이념이 없다면 단편적 지식의 축적은 가능하다고 해도 통일적 · 체계적 학문 탐구는 가능하지 않다(A666/B694; A667/B695 참조). 『순수이성비판』에서 칸트는 앞에서도 여러 차례 언급했듯이 학문으로서의, 곧 체계로서의 형이상학의 가능성에 관심을 둔다. '순수이성의 체계'로서의 형이상학은 그 아래 다른 여러 가지의 하위 체계를 가질 수 있다. 존재론, 이성적 자연학(이성적 물리학과 이성적 심리학), 이성적 우주론, 합리적 신학 등이 바로 그 하위 체계들이다. 도덕 형이상학도 순수이성의 체계에 속한다. 순수이성의 이러한 체계 구축을 위해 칸트가 제시한 이념은 인간 이성의 합목적성을 따르는 전체성의 이념이다. 전체성의 이념은, 그러나 체계 구축을 위한 필요조건이지 충분조건은 아니다.

칸트는 이성의 건축술을 논의하는 부분에서 이념이 실현되기 위해서는 '도식'이 있어야 한다고 언급한다(A833/B861). 이때 말하는 이념의 도식은 이념에 어울리게, 다시 말해 선험적으로, 전체의 윤곽과 부분들로의 구분을 포함해야 한다. 이념의 도식이 선험적이라면, 다시 말해 이성의 목적에 어울린다면, 이 도식은 이성을 건축술적으로 통일시킬 수 있다는 희망을 칸트는 갖는다(A833/B861-A834/B862 참조). 그러면 '이성 전체'라는 이념의 도식은 무엇인가? 그것은 '범주의 도식' 또는 규제적 원리로서 초월적 이념이라는 '유비 도식'과는 다르다. '최대치'의 이념인 체계적 원리들의 도식도 '포괄적 체계'라는 이성 이념을 현실화시키기 위한 도식이 될 수가 없다. '이성 전체'의 도식은 순수이성의 비판과 체계를 조직하는 수단이어야 하며 자연 형이상학과 도덕 형이상학을 일괄하여 조직하는 수단이어야 한다. 하임죄트가 말하듯이 이성의 도식은 여기서 이성의 목적에 적절한, 순수이성으로부터의 인식의 모든 가능한 전체를 위한 예비적인 설계도(Vorentwurf)여야 한다.[5]

그런데 그러한 예비 설계도가 무엇인가? 칸트는 순수이성으로부터의 인식 전체를 일일이 매거하여 몇 가지 분야—순수이성 비판, 자연 형이상학과 도덕 형이상학, 존재론, 이성적 자연학, 이성적 우주론, 이성적 신학—로 구분하는

5 H. Heimsoeth, *Transzendentale Dialektik*, 4권, 791면 이하.

것 말고는 그 밖의 다른 도식을 가지지 않았던 것으로 보인다.[6] 『순수이성비판』 자체가 이성의 단일한 원리 아래, 이성을 포괄적으로 체계화하는 도식으로 생각되기도 한다(B27; 『형이상학서론』 4:365 참조).[7] 그런 설계도는 『형이상학서론』에서는 분석적 방법으로, 『비판』에서는 종합적 방법으로 그려진다. 앞의 경우는, 주어진 학문들에서 출발하는 반면, 뒤의 경우는 기원 자체(이성)에서 출발한다(『형이상학서론』 4:262–4).

두 가지 측면에서 칸트는 순수이성의 건축술에 대해서 논의하는데(A832/B869), 이것은 그의 도식 이론과 도식의 기능을 제대로 이해하는 데 도움을 줄 것이다. 첫째, 지성의 도식론과 이성의 도식론(또는 상징론)이 이성의 건축술에 근거하고 있음이 여기서 드러난다. 이성은 본성상 건축술적이다. 이성에서 도출된 모든 인식에서 이성은 구성적으로 활동한다는 말이다. 이성의 구성적 본성은 모든 선험적 종합의 근거를 정립한다. 둘째, 이념이 현실화되기 위해서는 도식이 필요하다는 것은 여러 종류의 도식이 체계 실현을 위한 '실행 수단'으로 기능함을 뜻한다. 체계의 실현은 지성으로부터 또는 이성으로부터 유래하는 원리들을 전제한다. 칸트의 현상 존재론에서는 범주가 그런 원리인 반면, 세 가지의 초월적 이념은 이성의 비판적이며 훈련된 사용을 토대로 한 이성적 심리학과 이성적 우주론, 그리고 이성적 신학을 위한 원리로 쓰인다.

---

6 '순수이성의 건축술' 장(章)에서 나타난 형이상학 전체에 대한 목록에 대해서는 G. Martin, *Arithmetik und Kombinatorik bei Kant*. Berlin/New York: Walter de Gruyter, 1972, 91면을 볼 것.

7 "비판은, 오직 비판만이 학문으로서의 형이상학을 성립시킬 수 있기 위한, 잘 음미되고 확증된 전계획을 포함할 뿐 아니라 이 계획의 실현을 위한 모든 수단까지도 포함하고 있다"(『형이상학서론』 60절 4:365).

3. 형이상학과 선험적 종합

우리의 연구가 진행될수록 선험적 종합의 문제는 개념의 '객관적 실질성' 또는 '의미'의 문제와 동일한 문제라는 것이 점차 분명해졌다. 어떻게 개념에 대응하는 대상이 개념에 주어질 수 있으며, 어떻게 개념은 대상에 적용될 수 있는가? 형이상학의 세 가지의 초월적 이념은 '의미'를 갖는가? 이것이 중요한 물음이다.[8] '의미'란, 앞에서 다루었듯이 '대상 관련성'을 뜻한다. 하지만 여기서 주목할 것은 대상이 현실 가운데 주어졌다고 해서 그에 대한 개념이 곧장 의미를 가진다는 말이 아니다. 주체 바깥의 대상에는 의미가 될 수 있는 잠재성이 있지만 의미로 등장하기까지는 주체의 인식적 활동이 개입해야 한다. 주체의 인식적 활동은, 개념에서 대상으로 향하는 '감성화'라는 규정과 대상에서 개념으로 향하는 '구조화'라는 이중의 규정을 통해 개념과 대상 사이의 '대응' 관계를 찾아낸다. 그래서 의미는 언제나 '구성된' 의미이다. 이런 의미에서 의미는 주체의 운동이, 이미 있거나 어떤 방식으로든 주어져야 하는 대상으로 향한다는 뜻에서 언제나 지향적이다.

수학과 관련해서 칸트는, 수학적 개념 또는 명제가 의미를 얻는 가능한 경로로서 구성의 방법을 제안한다. 공간과 시간이라는 순수직관은, 말하자면 그 안에서 지성의 자기 활동이 대응하는 형태를 구성할 수 있는 지평이다. 물리학의 경우에는, 한편으로는 범주를 감성화하고 다른 한편으로는 순수직관 중에 경험적 직관을 구조화함으로써 의미의 초월적 근거를 칸트는 마련해준다. 순수직관과 경험적 직관은 여기서 수학적 판단과

8 엘리슨도 개념의 '객관적 실질성'과 개념의 '적용 가능성'의 일체화가 칸트의 종합성 개념을 제대로 이해하기 위한 본질적인 관건이 된다는 것을 지적하고 있다(H. E. Allison, *The Kant–Eberhard Controversy*, 57–61면).

물리학적 판단의 감성적 의미와 지지 기반(Haltung und Sinn)으로 작동한다. 그런데 영혼 · 세계 · 신, 그리고 자연과 자유의 합목적성에 관한 형이상학적 판단에는 이러한 종류의 직관이 결여되어 있다. 형이상학은 이렇게 보면 의미 없는 문장들의 덩어리에 지나지 않는다고 말해야 할 것이다. 그렇다면 칸트도, 흄이나 현대의 논리실증주의자들처럼 형이상학을 무의미한 명제의 집합으로 거부하는 것인가? 형이상학을 사이비 학문으로 비난하거나 정죄하는 것은 칸트의 의도가 아닐뿐더러 이성 비판을 통해 얻고자 한 열매도 아니다.

여기서 알아두어야 할 것은 이성의 구성적 본성이 선험적 종합의 공통 근거라는 사실이다. 이성은 순수직관 가운데 수학적 개념을 구성하는 데서, 그리고 범주를 도식화 하는 데서 구성적 역할을 수행한다. 이성의 초월적 이념들을 유비적으로 또는 상징적으로 '앞에 드러 내세움'(Darstellung)에도 이성은 같은 역할을 수행한다. 이 경우, 직관은 순수직관이 아니라 경험적 직관이다. 그러나 여기서 경험적 직관은 경험과 유비적인 '상징'으로 주어진다. 상징은 이성의 이념에 '의미'를 부여한다. 그래서 칸트는 『실천적 관점에서 본 인간학』에서 "상징은 지성의 수단이되, 어떤 직관들과의 유비를 통해 간접적으로 대상을 앞에 드러 내세움(darstellen)으로써 개념에 의미(Bedeutung)를 부여하기 위해 사용하는 수단이다"(『인간학』 7:191)라고 말한다. 만일 상징을 찾아 사용할 수 없다면 경험을 초월해 있는 현실을 표상하고 생각하는 이념은 소통의 수단으로 사용될 수 없게 됨을 이 구절은 말해준다.

이 맥락에서 다시 한 번 강조해둘 것은 이념이 상징을 통해 얻는 의미는 직접적으로 지시하거나 눈앞에 환히 드러나도록 보여주는 것이 아니라 발견법적(heursitic)이라는 사실이다(A671/B699 참조). 이념에 대응하는 대상이 과연 무엇인가, 어떻게 그 대상은 정립되는가를 증명하는 것이 아니라, 어떻게 '우리' 이성적 존재자가 경험의 완전한 통일과 관련하여 그 대상을 찾아야만(sollen) 하는가를 보여줄 뿐이다. 이념은 실재물을 지시하지 않고 오직 그 이념의 도식 또는 상징을 지시한다. 이념에 의미를 부여하는 도식 곧 상징은 실존하는 사물이 아니라 실존하는 사물의 유비이다(A674/B702). 만약 초월적 이념이 상징을 통해 '의미'를 얻는다면 이것이 형이상학에서의 선험적 종합판단과 관련하여 함의하는 바는 무엇인가?

인간 영혼에 관한 종합판단이 불가능하다는 것은 분명하다. 왜냐하면 사유 활동의 주체는 실체화할 수 없기 때문이다. '나는 생각한다'는 의식은 '나는 존재한다'(Ich bin)(B157)는 의식을 끌어올릴 뿐이지, 그 이상의 함의는 없다. 사유하는 주체는 실체, 단순성, 수적 동일성 등의 범주적 규정을 통하여 객관적으로 서술될 수 없다. 이처럼 '사유하는 주체'라는 이념은 그 자체로는 객관화된 인식의 영역에선 아무런 의미도 얻지 못한다. '객관적 실질성,' 곧 이념에 대응하는 대상은 감각적으로 눈앞에 드러내 세울 수 없다(B412 이하 참조). 그러나 우리가 관점을 바꾸어서 본다면, 다시 말해 영혼이라는 이념을 시공간적 대상으로 보지 않고 사물자체로 본다면 영혼은 객관적으로 인식 가능하지 않다는 것을 확실하게 알게 된다. 이때 우리가 알게 되는 것은 '영혼'이라는 이념에 대해 선험적 종합적 인식을 얻지 못한다고 해도, 그 이념은 나 자신의 다양한 경험과 '관련하여' 여전히 의미 있다는 것이다. '영혼'이라는 이념의 의미는 이념 자체에 있는 것이 아니라 나 자신에 대한 나의 경험과의 관계에 놓여 있으며 영혼의 이런 의미는 심리학적 탐구의 가능한 최대한의 체계화를 추구한다. 이런 의미에서 '영혼'이라는 이념은 대상의 구성요소가 아니라, 우리의 경험적 탐구의 규제적 요소로 이해된다. 실체로서의 영혼의 상징적 표상은 체계화라는 단 하나의 과제만을 갖는다. 여기서 종합은 객관적 규정보다는 오히려 체계화를 의미한다.

'세계'와 '자유'라는 우주론적 이념도 '영혼'이라는 이념과 마찬가지로 시간과 공간 안에서 표상될 수 없다. 조건들의 계열의 절대적 통일과 주체의 활동 계열의 절대적 시작은 모두 감성적 조건을 넘어서 있다. 이처럼 세계와 자유라는 이념의 '객관적 실질성'은 감각적 경험을 통해서는 증명될 수 없다. 세계라는 이념은 다만, 시공 속에서 제약들의 모든 계열의 가능한 최대의 통일이라는 목적으로서 상정될 뿐이다. 이 이념은 경험적 세계와 관련되는 한에서 '의미'를 얻는다. 우주론적 판단에서 가능한 종합은 '전진적', 곧 무조건적인 것으로부터 조건지워진 것의 계열로 내려오는 종합이 아니라 조건지워진 것으로부터 무조건적인 것으로 올라가는 종합, 곧 '역진적'인 것이다. 우주론적 판단에서 종합은 이처럼 전체성 속에서 세계라는 것을 객관적으로 규정하는 것이 아니라 가능한 최대한의 통일에 비추어 주어진 것을 체계화하는 것이다.

'신'이라는 이념은 이론이성의 영역 안에서는 아무런 '객관적 실질성'도 '의미'도 가지지 않는다. 그러나 칸트는 모든 존재하는 것의 근거로서의 신의 이념에 가능한 의미를 허용해준다. 신의 이념은 사물들의 합목적적 통일을 위해 유용하다고 칸트는 생각한다(A686/B715 이하). '최고 지성'이라는 도식 또는 상징을 수단으로 신은 세계를 체계적으로 통일하는 규제적 원리로서 사유될 수 있다(A697/B725). 덧붙여 언급되어야 할 것은 신에 대한 이념을 하나의 도식 또는 상징으로 우리가 가지고 있다는 사실과 신이 현존한다는 사실은 서로 구별되어야 한다는 생각을 칸트는 『순수이성비판』에서 견지한다는 것이다. 우리가 신에 대한 이념을 가지고 있다는 사실을 칸트는 한 번도 부인한 적이 없으며, 또한 이 사실을 사소하게 생각하지 않는다. 만일 신의 이념이 없다면 우리는 어떤 방식으로든 우리 경험을 총체적으로 생각할 근거나 우리 경험의 목적론적 지향을 생각할 수 없기 때문에, 신의 이념은 칸트의 체계에서 매우 중요한 역할을 하고 있다.

상징 또는 도식은 초월적 이념을 실천적으로 사용할 수 있도록 이론적 토대를 마련해주는 데도 중요하다. 상징은 사실 초감성적인 대상 그 자체에 대해서는 말해주는 바가 없다. 그런 대상을 우리의 실천적 행위에 합당하게 만들기 위해서는 우리가 '어떻게' 그런 대상을 생각해야 하고 받아들여야(annehmen) 하는지 만을 이야기해줄 뿐이다(『형이상학의 진보』 20:296). 상징은 실천적 행위의 목적을 위해 이론적 가정을 사용할 수 있는 길을 열어준다. 실천 속에서 초월적 이념들은 실천적이 되고 우리 자신이 스스로 만든 것(selbst machen)이 된다(『형이상학의 진보』 20:297).

칸트에게서 초월적 이념의 궁극적인 '객관적 실질성'과 '의미', 그리고 형이상학에서의 선험적 종합은 도덕적 행위를 통해 실현된다. 이성을 실천적으로 사용할 때 우리는 대상을 '규정'하는 것이 아니라 대상을 '현실적으로 만든다'(Bx). 여기서 실천이성의 절대적 자율성은 선험적 종합을 위한 감성적 요소를 필요로 하지 않는다. 도덕적 행위의 입법자로서 이성은 초월적 이념 자체의 객관적 실질성을 만들고 산출할 수 있다. 이런 점에서 손봉호 교수는 다음과 같이 적절하게 결론을 내린다.

> 칸트의 형이상학은 실천적이며, 오직 형이상학이 실천적일 때만 그 학문은 철저하게 선험적 종합성을 획득할 수 있다. 형이상학적 · 선험적 종합의 '제3의' 요소는 수학이나 물리학의 경우와 달리 직관을 통해 주어지지 않고 상징으로 현시된 이상으로서 주어진다. 그러므로 실천 형이상학에서 선험적 종합은 실천적 중요성을 가지며, 바로 여기서 선험적 종합과 더불어 칸트의 주요한 의도가 드러난다.[9]

9 B. H. Son, *Science and Person*, 25–26면.

초월적 이념의 상징적 또는 유비적 의미는 이성의 이론적 사용의 범위 안에서 영혼 · 세계 · 신에 관한 필연적인 종합판단에 직접적으로 기여하지는 않는다. 그러나 여전히 '체계화'를 위한 역할은 담당한다.[10] 상징적으로 이념을 앞에 드러내 세움은 무조건적인 것을 통해 조건들을 체계적으로, 종합적으로 완결하는 '제3자'로 상징을 이성에게 제공한다. 이렇게 하여 지성과 이성을 상징이 매개한다. 이념을 '상징화'함으로써 지성의 범주를 이념('최고 지성')에 적용할 수 있게 된다. 반면 이념 자체('신')는 자연에 대한 설명 근거로는 사용되지는 않지만 자연 속에서 질서를 발견하기 위한 발견법적 규칙으로, 목적론적 관점에서 자연을 최대한 체계적으로 통일하기 위한 근거로 사용된다. 만일 '제3자'가 없다면 범주는 초감성적인 영역에서 아무런 지지자도 발판도 얻지 못하며 세 가지의 초월적 이념은 가능한 경험의 세계에 대해 사용될 수 없다. 그러므로 이념의 도식화 또는 이념의 상징화를 통해 표상할 수 없는 것을 표상할 수 있게 됨으로써 우리는 우리의 경험을 전체적으로 표상할 뿐 아니라 삶에 대한 실천적 · 목적론적 관점을 가질 수 있게 된다.

---

10 H. Heimsoeth, *Transzendentale Dialektik*, 3권, 595면 참조.

제11장

결론: 표상적 사유를 넘어서, 다시 표상적 사유 안으로

지금까지 우리는 어떤 방식으로 표상적 사유가 확보될 수 있는지, 표상할 수 없는 대상에 대한 개념에 일정한 방식으로 표상의 의미를 부여할 수 있는 방안이 무엇인지, 그를 통해, 무엇을 성취할 수 있는지를 살펴보았다. 이제 마무리하는 자리이므로 칸트의 표상적 사유에서 중요한 매개 역할을 하는 도식과 상징의 사유가 지닌 의미를 전체적으로 다시 조망하는 기회를 갖고자 한다. 무엇보다 먼저 말해두어야 할 것은 범주와 이념, 곧 선험적 개념들의 대상과 객관적 의미 문제를 해결하고 우리의 경험에 체계적 통일성을 부여할 수 있는 수단을 칸트는 도식과 상징을 만들어내는 인간 정신의 작동 방식에서 찾았다는 사실이다. 칸트의 철학적 천재성은 월쉬가 말하듯이 이 핵심적 주제를 파악하고 '도식'과 '도식론'이라는 용어를 철학에 도입한 데서 잘 나타난다.[1] 칸트는, 그러나 스스로 증언하고 있듯이 철학 용어를 새롭게 만들어내는 사람은 아니었다. "새 말을 만들어낸다는 것은 언어계에서의 입법을 하는 주제 넘는 일로 성공하는 경

1 W. H. Walsh, "Schematism," in: *Kant-Studien* 49(1957/8), 97면.

우가 드물다. [……] 죽은 옛 학술어 가운데 이 개념이 알맞은 표현과 함께 들어 있지나 않나 둘러보는 것이 바람직하다"(A312/B369)고 말하듯이, 예로부터 내려오는 어휘들, 예컨대 '범주', '이념', '도식', '유비' 등을 사용한다. 이 말들은 모두 고대 그리스로부터 전래되어온 것들이다.

칸트에게서 도식화는 감성화를 의미한다. 도식을 통해 대상을 눈앞에 드러내 세움은 '감성화' 방법 가운데 하나이다. 그러나 이것은, '변화', '전이', '변형'을 통해 로제 다발이 의도하고자 한 것처럼 육화(肉化)의 일종을 뜻하지는 않는다. '감성화'는 앞에서도 보았듯이 선험적 시간 규정과 유비를 수단으로, 비감성적인 지성 개념과 이성 개념에 개별적인 경우 또는 구체적인 예(例)를 제공함을 의미한다. 예컨대, 부모-자녀 관계를 통해 신의 이념을 상징적으로 앞에 드러내 세움은 정신적인 것을 감성적인 것으로 변형시키는 것이 아니라, 경험 세계에서 빌려온 유비를 수단으로 사용해서 지각할 수 없는 것을 표상하는 방식이다.

그렇다면 칸트의 도식론에서 찾아볼 수 있는 새로움은 무엇인가? 나는 도식의 정체성과 기능이라는 두 가지 측면에서 이 문제를 조명해볼 수 있다고 생각한다. 도식에는 그 내용면에서 보면 다채로운 모습이 있다. 그림, 규칙, 시간 규정, 유비 또는 상징이 칸트가 말하는 도식일 수 있다. 하지만 도식의 정체를 바르게 규정하려면 그것이 가진 여러 가지 기능을 점검해보아야 한다. 도식의 본질('무엇')은 말하자면 그것이 쓰이는 방식('어떻게')과 목적에 늘 의존한다. 도식이 현상의 구조화와 범주의 감성화를 위해 사용될 경우, 도식은 다양한 형식의 선험적 시간 규정이다. 도식이 이성의 이념의 어떤 양태 또는 표상을 위해, 그리고 경험의 체계화를 위해 사용될 경우, 도식은 유비 또는 상징이다. 따라서 도식과 상징은 그 기능상 두 가지 측면을 가진다. 도식과 상징은, 한편으로 지성의 개념과 이성 개념에 '객관적 의미'를 주는 '실행 수단'(operational means)이다.

그러면서 또 다른 한편으로는 경험의 다양과 지성을 (이성에 대하여) 구조적으로, 체계적으로 통일시키는 수단이다. 첫 번째 것은 말하자면 위에서 아래로의 운동이고, 두 번째 것은 아래에서 위로의 운동이다. 이 '양방통행'에 대해선 이미 몇 가지로 설명한 바 있다. 예컨대, 그 자체 아직 미확인된 지각의 집합인 현상은, 범주라는 일반 규칙을 따라 철자화됨으로써 해독 가능한 텍스트가 된다. 현상을 텍스트로 만들기 위한 선험적 철자가 시간이다. 시간적 표상을 통해 범주는 현상을 구조화시키는 규칙으로서 적용되는 한편, 현상은 가능한 경험의 대상으로서 확인되도록 범주 아래 포섭된다. 범주는 생산적 상상력이라는 '초월적 손'을 사용해서, 어떻게 자연을 하나의 텍스트로 '써야'(schreiben) 하는지를, 선험적으로 미리 '앞서 쓰는'(vor-schreiben) 구실을 한다.

금세기 들어서서, 스위스의 심리학자요 철학자인 장 피아제는 칸트와 매우 유사한 방식으로 도식론을 전개한다. 감각-운동 단계라고 불리는 어린아이의 단계에서 지식 구조의 일반적인 단계에 이르기까지 인간의 과학적 지식 구조의 발생을 설명하는 것이 그의 관심이다. 피아제는 우리의 과학적 지식을 주어진 사실들의 축적 과정이라고 보지 않고, 더 발전되고 세련된 형태로 구조가 변형되는 과정이라고 본다. 그런데 지식과 관련해서 첫 번째로 걸리는 문제는 주체와 대상 사이의 매개적 구조를 구성하는 것이다. 이처럼 피아제는 동화와 적응 사이의 상호작용의 관점에서 인식 구조의 성장을 설명하려 했다. 도식은 감각-운동적인 것('행위의 도식')이건, 실행 수단이건(논리-수학적 인식의 '실행 도식')이건 인식 주체의 동화(同化)와 적응(適應) 활동 사이에서 매개자의 역할을 수행한다. 지식 과정은 이렇게 보면 현실을 도식화해 가는 과정이다. 그러나 현실은 인간 지성에 동화되기를 저항하고, 따라서 이렇게 저항하는 현실을 다시 동화시키기 위해서는, 이미 형성된 틀(도식)은 다시 수정될 수밖에 없다. 현실에 대한 인간의 지식은 피아제를 따르면 이런 방식으로 성장해가며 현실에 대한 인간의 이해는 점점 넓어지게 된다. 칸트와 마찬가지로 피아제는 인간의 인식을 감각 지각의 결과로 보기보다는 실재에 대한 인간의 활동의 결과물로 본다. 그러나 칸트와 달리 피아제는 자신의 '발생론적 인식론'을 통해서, 신체의 감각-운동, 언어와 상징의 사용, 논리-수학적 규칙을 다루는 능력 등, 이 모든 것은 새로운 '도식'을 발생시키고 새로운 인식 구조를 형성하는 데 기여한다는 것을 논증한다.[2]

피아제에 관한 소개로서는 우리의 언급이 사실 터무니없이 짧은 것임을 인정하지 않을 수 없다. 하지만 여기서 짧게 얘기한 것만으로도 피아제와 칸트의 차이점에 대한 이해를 두어 가지 끌어내는 데는 별로 어려움이 없을 것이다.

첫째, 현실을 고려하는 비중이 피아제에게서는 칸트에게서 볼 수 있는 것보다 훨씬 크다. 현실은 우리의 지식 구조를 개선하는 데 기여한다. 칸트도 인식의 대상으로 정립되기 위해서는 사물이 먼저 '주어져야' 한다고 보았다. 지금까지 거의 주제화된 적은 없으나 '주어짐'이란 개념은 사실 칸트철학에서 매우 중요한 개념이다. 하지만 어떤 방식으로든지 주어져야 할 사물은 우리의 개념적 사유를 고쳐주고 수정해줄 수 있는 외적 교정물이 아니라, 사유가 개념 작업을 하는 밑천이 되는 재료 정도로 간주된다.

---

2 도식론에 관한 피아제의 사상에 관해서 영문으로 읽을 수 있는 문헌으로는 다음과 같은 것들이 있다. J. Piaget, "Piaget's Theory," in: *Piaget and His School*, B. Inhelder & H. H. Chipman, eds., New York/Heidelberg/Berlin: Springer-Verlag, 1976, 11-23면; J. Piaget, "The Role of Action in the Development of Thinking," in: *Knowledge and Development*, W. F. Overton & J. M. Gallagher, eds., New York/London: Plenum Press, 1977, 17-42면; J. Piaget, *Psychology and Epistemology: Towards a Theory of Knowledge*, A. Rosin, tr., Harmondsworth: Penguin Books, 1977, 63-88면을 참조할 것.

둘째, 지식 형성 과정에서 신체의 역할이 피아제에게는 매우 중요하다. 반면, 칸트에게서는 신체의 운동이 사실 거의 역할을 하지 않는 것처럼 보인다. 피아제에게서 지성의 도식 활동은 두뇌의 반성적 메커니즘과 어린이의 신체 동작(예컨대, 쥐고, 당기고, 미는 행위)에서 시작되어, 그 뒤로는 언어 · 상징 · 논리적 형식들을 사용하는 가운데 점점 더 정교하게 발전된다. 칸트도 신체의 역할을 완전히 무시하지 않는다. 예컨대 현실 안에서 방향 찾기에 관한 그의 논의에서 보았듯이 신체의 역할은 중요하다. 그러나 칸트는 신체성보다는 사실은 오른편과 왼편을 구별하는 능력에 관심을 보인다. 하지만 이런 능력이 '신체 없이' 가능한가? 신체 없는 인식 주체는 없다. 그리고 신체에는 단순한 감각기관 이상의 의미가 있다. 예컨대 신체는 근본적으로 사회적이며 문화적인 인간의 조건을 표현한다. 나는 나의 신체와 더불어 사유 안에서 방향을 찾으며 현실을 파악하고 주어진 문화와 사회 속에서 행동한다.[3]

그런데 우리는 칸트가 현실을 통틀어서 현상으로 환원시키지 않으려고 한 것을 높이 평가하지 않으면 안 된다. 현실을 철자화(buchstabieren)하려는 인간의 노력은 현실을 가능한 경험의 대상으로 읽을 수 있게 해줄 뿐이다. 인간의 '인식 지평'은 이 안에서는 감각 세계에 제한된다. 그러나 직관과 사유를 분리함으로써 칸트는 감각 경험의 대상이 될 수 없는 것에 대한 사유가 가능함을 보여준다. 감각적으로 주어진 것 외, 사유를 통해서 세계를 그려내고 신을 생각하고 우리 자신들의 일체성을 표상할 수 있는 영혼을 표상해볼 수 있는 가능성이 우리에게 있을 뿐 아니라 이러한 인간 능력의 근저에는 도덕적 자율성의 세계에 대한 열망과 그리움이 잠재되어 있다는 것을 칸트는 보여준다. 그럼에도 지식과 관련해서는, 칸트

---

3 M. Polanyi, *Personal Knowledge*, 323면 참조.

는 예외 없이 직관적 요소를 요구한다. 모종의 직관이라도 주어지지 않은 사유는 그 자체로 텅 빈 것이기 때문이다. 유비를 통한 표상이나 상징은 바로 이런 맥락에서 감각적 수단을 통해서 우리가 표상할 수 없는 초감성적 · 비표상적 대상을 사유할 수 있는 수단으로 제안된다. 상징은 감각 세계를 초월한 현실, 곧 비표상적 현실을 생각하고 그려볼 수 있게 해준다. 다시 말해 이념이 설 수 있는 발판, 이념이 뭔가를 지시할 수 있는 의미를 부여해준다. 이렇게 볼 때, '상징은 사유하게 해준다'(Le symbole donne à penser)는 리쾨르의 말은 진정 칸트적이다.[4] 반성과 달리 상징은 항상 직관적이며 그렇기에 현실에 뿌리를 두고 있다.

그러나 상징과 반성 간의 관계에 관해서는 칸트와 리쾨르 사이에 중대한 차이가 있다. 리쾨르에게서는 상징이 반성에 선행한다. 상징은 먼저 우리의 개념적 사유 이전에 주어지며 우리의 사유에 일정한 방향을 부여한다. 이런 의미에서 상징의 지향성은 의식의 지향성에 선행한다. 의식 이전의 상징은 불분명하고 모호하다. 따라서 철학적 반성이 상징을 '해독'(déchiffrage)하기 위해 필요하다.[5] 그런데 리쾨르의 경우와 달리, 칸트에게서는 반성이 상징에 선행한다. 상징은 반성적 판단력의 소산이다. 반성적 판단력은 감각 세계 속의 사물들과 관련하여 반성을 함으로써 '직관적인' 요소를 찾아낸다. 예컨대, '건축가'라는 말은 세계의 창조자로서의 신을 표상하기 위한 상징으로 쓰인다. 이 상징적 표상은 건축가, 설계된 건물, 건축가가 행하는 건축 사이의 관계를 반성한 결과물이다. 그래서 상징 안의 직관적 요소는 늘 간접적 직관이다. 칸트의 상징 개념에서 주목할 것은 상징적 표상은 세계와 관련하여 신에 대한 사유를 가능하게

4 P. Ricoeur, *Le conflict des interprétations. Essais d'herméneutique*. Paris: éd. du Seuil, 1969, 284면, 295면 참조.

5 P. Ricoeur, 같은 책, 265-81면, 281-329면 참조.

해준다는 점이다. 상징과 반성 사이에는 상호 관계가 있다. 상징은, 한편으로는 우리의 감각 경험에 대한 반성의 산물이며, 다른 한편으로는 경험을 초월한 어떤 것에 대해 반성을 하기 위한 디딤돌이 되어준다. 이처럼 상징에는 직관적 요소뿐만 아니라 이성적인 요소가 있다. 상징이 없다면 인간 이성의 반성 능력이 제대로 작동할 수 없다. 이 점에서 칸트와 리쾨르는 서로 구별된다. 칸트의 상징은 리쾨르의 상징에 비해 덜 역사적이고 덜 신화적인 성격을 띠고 있다. 하지만 리쾨르의 상징보다는 훨씬 더 이성적이고 윤리적인 특색을 띤다.

리쾨르에게서 상징은 철학보다는 서사(récit)의 영역에 속한다. 예컨대 창조 기사, 낙원에서 인간의 추방 등은 인간 존재와 악의 근원을 탐색할 수 있도록 생각할 거리를 제공해주는 상징들이다. 역사적이며 문화적인 전통이 상징의 의미를 해석하는 데 중요한 역할을 한다. 그런데 칸트의 상징 개념에는 이런 면이 없다. 상징은 칸트에게서는 '통시적'이기보다는 '공시적'이다.[6] 상징의 이런 입지는 주어진 것으로부터 얻은 인식(cognitio ex datis)과 원리로부터 얻은 인식(cognitio ex principiis)에 대한 칸트의 구별(A836/B864)을 배경으로 이해할 수 있다. '직접적 경험 또는 서사'로부터 주어지는 인식은 역사적일 뿐이고, '이성의 보편적 원천, 곧 원리'로부터 주어지는 인식은 이성적이며 객관적이다(A836/B864-A837/B865). 우리는 이런 생각을 포퍼에게서도 발견한다. 포퍼는 언어의 설화적 기능보다 '대화적 기능'을 더 강조하며 '이론'(theory)과 '이야기'(story)를 분명하게 구분한다.[7] 이런 사고방식에서는 이론과 실천의 의미

6 C. A. van Peursen, "L'Existence fait-elle sens?," in: *Sens et existence en hommage à Paul Ricoeur*, Paris: éd. du Seuil, 1975, 98면 참조.

7 K. R. Popper, *Objective Knowledge: An Evolutionary Approach*, Oxford: Clarendon, 1979(2판), 237면, 289면 참조.

의 가능한 원천으로서의 역사적 · 문화적 요소(이 요소들이 현실을 구성한다) 속에서 현실의 넓은 지평을 이해하기가 어렵다.

칸트의 대가다움은 현실의 신비를 부정하지 않는다는 데 있다. 인간 현실은 현상보다는 훨씬 더 깊고 넓다. 칸트는 특히 미적 판단력에게 미적 영역에서 현실의 '해석'(Deutung) 과제를 부여한다. 우리의 미적 판단은 자연이 그의 아름다운 형식 속에서 그림으로 우리에게 말해주는 일종의 '암호 해독'(die Auslegung der Chiffreschrift)이라고 칸트는 말한다(『판단력 비판』 5:301). 암호 해독은 이론 영역에 속하지 않고, 실제적인 유용성을 전혀 고려할 필요가 없는 자연미(自然美)에 대한 순수한 관조와 지적 관심의 영역에 속한다. 그리스 철학 전통 이후로 중세에 이르기까지 우주적 사건을 바로 보고 의미를 찾는 활동인 테오리아(theoria), 곧 관조(觀照)는 이제 과학의 자리를 물러나서 순수 예술의 영역으로 전이되었다. 그러나 칸트는 아직 예컨대 쇼펜하우어와 야스퍼스에서 볼 수 있는 것처럼 '암호 해독'을 인간 실존에 관해 철학이 맡아서 실행해야 할 하나의 프로그램으로 삼지는 않았다.[8] 하지만 이런 유의 철학의 선구자로 우리는 칸트를 문제없이 꼽을 수 있다.

그런데 칸트는 왜 이론적인 영역에서는 현실에 대한 '암호 해독'을 배제시키는가? 우리의 과학적 활동도 자연 속에 숨겨진 암호를 해독하는 과정이 아닌가? 이 물음은 인간 인식과 세계 안에 현실적으로 존재하는 인간 이해와 밀접하게 연관되어 있다. 칸트는 당시 상당한 대중적 인기를

---

8 A. Schopenhauer, *Die Welt als Wille und Vorstellung* II/1, § 17: "Allein es gibt noch andere Wege zur Metaphysik. Das Ganze der Erfahrung gleicht einer Geheimschrift, und die Philosophie der Entzifferung derselben, deren Richtigkeit sich durch den überall hervortretenden Zusammenhang bewährt. Wenn dieses Ganze nur tief genug gefaßt und an die äussere die innere Erfahrung geknüpft wird; so muß es aus sich selbst gedeutet, ausgelegt werden können."

끌고 있었던 야코비와 슐로서, 그리고 슈톨베르크 같은 낭만주의적이요, 관조주의적이며, 직관주의적인 철학에 반대하여 철학을 철저한 지적 '노동'이라는 입장을 내세운다. 말년에 거의 가까운 해였던 1796년에 쓴 한 논문에서 "이성은 그의 소유물을 노동(Arbeit)을 통해 얻는다는 것이 [철학에서의] 율법이다"라고 쓰고 있다.[9] 그러면서 칸트는 "노동이 없는" 사이비 철학을 혐오한다. 노동 없는 철학, 관조적이고 직관주의적인 철학에서는, 칸트를 따르면 "우리는 우리 마음속에 떨어지는 계시를 얻으려고 하고 그 계시를 즐기기만 하면 된다. 그리고 그런 식으로 완전한 전체 지혜를 얻지만, 이것은 철학의 종말이다."[10] 칸트의 눈에는 "철학에서의 열광주의의 아버지"인 플라톤의 철학은 노동 없는 철학인 반면 아리스토텔레스의 철학은 노동하는 철학이다.[11] 이처럼 칸트에게서 테오리아란 우주적 사건을 수용하는 관조가 아니라 고된 지적 노동이다. 노동으로서의 철학이라는 칸트의 관점은 인간 지식에 대한 그의 견해와 완전한 조화를 이룬다. 이상적, 철학적 삶의 모습으로서 관조적 삶(vita contemplativa)을 거부하고 실천적 · 활동적 삶(vita activa)을 선호하는 점에서, 칸트는 철저히 '근대' 철학자이다.

칸트는 지식을 얻는 인식 과정도, 관조나 신비적 연합과는 무관한, 하나의 노동 과정으로 본다. 노동 과정에는 지성과 감성이 함께 개입한다. 입법의 능력인 지성은 재료 없이는 작업을 할 수 없기 때문에 지성의 작업이 가능하기 위해서는 재료가 주어져야 한다. 감성은 이때 지성에 필요

---

9 I. Kant, *Von einem neuerdings erhobenen vornehmen Ton in der Philosophie*(1796), 8:390.

10 같은 곳.

11 같은 책, 8:373–4; J. Pieper, *Leisure: The Basis of Culture*. A. Dru, tr., London: Faber, 1952, 30면 이하 참조.

한 재료를 제공하는 통로가 된다. 따라서 감성이 가능해야 한다. "왜냐하면 감성 없이는 입법적 이성이 그것을 가지고 작업을 할 재료(Stoff)가 주어질 수 없을 것이기 때문이다"(『인간학』 7:144). 이렇게 하여 감성을 통해 주어진 재료를 인식 주체는 범주라는 선험적 규칙을 따라 상상력의 도식이라는 수단을 통해 하나의 대상으로 규정한다. 이렇게 우리 지성의 자발성과 감성의 수용성 간의 이질성은 지성의 구성적 노동을 통해 부분적으로 극복된다.

여기서 우리는 앞에서 잠시 언급한 레비나스의 사상에 비추어 칸트를 들여다볼 필요가 있다. 세계 안에서의 인간 존재를 현상학적으로 그려내는 레비나스의 작업 방식을 따라가보면 매우 중요한 한 가지 사실이 발견된다. 그것은 인간은 곧 세계 안에서 거주하면서 노동하며 소유하는 존재라는 것이다. 노동을 통해 현실은 정복되고 관리되며, 소유물로 전환된다. 칸트의 감성의 조건과 범주, 상상력은 노동하는 인간의 손을 개념적으로 보여준다. 레비나스는 이것을 현상학적으로 그려낸다. 손은 여기서 무엇보다도 거머쥐는 역할로 표시된다. 거머쥐는 일은 거주 공간 안에서 손이 맡고 있는 일차적 기능이라고 레비나스는 본다.[12] 아직 분명한 얼굴을 지니지 않은 현실(이것을 레비나스는 '요소세계'라 부른다)은 손의 활동을 통해 제1질료로 전환된다. 현실은 익명성의 탈을 벗고 이름을 가진 사물로 등장한다.[13] 손은 이렇게 노동을 통해 우리를 에워싼 세계로부터 위협을 차단하고 미래를 예측하고 통제한다.[14] 우리의 현대적 삶에서 노동의 이러한 측면은 기술을 통해 더욱더 가속화된다. 여기서 기술은 세계 안에서 자아의 존재 실현을 위한 수단으로 등장한다. 이때 기술은 "동일자를

---

12 E. Levinas, *Totalité et infini*, 132면 참조.

13 E. Levinas, 같은 책, 133면 참조.

14 E. Levinas, 같은 책, 131–36면.

통한 타자의 규정"으로 중립적이 아니라 일종의 권력 행사라고 레비나스는 본다.[15] 칸트에게서도 이 점은 마찬가지이다. 표상적 사유가 힘을 미치는 현상과 경험의 세계는 인간 능력이 미치는 곳이고, 여기서는 낯선 타자가 들어설 공간이 따로 없다. 우리의 지성은 동일자의 도식 안으로 타자를 흡수하고 변형시킨다.[16] 그 귀결은 현실 세계를 소유하는 것이다.[17]

레비나스의 전체성의 개념에서도 보듯이 지성의 지적 노동은 자연 세계를 소유하는데 그치지 않고 지식의 포괄적인 체계를 쌓으려고 분투한다. 이것을 칸트의 말로는 완전성의 추구로 바꾸어 설명할 수 있다. '완전성'의 추구는 '체계' 개념의 전형적인 특성 가운데 하나이다.[18] 이런 추구와 체계 구축을 통해 인간 이성 자체가 이성 자신의 산물 속에 반영된다. 그러나 도식화되는 재료는 '경험만을' 통해 주어진다(A738/B766). 이성의 체계 구축을 위한 재료는 감각으로부터 직접 주어지지 않고 지성의 순수 선험적 개념(A738/B766)을 통해 주어진다. 이 순수 개념은 유비를 수단으로 감성적 요소를 동반한다. 여기서 이념의 도식은 자연의 체계와 이성의 체계가 조화하도록 이성의 입법적 기능과 지성을 통해 주어지는 재료를 매개하는 수단이다.

이성의 생산적 활동은 칸트의 도덕에 관한 견해에도 분명하게 나타난다. 이론이성과 실천이성의 구별에서 보듯이 실천이성은 이론이성과는

---

15 E. Levinas, 같은 책, 145면; 97-100면 참조.

16 E. Levinas, 같은 책, 94면 이하 참조.

17 이와 관련된 논의는 강영안, 『타인의 얼굴』, 4장 참조.

18 '완전성'의 이념과 기술적 사고 사이의 연관에 대해선 J. van der Hoeven, "Perfectie en confectie: Kernideeen achter de westerse vertechnisering van de samenleving," in J. van der Hoeven, Peilingen: *Korte exploraties in wijsgerig stroomgebied*, Amsterdam: Buijten & Schipperheijn, 1980, 49-64면을 볼 것.

다르게 자신의 대상을 이론적으로 '규정'하지 않는다. 주어진 대상을 규정하기보다는 주어지지 않은 대상을 실제로 만들어내는 것(wirklich machen)이 실천이성의 특징이다(BX). 실천이성은 초월적 이념들을 실천적으로 만들며 그 대상들을 스스로 만든다(selbst machen)(『형이상학의 진보』 20:300). 오직 도덕 영역에서만이 인간 이성은 외부로부터의 구속, 곧 감성에서 오는 재료에 종속되지 않는 절대적 자율성을 가진다. 실천적 관점에서 이성은 그 자체 자신의 대상을 규정하고 만드는 순수 자발성의 능력이다. 스스로 만듦, 스스로 입법하는 행위를 통해서만이 인간 이성은 자신이 이성적이며 자율적이라는 것을 증명한다.[19] 지성의 경우는 어떤 방식으로든 간에 감성의 조건에 매여 있는 반면, 실천이성은 감성으로부터 완전히 자유롭다(『도덕형이상학기초』 4:452 참조). "인간을 비로소 인간이 되게 하는"(『학부간의 갈등』 7:72) 것은 지성이 아니라 실천이성이다. 현실에 대한 노동과 현실을 '만들 수 있는 능력'은 실천이성의 영역 안에서는 이성의 자율성에 종속한다. 인간은 '자연의 주인이며 소유자'(데카르트)일 뿐 아니라 그 자신 자연 본성의 주인이기도 하다(『학부간의 갈등』 7:70 참조). 인간이 자신의 자연 본성의 주인일 뿐 아니라 외부 자연의 주인임은 현실을 만들고 자기 규정을 실현하는 노동에서 분명하게 드러난다.[20]

이와 관련해서 주목할 것은 지성의 자발성과 감성의 수용성 사이의 변증적인 긴장이 칸트의 노동 철학에 보인다는 것이다. 세계 안에서 현실적으로 삶을 살아가는 인간은 이 긴장을 통해 규정된다. 감성적 세계

19 H. Arendt, *The Human Condition*, Chicago: The University of Chicago Press, 1958, 235면 각주 75 참조; O. D. Duintjer, "'Produceren' en andere wijzen van mens-zijn," in: *Tijdschrift voor Filosofie* 45(1983), 431-33면을 볼 것.

20 칸트의 상징적 표상 작용이 실천철학에 대해 가진 의미는 Heiner Bielefeldt, *Symbolic Representation in Kant's Practical Philosophy*, Cambrdige: Cambridge University Press, 2003을 참조하라.

(mundus sensibilis)와 지성적 세계(mundus intelligibilis), 이 두 세계에 시민으로 속해 있는 인간은 자연의 타율성과 자유의 자율성 사이의 투쟁과 직면한다. 긴장과 갈등을 인간은 관점을 변화시킴으로서만 극복할 수 있다. 관점의 변화를 통해서 인간은 자신을 지성적 세계의 시민으로, 감성적 세계의 시민으로 볼 수 있다(『도덕형이상학기초』 4:452–453 참조).[21]

이상의 논의를 통해 1) 칸트가 철학을 노동으로 본다는 것, 2) 인간 인식은 노동하는 과정이라는 것, 3) 인간은 활동하는 존재요, 그의 세계의 창조자이며 자기 행위의 창조자라는 것이 분명해졌다(『학부간의 갈등』 7:69–70 참조). 그런데, 가만히 생각해보면, 이런 생각들은 순수하게 칸트 철학의 산물만은 아니다. 세계를 표상하고 관리하는 주체의 등장과 함께 자연스럽게 강조하게 된 근대 철학 전반의 특성이다. 근대 철학은 인간을 세계의 중심에 놓고 인간성의 징표로서 인간의 노동을 강조한다. 표상적 사고, 또는 구성하는 이성의 활동은 노동의 한 과정이요 수단이다. 피코 델라 미란돌라, 데카르트, 라이프니츠, 헤겔, 마르크스, 카시러, 현대 실존주의자들이 이러한 사유의 계보를 형성한다. 루뱅대학교 철학과의 우르뱅 돈트가 지적하듯이 주체성의 철학은 결국, 인간이 자신의 주인으로서뿐 아니라 자연의 주인으로 규정되는 노동의 철학에서 최고점에 다다른다.[22] 인간은 신의 형상을 따라 창조된 존재라는 기독교적 관점은 (적어도 피코부터 헤겔까지) 인간의 마음을 구성적인 것으로 보는 데 중요한 역할을 했으리라고 생각한다. 라이프니츠는 이 점을 누구보다도 설득력 있게 증언한다.

---

21 두 세계의 시민과 두 관점에 관해서는 강영안, 『도덕은 무엇으로부터 오는가』, 97–100면 참조.

22 U. Dhondt, *Hedendaags denken en christelijk geloof*. Antwerpen/Amsterdam: De Nederlandse Boekhandel, 1981, 25–34면.

이것[인간의 이성적 영혼 또는 정신]은 피조물 세계의 거울일 뿐 아니라 하나님의 형상이다. 정신은 하나님의 창조물을 지각할 뿐 아니라, 비록 축소판이지만 이와 닮은 어떤 것을 **생산**할 수도 있다. 왜냐하면 우리가 깨어 있을 때 발견하고자 오랫동안 생각해야만 되는 것들을 별 노력 없이, 그리고 별로 의욕하지 않고도 만들어낼 수 있는 꿈의 놀라움은 접어두고라도, 우리의 자발적인 활동과 하나님이 (무게 · 크기 · 수 등을 통해) 규제한 사물들을 따라 발견하는 과학 안에서 우리의 영혼은 **건축술적**이기 때문이다. 활동이 허용된 이 조그만 세계 안에서 영혼은 하나님이 큰 세계 속에서 행한 것을 모방한다.[23] [강조: 인용자]

세계의 창조자인 하나님과 마찬가지로 하나님의 형상으로 창조된 인간은 비록 축소판이지만 자신이 살고 있는 세계의 창조자라는 것이 라이프니츠가 말하고자 하는 것이다. 인간은 하나님이 만든 세계를 관조할 뿐 아니라 그와 닮은 어떤 것을 생산하기도 한다. 세계의 건축가인 하나님과 마찬가지로 인간은 그의 자발적인 활동 속에서, 그리고 하나님이 규제한 창조된 사물들을 따라 발견하는 수학적 과학 속에서 건축가로서 역할을 한다. 칸트도 인간 이성은 본성상 자연의 체계와 이성의 체계에 대해서 건축술적이며 구성적이라고 믿었다. '원형적 지성'(intellectus archetypus)인 하나님과 '모사적 지성'(intellectus ectypus)인 인간 사이에 만일 차이가 있다면, 그 차이는 하나님의 경우에는 필요 없는 생산 재료가 인간에게는 필요하다는 데 있다. 그리고 인간의 경우, 재료는 직접 주어지지 않고 감각과 순수감성 형식을 통해 주어진다. 이처럼 자연의 영역 안에서 인간의 생산적 활동은 한계가 있고 불완전하다. 세계의 근원을 지적 노력으로 꿰

---

23 Leibniz, *Principes de la nature et de la grace fondés en raison*, § 14, in: G.W. Leibniz, *Philosophical Papers and Letters*, 640면; Leibniz, *Monadologie*, § 83 참조.

뚫고 들어가지 못하는 것도 인간의 한계이다. "왜냐하면 우리[인간]는 개념을 따라 우리가 만들 수 있고 생산할 수 있는 것만을 완전하게 통찰하기 때문이다"(『판단력비판』 5:383).[24] 하나님만이 세계의 근거와 세계가 어디로 향해 나가는지 그 구조를 알 뿐이다. 왜냐하면 하나님이 세상을 만들었기 때문이다. '이론적' 자연과학에서 자연에 대한 목적론적 설명을 칸트가 배제한 이유가 바로 이 때문이다. "자연의 기계론적 측면에 관한 연구를, 유사한 법칙에 따라 우리가 생산할(hervorbringen) 수 있는 우리의 관찰과 실험 아래 둘 수 있는 것에 한정하기 위해서 그것[목적론적 설명의 배제]을 하는 것이다"(『판단력비판』 5:383). 이처럼 현상만이 자연과학과 필연적인 인식의 대상이다. '이론적인 영역'에서 자연은 '만들 수 있는 능력'에 완전하게 종속된다. 칸트의 이론 철학은 '현실적인 것을 만듦'(Die Bearbeitung des Wirklichen)이라는 근대의 개념을 이론적으로 정당화시켜준다.[25]

그러면 인간의 노동과 현실적인 것의 만듦에서 인간 지성의 표상적 사고와 그것의 수단으로서의 도식은 어떤 자리를 가질 수 있을까? 우리는 다음과 같이 지금까지 우리가 추적해온 것의 결론을 내릴 수 있다. 도식은 인간이 지적 노동을 할 때 사용하는 도구로서 이론과 실천을 연결시켜 주는 역할을 한다. 자연의 영역에서 도식은 초감성적인 대상을 표상 가능하게 해주고, 자연에 대한 경험적 탐구와 영혼이 최대한 가능한 종합적 통일을 이루도록 해준다. 그러므로 호르크하이머와 아도르노가 칸트의

---

24 "[……] nur soviel sieht man volständig ein, als man nach Begriffen selbst machen und zustande bringen kann"; K. Kuypers, "De relatie tussen kennen en maken als wetenschapstheoretisch beginsel," in: *Algemeen Nederlands Tijdschrift voor Wijsbegeerte en Psychologie* 60(1968), 179–99면 참조.

25 M. Heidegger, "Wissenschaft und Besinnung," in: *Vorträge und Aufsätze*, Neske, 1954, 1978(4판), 41–66면 참조.

도식론에서 산업사회에 널리 퍼진 기술적 심성(technical mentality)의 전조(前兆)를 발견하는 것은 크게 놀랄 일이 아니다.[26]

엄밀히 보자면 상상력을 통한 도식화 활동은 이론의 영역과 실천의 영역, 두 영역에 속하지 않는다. 표상적 사유의 수단으로서의 도식은 오히려 기술(Kunst)의 영역, 제작(poiesis)의 영역에 속한다. 도식을 예술가의 마음 안에 나타난 청사진으로 본 아리스토텔레스의 용법에서 이미 이 점을 우리는 엿볼 수 있다.[27] "우리 지성의 도식 작용은 인간 마음의 깊은 곳에 숨겨져 있는 기술로서, 우리가 이 기술의 참된 운용 방법을 있는 그대로[자연대로] 알아내서 우리 눈앞에 노정시킨다는 것은 언제나 어려운 일이다"(A141/B180-181)라는 칸트의 말은 도식을 생산하는 활동이 의식적인 활동이기보다는 오히려 무의식적인 기술에 가깝다는 것을 보여준다.[28] 폴라니의 말을 빌리자면 도식 활동은 개념적 용어로 완전하게 포착할 수 없는 인식의 '암묵적인' 영역에 속한다. 도식 활동은 도식을 수단으로 한 지성의 작용인데, 이 일을 맡아하는 것은 규정적 판단력이다. 이 판단력을 칸트는 '자연의 선물', "교육받을 수 없고 오직 연마될 뿐인 특이한 재능"(A133/B172)이라고까지 불렀다. 그렇기에 도식을 만들어내고 사용하는 인간 정신의 활동을 우리는 차라리 '기술' 또는 '예술'이라고 불러야 할 것이다. 이런 판단력은 실제의 보기와 현실적인 실천을 통해서 훈련될 뿐이다(A134/B173; 『속설』 8:275-6 참조).

칸트의 도식 이념의 가치는 예시화(例示化) 가능성에 있다. 초월적 시간

---

26 M. Horkheimer & Th. Adorno, *Dialektik der Aufklärung: Philosophische Fragmente*(1944). Frankfurt a. M.: Fischer, 1969, 88-91면.

27 J. J. Politt, *The Ancient View of Greek Art: Criticism, History and Terminology*. New Haven/London: Yale University Press, 1974, 64-65면, 260면 참조.

28 A. Varga von Kibed, *Der zeitgemässe und der unzeitgemässe Kant: Das Wesen des Kritizismus*. Freiburg/München, 1956, 1-3면 참조.

규정은 범주를 구체화시키고 상징은 경험적 직관과 유사한 방식으로 초월적 이념을 표상한다. 인간 마음의 기술인 도식 작용은 이처럼 이론과 실천 사이의 '매개자'(Mitglied)라고 할 수 있다(『속설』 8:275). 이 '매개자'(판단의 규칙) 없이는, 이론은 그 자체로는 '불완전'하다(『속설』 8:275). 이렇게 볼 때 암묵적 지식의 본질적 요소로서 숙련(skills)과 도제 제도(apprenticeship)에 대해 말하는 폴라니의 논의는 칸트의 도식론과 매우 큰 관련을 가질 수 있다. 본성상 늘 몸이 개입될 수밖에 없고 타인들과 함께 수행하는 사회적인 숙련과 도제 제도는 지식의 단순한 보충물이 아니라 개인의 인격적 지식을 정립하는 중요한 한 부분이다. 몸을 사용한 운동과 수련, 이론의 아름다움에 대한 열정, 타인과의 공생(conviviality), 상호적 언어 사용, 주어진 문화와 사회 속으로의 개인적인 참여, 이 모든 것이 개인의 지식 획득에 중요한 기여를 한다.[29]

도식 작용이 인간 마음속 깊은 곳에 감추어진 기술이라는 것을 알고 있었으면서도, 이성주의적 경향으로 인해 우리 몸, 우리의 언어 사용, 심지어 문화적 · 역사적인 변동의 암묵적인 움직임이, 한편으로는 개별적인 것으로의 예시화와 구체화, 그리고 다른 한편으로는 진리의 보편성을 찾는 데 있어서, 지성의 도식 작용을 풍요롭게 해주는 데 크게 기여할 수 있다는 것을 칸트는 충분히 고려할 수 없었다고 보아야 할 것이다. 그러나 칸트는 그의 철학 체계에서 도식과 상징의 무의식적이며 거의 비이성적인 기능을 없애버리지 않고 오히려 그의 '종합', '의미', 그리고 '체계' 이론에서 이 무의식적인 숨겨진 기량에게 중대한 역할을 떠맡긴다. 믿을 만한 지식, 믿을 만한 이론은 명시적인 논리를 통해서 생산되는 것이 아니라 우리의 언어로 표상할 수 없는 현실과의 깊은 접촉과 교감, 반응과 응

29 M. Polanyi, *Personal Knowledge,* 49–65면, 203–45면, 299–324면.

답, 책임과 결단을 통해서 생산된 것이라고 믿기 때문이다. 현실 속에서 방향을 찾기 위해서는 표상적 사유가 필요하지만 동시에 표상할 수 없는 현실에 대한 방향 설정을 위해서도 그와 유사한 사유를 칸트가 적극적으로 검토한 것은, 단지 표상을 넘어, 초월을 지향하는 인간 욕구를 제대로 포착하고, 개념적 언어로 완전히 드러낼 수 없는 현실과의 교감을 언어로 표현해야 할 필요성을 느꼈기 때문이라고 보아야 할 것이다.

참고문헌

강영안, 『주체는 죽었는가』, 서울: 문예출판사, 1996.

———, 『자연과 자유 사이』, 서울: 문예출판사, 1998.

———, 『인간의 얼굴을 가진 지식: 인문학의 철학을 위하여』, 서울: 소나무, 2002.

———, 『타인의 얼굴: 레비나스의 철학』, 서울: 문학과지성사, 2005.

———, 「칸트철학 해석의 세 갈래」, 『獨逸學紙』(계명대학교 독일학연구소), 제7집 (1988/89), 19–40

———, 「데카르트의 코기토와 현대성」, 『철학연구』 제27집(1991년 가을호), 서울: 천지, 3–29.

———, 「칸트의 초월철학과 형이상학」, 『칸트와 형이상학』 한국칸트학회 편, 서울: 민음사, 1995, 35–61.

———, 「칸트철학을 통해서 본 갈등 문제」, 『칸트연구』(한국칸트학회) 제17집, 2006, 47–74.

공병혜, 『칸트, 판단력비판』, 울산: 울산대출판부, 1999.

김정주, 『칸트의 인식론』, 서울: 철학과현실사, 2001.

문성학, 『칸트철학과 물자체』, 울산: 울산대학교 출판부, 1995.

———, 『칸트철학의 인간학적 비밀』 울산: 울산대학교 출판부, 1997.

백종현, 『존재와 진리: 칸트 『순수이성비판』의 근본문제』. 서울: 철학과현실사, 2000.

송태현, 『이미지와 상징』, 서울: 라이트하우스, 2005.

이상헌, 『선험적 종합판단과 도식』(1991년 6월 서강대학교 석사학위 논문).

힌스케, 노베르트(이엽 · 김수배 옮김), 『현대에 도전하는 칸트』, 서울: 이학사, 2004.

Ando, T., *Metaphysics.* The Hague: Martinus Nijhoff, 1974.

Allison, H. E., *The Kant-Eberhard Controversy.* Baltimore/London: The Johns

Hopkins University Press, 1973.

———, "Transcendental Schematism and the Problem of the Synthetic A Priori," in: *Dialectica* 35(1981), 57-83.

Arendt, Hannah, *The Human Condition*. Chicago: The University of Chicago Press, 1985.

Aristotle, *Aristotle's Metaphysics*. A Revised Text with Introduction and Commentary by W. D. Ross, 2 vols., Oxford: Clarendon, 1948.

———, *De Anima*. Ed. with Introduction and Commentary by W. D. Ross, Oxford: Clarendon, 1961.

Ashworth, E. J., *Language and Logic in the Post-Medieval Period*. Dordrecht/Boston: Reidel, 1974.

Baumgarten, A. G., *Metaphysica*(1739). Hildesheim: Olms, 1963.

Barth, K., *Die Kirchliche Dogmatik* IV/1. Zürich: Evangelischer Verlag A. G. Zollikon, 1953.

Bavinck, H., *Gereformeerde Dogmatiek*. Kampen: Kok, 1928, vol. III.

Beck, L. W., *Immanuel Kant, Critique of Practical Reason and Other Writings in Moral Philosoby*. Chicago: The University of Chicago Press, 1949.

———, *Early German Philosophy: Kant and His Predecessors*. Cambridge, Massachussetts, The Belknap Press of Harvard University Press, 1969.

Beiser, Frederick C., *The Fate of Reason. German Philosophy from Kant to Fichte*. Cambridge, Massachussets & London, England: Harvard University Press, 1987.

Bennett, J., *Kant's Analytic*. Cambridge: Cambridge University Press. 1974.

Benoit, Jocelyn, *Kant et les limites de la synthèse. Le sujet sensible*. Paris: PUF, 1996.

Berger, P. L., *Pyramids of Sacrifice: Political Ethics and Social Change*. New York: Anchor, 1976.

Beth, E. W, "Kants Einteilung der Urteile in analytische und synthetische," in: *Algemeen Nederlands Tijdschrift voor Wijsbegeerte en Psychologie*

46(1953/54), 253-64.

Bielefeldt, Heiner, *Symbolic Representation in Kant's Practical Philosophy.* Cambrdige: Cambridge University Press, 2003.

Blumenberg, H., *Die Genesis der kopernikanischen Welt.* Frankfurt a. M.: Suhrkamp, 1975.

Braumann, G., 'Schēma,' in: *Theologisches Begriffslexikon zum Neuen Testament,* L. Coenen et al, eds., Wuppertal: Brockhaus, 1969, vol. I, 542-43.

Byrne, Peter, *Kant on God.* Aldershot, Burlington USA: Ashgate, 2007.

Choi, In-Sook, *Die Paralogismen der Seelenlehre in der ersten und der zweiten Auflage der "Kritik der reinen Vernunft."* Frankfurt a.M./Bern/New York/Paris: Peter Lang, 1991.

Brittan, G. G., *Kant's Theory of Science.* Princeton/New Jersey: Princeton University Press, 1978.

Broad, C. D., "Kant's Theory of Mathematical and Philosophical Reasoning," in: *The Proceedings of the Aristotelian Society.* XLII(1942), 1-24.

Broekman, J., *Phänomenologie und Egologie.* Den Haag: Martinus Nijhjoff, 1963.

Butts, R. E., "Kant's Schemata as Semantical Rules," in: *Kant Studies Todays.* Beck, L. W., ed., Illinois, 1968, 290-300.

———, "Rule, Example and Constructions: Kant' s Theory of Mathematics," in: *Synthesis* 47(1981), 257-88.

Camartin, I., *Kant's Schematismuslehre und ihre Transformation beim frühen Fichte*(Dissertation), Regensburg, 1971.

Cassirer, E., *Das Erkenntnisproblem in der Philosophie und Wissenschaft der neueren Zeit.* Hildesheim/New York, Olms, 1971.

———, *Philosophie der symbolische Formen*(3 vols). Berlin: Bruno Cassirer, 1923-29.

———, *An Essay on Man.* New Haven: Yale University Press, 1962.

Cassirer, H., *A Commentary on Kant's Critique of Judgment.* New York: Barnes & Noble/ London: Methuen, 1970(1938).

Chipman, L., "Kant's Categories and the Schematism," in: *Kant-Studien* 63(1972), 36-49.

Choi, So-In, *Selbstbewusstsein und Selbstanschauung*. Berlin & New York: Walter de Gruyter, 1996.

Copleston, F., *A History of Philosophy*. vol. VI: Wolff to Kant. Westminster/ Maryland: The Newman Press, 1961.

Couturat, L., *Les principes des mathématiques avec un appendice sur la philosophie des mathématiques de Kant*. Hildesheim: Olms, 1965.

Curtius, E., "Das Schematismuskapitel in Kritik der reinen Vernunft," in: *Kant-Studien* 19(1914), 338-66.

Dahlstrom, D., "Transzendentale Schemata, Kategorien und Erkenntnisarten," in: *Kant-Studien* 75(184), 38-54.

Daval, R., *La métaphysique de Kant. Perspective sur la métaphyique de Kant d'après la théorie du schématisme*. Paris: PUF, 1951.

De Boer, Theo, *Tussen filosofie en profetie*. Baarn: Ambo, 1976.

De Dijn, H., "Spinoza's Geometrische Methode van Denken," in: *Tijdschrift voor Filosofie* 35(1973), 707-64.

De Gelder, B., *De plaats van het schema: Een poging tot oriëntatie in Kant's Kritiek*(Dissertation), Louvain, 1972.

———, "Kant en Tetens," in: *Tijdschrift voor Filosofie* 37(1975), 243-58.

De Jong, Willem R., "Kant-tekeningen inzake analyciteit en aprioriteit," in: *Algemeen Nederlands Tijdschrift voor Wijsbegeerte* 76(1984), 83-103.

———, "How is Metaphysics as a Science Possible? Kant on the Distinction between Philosophical and Mathematical Method," in: *Review of Metaphysics* 49(December 1995), 235-74.

Deleuze, G., *La philosophie critique de Kant*. Paris: PUF, 1963.

Derksen, L. D., *On Universal Hermeneutics: A Study in the Philosophy of Hans-Georg Gadamer*. Amsterdam: The Free University Press, 1983.

Detel, W., "Zur Funktion des Schematismuskapitels in Kants Kritik der reinen

Venunft," in: *Kant-Studien* 69(1978), 17-45.

Dhondt, U., *Hedendaags denken en christelijk geloof.* Antwerpen/Amsterdam: de Nederlandse Boekhandel, 1981.

Dickerson, A. B., *Kant on Representation and Objectivity.* Cambrdige: Cambridge University Press, 2004.

Dinster, J. E., "Kant's Regulative Ideas and the 'Objectivity' of Reason," in: L. W. Beck, ed., *Proceedings of the Third International Kant Congress.* Dordrecht: Reidel, 1972, 262-69.

Dodd, C. H., *The Interpretation of the Fourth Gospel.* Cambridge: Cambridge University Press, 1953.

Dooyeweerd, Herman, *A New Critique of Theoretical Thought.* 4 vols. Amsterdam/ Philadelphia: Reformed and Presbyterian, 1958.

Duintjer, Otto D., *De vraag naar het transcendentale, vooral in verband met Heideggar en Kant.* Leiden: Universitaire Pers Leiden, 1966.

———, "Produceren en andere wijzen van mens-zijn," in: *Tijdschrift voor Filosofie* 45(1983), 421-58.

Eisler, R., *Kant-Lexikon,* Nachschlagewerk zu Kants sämtlicher Schriften/Briefen und Handschriftlichen Nachlass(Berlin, 1930), Reprint, Hildesheim: Olms, 1961.

Engfer, H. H., "Zur Bedeutung Wolffs für die Methodendiskussion der deutschen Aufklärungsphilosophie Analytische und Synthetische Methode bei Wolff und beim vorkritischen Kant," in: *Christian Wolff 1679-1754: Interpretationen zu seiner Philosophie und deren Wirkung.* W. Schneiders, ed., Hamburg: Felix Meiner, 1983, 48-65.

Esterhuyse, W. D., "From Plato to Kant: The Problem of Truth," in: Beck, L. W., ed., *Proceedings of the Third International Kant Congress.* Dordrecht: Reidel, 1972, 281-87.

Farley, J., *The Spontaneous Generation Controversy from Descartes to Oparin.* Baltimore/London: The Johns Hopkins University Press, 1974.

Flach, W., "Zu Kants Lehre von der symbolischen Darstellung," in: *Kant-Studien* 69(1978), 149-59.

Franzwa, G. E., "Space and the Schematism," in: *Kant-Studien* 69(1978), 149-59.

Funke, G., "Die Diskussion um die metaphysische Kantinterpretation," in: *Kant-Studien* 67(1976), 446-66.

———, "Der Weg zur ontologischen Kantinterpretation," in: *Kant-Studien* 62(1972), 446-66.

Gadamer, H.-G., *Wahrheit und Methode.* Tübingen: Mohr, 1975[4].

Geertsema, H. G., "Vrijheid in het reformatorisch denken," in: *Vrijheid.* Voorsluis, B. et al, eds., Amsterdam; VU Uitgeverij, 1984, 261-89.

Genova, A. C., "Kant's Epigenesis of Pure Reason," in: *Kant-Studien* 65(1974), 259-73.

Gibbons, Sarah L., *Kant's Theory of Imagination. Bridging Gaps in Judgement and Experience.* Oxford: Clarendon, 1994.

Glenn, J. D., Jr., "Kant's Theory of Symbolism," in J. R. Andrew, ed., *Knowledge and Value. Essays in Honor of Harold N. Lee.* Tulane Studies in Philosophy 21(1972), 13-21.

Paul Guyer, *Kant and the Claim of Taste.* Cambridge, Massachussets & London: Harvard University Press, 1979.

Hafner, B. H., *Darstellung: Die Entwicklung des Darstellngsbegriffes von Leibniz bis Kant und seine Anfang in der antiken Mimesis und der mittelalterischen Repraesentatio.* Düsseldorf, 1974.

Hamlyn, D., *Experience and the Growth of Understanding.* London: Routeledge & Kegan Paul, 1978.

Han, Jakyoung, *Transzendentalphilosophie als Ontologie.* Würzburg: K&N, 1988.

Hanson, N. R., "Copernicus' Role in Kant's Revolution," in: *Journal of the History of Ideas* 20(1959), 274-81.

Hare, John E., *The Moral Gap*(Oxford: Clarendon Press, 1996).

Hartman, R. S., "Kant's Science of Metaphysics and the Scientific Method," in:

Kant-Studien 63(1972), 17-35.

Hartman, N., "Diesseits von Idealismus und Realismus," in: *Kant-Studien* 29(1924).

Hegel, G. W. F., *Wissenschaft der Logik I. Werke in zwänzig Bänden.* 5권 Frankfurt a. Mein: Suhrkamp, 1969.

———, *Vorlesungen über Geschichte der Philosophie III. Werke in zwanzig Bänden.* 20권 Frankfurt a. M.: Suhrkamp, 1971.

Heidegger, M., *Kants These über das Sein*, Frankfurt a. M.: Klostermann, 1963.

———, *Sein und Zeit*(1927). Tübingen: Niemeyer, 1979.

———, *Kant und das Problem der Metaphysik*(1929). Vierte, erweiterte Auflage. Frankfurt a. M.: Klostermann, 1973.

———, *Vom Wesen der Wahrheit.* Frankfurt a M.: Klostermann, 1967[5].

———, *Die Frage nach dem Ding. Zu Kants Lehre von den transzendentalen Grundsötzen.* Tübingen: Niemeyer, 1962.

———, *Schellings Abhandlung über das Wesen der menschlichen Freiheit.* Tübingen: Niemeyer, 1971.

———, *Holzwege*, Frankfurt A.m.: Klostermann, 1972[5].

———, *Vorträge und Aufsätze.* Pfullingen, 1954, 1978[4].

———, *Phänomenologische interpretation von Kants Kritik der reinen Vernunft*(Gesamtausgabe Bd. 25). Frankfurt a. M.: Klostermann, 1973.

Heimsoeth, H., "Metaphysische Motive in der Ausbildung des kritischen Idealismus," in: *Kant-Studien* 29(1924), 121-59.

———, "Persönlichkeitsbewusstsein und Dinge an sich in der kantischen Philosohie(1924)," in: Heimsoeth, *Studien zur Philosophie Immanuel Kants*(vol. I). Bonn: Bouvier, 1956, 1971(2), 227-57.

———, *Transzendentale Dialektik: Ein Kommentar zu Kants Kritik der reinen Vernunft*, 4 vols., Berlin: Walter de Gruyter, 1966/1971.

Henrich, D., "Kants Denken 1762/3. Ueber den Ursprung der Unterscheidung analytischer und synthetischer Urteile," in: *Studien zu Kants Philosophischer*

Entwicklung. H. Heimsoeth(ed.), Hildesheim: Olms, 1967, 9-38.

———, "The Proof-Structure of Kant' s Transcendental Deduction," in: *Review of Metahysics* 22(1968), 640-59.

Hintikka, J., *Logic, Language-Games and Information*. Oxford: Clarendon, 1973.

Hogrebe, W., *Kant und das Problem einer transzendentalen Semantik*. Freiburg/München, Alber, 1974.

Horkheimer, M. & Adorno, Th., *Dialektik der Aufklärung*. Frankfurt a. M.: Fischer, 1969.

Hume, D., *A Treatise of Human Nature*. Ed. with an analytical index by L. A. Selby-Bigge, 2nd ed. with text rev. and variant readings by P. H. Nidditch, Oxford, Clarendon, 1978.

Jaspers, K., *Die grossen Philosophen I*. München: Piper, 1957.

Kaulbach, F., "Schema, Bild und Modell nach den Voraussetzungen des Kantischen Denkens," in: *Studium Generale* 18(1965), 464-79.

———, *Philosophie der Beschreibung*. Köln: Böhlau, 1968.

———, "Die kopernikanische Denkfigur bei Kant," in: *Kant-Studien* 64(1973), 30-48.

———, *Philosophie als Wissenschaft*. Hildescheim: Gerstenberg, 1981.

Kaulbach, F. and Gerhardt, V., *Kant*. Darmstadt: Wissenschaftliche Buchgesellschaft, 1979.

Kemp-Smith, N., *A Commentary to Kant's "Critique of Pure Reason."* New York, 1962(1923).

Kim, Chungjoo, *Die Lehre von den transzendentalen Schemata in Kants "Kritik der reinen Vernunft"*(Dissertation) Koeln, 1997.

Koller, H., 'Mimesis,' in: *Historisches Wörterbuch der Philosophie*, vol. V, 1396-99.

Körner, S., *Kant*. Harmondworth: Penguin, 1955.

Krausser, P., "Zu einer systematischen Rekonstruktion der Erkenntnis- und Wissenschaftstheorie in Kants Kritik der reinen Vernunft: Teil IV," in: *Kant-studien* 67(1976), 142-55.

Krüger, G., *Philosophie und Moral Kantischen Philosophie.* Tübingen: Mohr, 1931.

Kümmel, F., "Das Zeitbewustsein als Einheit von Spontaneität und Rezeptivität. Zur Begründung der Objektivität der Erkenntnis in der Kritik der reinen Vernunft," in: *Zeitschrift für Philosophische Forschung* 26(1972), 21-28.

Kuypers, K. *Immauel Kant.* Baarn: het Wereldvenster, 1966.

———, "De relatie tussen kennen en maken wetenschaptheoretisch beginsel," in: *Algemeen Nederlands Tijdschrift voor Wijsbegeerte en Psycholigie* 60(1968), 179-99.

Ladrière, J., "Le langage théologique et le discours de la représentation," in: *Miscellanea Albert Doneyne.* Louvain: Leuven University Press, 1974, 149-76.

Lakebrink, B., "Der Kantische Begriff einer Transzendentalen Analogie," in: *Philosophisches Jahrbuch* 68(1960), 244-57.

Lamacchia, A., "Sprachphilosophische Erwägungen zur Funktion Signum und Symbolum in Kants kritische Philosophie," in: *Proceedings of the Third International Kant Congress,* Beck, L. W.(ed.), Dorerecht: Reidel, 1972, 376-86.

Lambert, J. H., "Fragment einer Systematologie(1771)," in: Diemer, A., *System und Klassifikation in Wissenschaft und Dokumentation,* Meisenheim am Glan: Haim, 1968, 165-77.

Leibniz, G. W., *Discours de métaphysique.* H. Lestienne, ed., Paris: J. Vrin, 1975.

———, *Principes de la nature et de la grâce fondés en raison/ Monadologie.* Hamburg: Felix Meiner, 1956.

———, *G. W. Leibniz: Philosophical Papers and Letters.* E. Loemker, ed., Dordrecht: Reidel, 1969, 291-95.

Lenoir, T., "Kant, Blumenbach and Vital Materialism in German Biology," in: *Isis* 71(1980), 77-108.

Levinas, E., *Totalité et infini. Essai sur l'extérioité.* La Haye: Martinus Nijhoff, 1961.

Liedtke, M., *Der Begriff der reflektierenden Urteilskraft in Kants Kritik der reinen Vernunft*(Dissertation), Hamburg, 1964.

Löw, R., *Philosophie des Lebendingen: Der Begriff des Organischen bei Kant, sein Grund und seine Aktualität.* Frankfurt a. M.: Suhrkamp, 1980.

Mainzer, K., *Kants philosophische Begründung des mathematischen Konstruktivismus und seine Wirkung in der Grundlagenforschung.* Münster-dissertation, 1973.

Martin, G., *Immanuel Kant: Ontologie und Wissenschaftstheorie.* Vierte durchgesehene und einen 3. Teil vermehrte Auflage, Berlin: Walter de Gruyter, 1969.

———, *Arithmetik und Kombinatorik bei Kant.* Berlin: Walter de Gruyter, 1972.

———, *Leibniz: Logik und Metaphysik.* Berlin: Walter de Gruyter. 1967(2).

Mendelssohn, Moses, "Morgenstuden oder Vorlesungen ueber das Daseyn Gottes(1785)," in: *Werke*, III/2, Leo Strauss, ed., Stuttgart-Bad Cannstatt: Fromman, 1974.

Melnick, A., *Kant's Analogies of Experience.* Chicago/London: The University of Chicago Press, 1973.

Morris, Ch., *Writings on the General Theory of Signs.* The Hague: Mouton, 1971.

Mörchen, H., "Einbildungskraft bei Kant," in: *Jahrbuch für Philosophie und phänomenologische Forschung*, Bd XI, 1930, 311-495.

Nabert, Jean, "L'Expérience interne chez Kant," in *Revue de métaphysique et de morale*, 1924, 205-68.

Needham, J., A *History of Embryology*, Cambridge: Cambridge Universiity Press, 1934.

Nolan, J. P., "Kant on Meaning: Two Studies," in: *Kant-Studien* 70(1979), 113-30.

O' Farrell, "System and Reason for Kant," in: *Gregorianum* 62(1981), 5-49.

Palmquist, Stephen R., *Kant's Critical Religion.* Aldershot, Burlington USA, Singapore, Sydney: Ashgate, 2000.

Pannenberg, W., *Wissenschaftstheorie und Theologie.* Frankfurt a. M.: Suhrkamp 1977.

Paton, H. J., *Kant's Metaphysic of Experience. A Commentary on the first Half of the Kritik der reinen Vernunft.* Two volumes. London: George Allen & Unwin, 1936.

———, *Categorical Imperative. A Study in Kant's Moral Philosophy.* London: Hutchinson, 1947, 1967[6].

Philonenko, A., *Emmanuel Kant: Qu'est-ce que s'orienter dans la pensée?* Paris: J. Vrin, 1978.

Piaget, J., *Le structuralisme.* Paris: PUF, 1968.

———, *L'epistémologie génétique.* Paris: PUF, 1979.

———, *Logique et connaissance scientifique.* Encyclopédie de la Pléiade. Paris: Gallimard, 1967.

———, *Biologie et connaissance.* Paris: Gallimard, 1967.

———, *La construction du Réel chez l'enfant.* Neuchâtel/Paris: Delachaux & Niestlé, 1967.

———, *Psychology and Epistemology. Towards a Theory of Knowledge.* London: Penguin, 1977.

———, "The Role of Action in the Development of Thinking," in: Overton, W. F., and Gallagher, J. M., eds., *Knowledge and Development.* New York/Heidelberg/Berlin: Springer-Verlag, 1976, 11-23.

Pieper, J., *Leisure; The Basis of Culture.* A. Dru, tr., London: Faber, 1952.

Pippin, R. B., "The Schematism and Empirical Concepts," in: *Kant-Studien* 67(1976), 156-71.

Plat, J., "Symbolisme en analogie in onze kennis van God bij Kant," in: *Miscellanea Albert Dondeyne.* Louvain: Leuven University Press, 1974, 177-92.

Polanyi, M., *Personal Knowledge: Towards a Post-Critical Philosophy.* London: Routeledge & Kegan Paul, 1958.

Pollitt, J. J., *The Ancient View of Greek Art: Criticism, History and Terminology,* New Haven & London: Yale University Press, 1974.

Popper, K. R., *Conjectures and Refutations.* London: Routeledge & Kegan Paul,

1963.

———, *Objective Knowledge: A Evolutionary Approach*. Oxford: Clarendon, 1972[2].

Prauss, G., "Zum Wahrheitsproblem bei Kant," in: *Kant-Studien* 60(1969), 166-82.

Prichard. H. A., *Kant's Theory of Knowledge*. Oxford, 1909.

Prigogine, Ilya & Stengers, Isabelle, *Order out of Chaos. Man's New Dialogue with Nature*. Toronto: Bantam Books, 1984.

Puntel, L. B., *Analogie und Gechichtlichkeit I*. Freiburg/Basel/Wien: Herder, 1969.

Rabel, G., "Kant as a Teacher of Biology," in: *Monist* 41(1931), 434-70.

Rescher, Nicholas, "Leibniz and the Concept of System," in: *Studia Leibnitiana* 13(1981), 114-22.

———, *Kant and the Reach of Reasons*. Cambrdige: Cambridge Univertsity Press, 2000.

Ricoeur, P., *Le conflict des interprétations: essais d'herméneutique*. Paris: éd. du Seuil, 1969.

Rotenstreich, N., *Experience and its Systematization: Studies in Kant*. The Hague: Martinus Nijhoff, 1972.

Sala, G. B., "Der reale Verstandesgebrauch in der Inauguraldissertatio Kants von 1770," in: *Kant-Studien* 69(1978), 1-16.

Sakai, H., "Schematism chapter in the Critique of Pure Reason," in: *Annals of Japan Association for Philosophy of Science* 5(1978), 111-13.

Schaper, E., "Kant's Schematism Reconsidered," in: *Review of Metaphysics* 18(1964), 267-92.

Scherner, M., "Horizont," in: *Historisches Wörterbuch der Philosophie*. Stuttgart, 1971, vol. 3, 1187-1206.

Schneider, J., "Schēma, metaschēmatizō," in: *Theologisches Wörterbuch zum Neuen Testament*. G. Friederich(ed.), Stuttgart: Kohlhammer, 1964, vol. VII, 954-59.

Scholz, H., "Zur Kantische Lehre von der Zeit," in: *Archiv für Philosophie* 6(1956),

60-69.

Schopenhauer, A., *Die Welt als Wille und Vorstellung.* Zürcher Ausgabe Werke in zehn Bänden: vol. I-IV. Zürich: Diogenes, 1977.

Schulz, U., *Das Problem des Schematismus bei Kant und Heidegger*(Dissertation), München, 1963.

Seung, T. K., *Kant: A Guide for the Perplexed.* London & New York: Continuum, 2007.

Simon, J., "Phenomena and Noumena: on the Use and Meaning of the Categories," in: *Proceedings of the Third International Kant Congress,* Beck, L. W.(ed.), Dordrecht: Reidel, 1972, 521-27.

Son, B. H., *Science and Person. A Study on the Idea of Philosophy as Rigorous Science in Kant and Husserl.* Assen: Van Gorcum, 1972.

Spicq, "Mediation," in: *Dictionaire de la Bible.* Pirot, L. et al, eds., Paris: Letourney et Ané, 1957, vol. V, 1019-83.

Spindler, J., "Das Problem des Schematismuskapitels in Kritik der reinen Vernunft," in: *Kant-Studien* 28(1923), 266-82.

Stein, A. von der, "Der Systembegriff in seiner geschichtlichen Entwicklung," Diemer, A., *System und Klassifikation in Wissenschaft und Dokumentation.* Meisenheim am Glan: Hain, 1968, 1-13.

Strawson, P. W., *The Bounds of Sense. An Essay on Kant's Critique of Pure Reason.* London: Methuen, 1966.

Tonelli, Giorgio, "Der Streit über die mathematische Methode in der Philosophie in der ersten Hälfte des 18. Jahrhunderts und die Entstehung von Kants Schrift über die 'Deutlichkeit'," in: *Archiv für Philosophie* 9(1959), 37-66.

———, "Analysis and Synthesis in XVIII the Century Philosophy prior to Kant," in: *Archiv für Begriffsgeschichte* 20(1976), 178-213.

———, "'Critique' and Related Terms Prior to Kant: A Historical Survey," in: *Kant-Studien* 69(1978), 119-48.

Trebels, A. H., *Einbildungskraft und Spiel.* Bonn: Bouvier, 1967.

Trede, J. H., "Einbildung/Einbildungskraft," in: J. Ritter(Hrgb.), *Historischer Wörterbuch der Philosophie.* Bd. II, Basel/Stuttgart, Schwabe, 1972, 346-58.

Van der Hoeven, Jan, *Peilingen: Korte exploraties in wijsgerig stroomgebied.* Amsterdam: Buijten & Schipperheijn, 1980.

———, "Kant over midden, middel en doel," in: *Philosophia Reformata* 54(1989), 147-59 & 55(1990), 16-33.

Van Peursen, C. A., *De werkelijkheidszin der wijsbegeerte. De Betekenis van beweging, tijd en geschiedenis voor een deiktische ontologie.* Groningen: J. B. Wolters, 1960.

———, "Model in wijsgerig perspectief," in: *Wijsgerig Perspectief op Maatschappij en Wetenschap* 5(1965), 205-19.

———, "Does 'Meaning' make Sense?," in: *Christianity and Philosophy, Philosophical Essays dedicated to Professor Dr. Herman Dooyeweerd.* Kampen: Kok, 1965, 157-65.

———, *Leibniz.* Baarn: Het Wereldvenster, 1966.

———, *Body, Soul, Spirit: A Study of the Body-Mind Problem.* Hoskins, H. H., tr., London: Oxford University Press, 1966.

———, "De kritische filosofie van Immanuel Kant," in: *Wijsgerig Perspectief op Maatschappij en Wetenschap* 11(1971), 208-15.

———, "L'Existence fait-elle sens?," in: *Sens et existence en hommage à Paul Ricoeur.* Paris: éd. du Seuil, 1975, 96-105.

———, "Ars inveniendi in Wolffs Metaphysik," in: *Christian Wolff 1679-1754: Interpretationen zu seiner Philosophie und deren Wirkung.* W. Schneider(ed.), Hamburg: Felix Meiner, 1983, 66-88.

———, "Cognitio symbolica bij Chr. Wolff," in: *Flores debitorum. Opstellen over ethiek en recht aangeboden aan R. A. V. van Haersolte.* Zwolle: W. E. J. Tjeenk Willink, 1984, 49-54.

———, *Ars Inveniendi. Filosofie van de inventiviteit van Fransis Bacon tot Immanuel Kant.* Kampen: Kok Agora, 1993.

Velkley, Richard L., *Freedom and the End of Reason.* Chicago & London: The University of Chicago Press, 1989.

Varga von Kibed, A., *Der zeitgemässe und der unzeitgemässe Kant: Das Wesen des Kritizismus.* Freiburg/München, 1956.

———, "Widerstand gegen den Verstand bei Kant," in: *Philosophisches Jahrbuch* 68(1960), 394-405.

Vleeschauwer, H. J. de, *La déduction transcendentale dans l'oeuvre de Kant.* 3 vols. Antwerpen/Paris/Den Haag: De Sikkel, 1934/37.

Wagner, H., "Realitas objectiva(Descartes-Kant)," in: *Zeitschrift für Philosophische Forschung* 21(1967), 325-40.

Walsh, H., "Schematism," in: *Kant-Studien* 49(1957/58), 95-106.

———, "Kant en het synthetische a priori," in: *Wijsgerig Perspectief op Maatschappij en Wetenschap* 11(1971), 168-77.

———, *Kant's Criticism of Metaphysics.* Edinburg University Press, 1975.

Warnock, G. J., "Concepts and Schematism," in: *Analysis* IX(1948/9), 77-82.

Warnock, M., *Imagination.* London/Boston:Faber, 1976.

Weinberg, K., "Pantheismusstreit," in: *The Encyclopedia of Philosophy.* Edwards, P.(ed.), New York: Macmillan, 1972, vol. IV, 35-37.

Werkmeister, W. H., "Kant's Philosophy and Modern Science," in: *Kant-Studien* 66(1975), 35-57.

Wolff, Chr., *Philosophia Rationalis sive Logica*(1728). 3 vols., Hildesheim: Olms, 1983.

Wolff, R. P., *Kant's Theory of Mental Activity. A Commentary on the Transcendental Analytic of the Critique of Pure Reason.* Cambridge, Massachusets, Harvard University Press, 1963.

Wubnig, J., "The Epigenesis of Pure Reason. A Note on the Critique of Pure Reason, B sec. 27, 165-68," in: *Kant-Studien* 60(1969), 147-52.

Wundt, M., *Kant als Metaphysiker.* Stuttgart: Enke, 1924.

———, *Die deutsche Schulphilosophie im Zeitalter der Aufklärung.* Hildesheim:

Olms, 1945.

Young, J. M., “Kant's Notion of Objectivity,” in: *Kant-Studien* 70(1979), 131-48.

———, “Kant on the Construction of Arithmetical Concepts,” in: *Kant-Studien* 75(1982), 17-46.

Zocher, R., “Kants transzendentale Deduktion der Kategorien,” in: *Zeitschrift für philosophischen Forschung* 8(1954), 161-94.

———, “Zu Kants transzentale Deduktion der Ideen der reinen Vernunft,” in: *Zeitschrift für philosophischen Forschung* 12(1958), 43-58.

Zschocke, W., “Über Kant's Lehre vom Schematismus der reinen Vernunft,” in: *Kant-Studien* 12(1907), 157-212.

찾아보기

ㅁ

ㅂ

ㅅ

ㅊ

ㅋ

ㅌ

ㅍ

ㅎ